国家社科基金
后期资助项目

中国农地流转市场
转型逻辑

Transformation Logic of
Chinese Land Rental Markets

仇童伟　著

科学出版社
北　京

内 容 简 介

本书利用全国 29 个省（自治区、直辖市）大规模农户调查数据，首先描述了我国农地流转市场现状；其次，从产权逻辑、职业分化逻辑、公共干预逻辑、社会互动逻辑和参照系逻辑五个方面剖析了农地市场化流转的内在逻辑；最后，从劳动力配置、种植结构调整和农业绩效改善三个层面考察了农地流转市场化的社会效应。本书研究发现：熟人间流转与非熟人间流转在农地租金上呈现一致性趋势，已有超过 50%的熟人间流转是出于营利性动机发生的；在诱发农地流转市场化转型的因素中，农地产权是基础，农村居民职业分化是前提，政府引导是关键。农地流转市场转型意味着市场将在要素配置中起决定性作用，其伴随农村要素市场发育和社区关系转变出现，其持续发酵将对农业经济发展产生重要影响。

本书可供农业经济学相关专业的硕士研究生、博士研究生及科研人员使用，也可供政策制定者及其他社会科学从业人员参考。

图书在版编目（CIP）数据

中国农地流转市场转型逻辑/仇童伟著. —北京：科学出版社，2022.4
国家社科基金后期资助项目
ISBN 978-7-03-071939-3

Ⅰ. ①中… Ⅱ. ①仇… Ⅲ. ①农业用地－土地流转－研究－中国 Ⅳ. ①F321.1

中国版本图书馆 CIP 数据核字（2022）第 045229 号

责任编辑：杨婵娟　程雷星/责任校对：张亚丹
责任印制：师艳茹/封面设计：有道文化

科学出版社 出版
北京东黄城根北街 16 号
邮政编码：100717
http://www.sciencep.com
天津市新科印刷有限公司 印刷
科学出版社发行　各地新华书店经销

*

2022 年 4 月第 一 版　开本：720×1000　1/16
2022 年 4 月第一次印刷　印张：13 1/4
字数：267 000

定价：98.00 元
（如有印装质量问题，我社负责调换）

国家社科基金后期资助项目
出版说明

  后期资助项目是国家社科基金设立的一类重要项目，旨在鼓励广大社科研究者潜心治学，支持基础研究多出优秀成果。它是经过严格评审，从接近完成的科研成果中遴选立项的。为扩大后期资助项目的影响，更好地推动学术发展，促进成果转化，全国哲学社会科学工作办公室按照"统一设计、统一标识、统一版式、形成系列"的总体要求，组织出版国家社科基金后期资助项目成果。

全国哲学社会科学工作办公室

序 一

农地流转是学术界一个老生常谈而又常谈常新的重要话题，尤其是对于中国这样一个人多地少且地块极为细碎的农业大国来说，农地经营及其产权流转有着特殊的性质及其交易含义。乡土中国的"差序格局"、信任机制以及关系网络，在农地资源分配与配置中不仅隐含着机理的特殊性，还表现出功能的重要性。尽管农地流转"差序格局"在一定程度上与市场逻辑不一致，且可能抑制农业经营绩效的改善，但其内含的价值不仅在于维系农村的基本人际网络和社会秩序，还在于巩固家庭经营的基本地位和发挥小农户的组织优势，从而在保障国家粮食安全、抑制农业经营成本过快上涨等方面发挥重要作用。然而，伴随着工业化与城镇化进程，以及一系列推动要素配置市场化文件的印发，农村经济社会不仅发生着深刻的转型与解构，还面临着前所未有的市场化冲击。由此带来的可能性后果是，乡村自发秩序为法律所取代，以人情网络为纽带的资源配置方式为市场所支配，人们信奉的不再是"守望相助"的传统美德，任何付出代价的活动越发呈现出以市价为线索的交易活动。

仇童伟博士的新作《中国农地流转市场转型逻辑》正是建立在上述背景之下的。该书从中国农地流转市场转型的现状、机理和效应三个方面，系统探讨了农地流转"差序格局"是如何撕裂的，以及由此所引发的要素配置、种植结构和农业绩效等多重影响，从而在微观层面上揭示了农地流转市场转型的整体脉络与宏观图景。

该书主要特点大致包括如下几个方面。

第一，关注特殊现象，从"小事"着手，力求"小题大做"。作为仇童伟博士的导师，从他及其同学入学开始，我向他们灌输的基本理念就是着眼于特殊现象，或有悖常理的事件，挖掘事件背后的深层逻辑，把小问题做成大故事。该书正是基于该理念展开的。通过对农地流转市场中熟人间交易市场化的事实性描述，挖掘其背后的产权逻辑、职业分化逻辑、公共干预逻辑、社会互动逻辑和参照系逻辑，从而向读者阐述这一转型趋势的前因。在此基础上，探讨其对要素配置和经济绩效可能造成的影响，挖掘这一转型的可能性后果。

第二，遵循理论传统，将理论与现实对接，力求有所发现。经济研究不仅在于借助理论来解释现象，更在于通过对特殊现象的分析，进而拓展理论边界和深化理论内涵。该书在探讨农地流转市场转型的内在机制时，先后使用了阿维纳什·迪克西特的贸易模型、奥利弗·哈特的参照系理论以及加里·贝克尔的社会互动理论。这些理论从交易费用、合约执行、心理认知等不同侧面探讨了人类的经济行为，较为合理地被用于解释农地流转行为是如何在熟人关系网络中从人格化向非人格化转变的。应该说，无论是参照系理论抑或社会互动理论，均以竞争性市场行为或大众心理为基础，缺乏对关系网络及其功能的关注。本书的结论表明，即使在人情关系盛行的交易活动中，"眼红""嫉妒"等心理因素仍会使交易主体产生保持与其他交易一致的需求，从而表明参照系理论和社会互动理论在熟人社会交易中仍成立。

第三，聚焦核心问题，重视关联性与延伸性，力求一般化提升。正如该书自序和后记中所阐述的，从理论上来说，农地流转市场转型本身可能并不重要，但农地流转市场化所体现的社会经济转型则是值得高度关注的。农地作为传统乡村中重要的生计资产，其配置方式体现了社会关系网络和乡村秩序的基本运行逻辑。显然，当该资产的配置完全转变为市场交易时，是不是意味着传统的乡村秩序出现解构或崩溃？现在提到乡村振兴，大家都在谈产业兴旺。产业兴旺必然要求要素配置的市场化，但市场化是不是唯一或者终极的方式？文化传统是法律的重要补充，社会网络与市场网络也从来不是非此即彼。对于中国这样一个农耕大国来说，乡村传统秩序在维护国家稳定与社会安全上有着不可替代的作用。正因为如此，本书在讨论农地流转市场转型的同时，进一步延伸到对"市场决定论"的反思，并拓展到对市场、法治、传统等多重力量权衡的一般化思考。从特殊现象、理论对接到一般化提升，不仅是我主张的研究范式，也是该书所呈现的特色。

最后，祝贺仇童伟博士的新作付梓！希望他能一如既往地保持学术的好奇心与思考的热情，做有意义、有思想、有启迪的研究。

罗必良

华南农业大学国家农业制度与发展研究院院长

教育部长江学者特聘教授

序 二

农地流转的人格化特征一直受到学术界关注，这与中国农村特殊的信任"差序格局"紧密相关。自我 2009 年在《中国农村经济》上发表《欠发达地区的农地流转分析——来自贵州省 4 个县的调查》一文以来，国内关于农地流转人格化特征的描述、起因和影响的研究层出不穷。其基本的逻辑可以概括为：基于人情网络实施的农地流转，镶嵌于信任"差序格局"之中，有助于农户积累社会资本，应对在正式社会保障不足状态下的社会风险和自然风险。当然，也有研究从交易费用、不完全合约等视角讨论了中国的农地流转市场为什么存在如此之多的人格化交易。无论如何，有一点是可以达成共识的，基于信任"差序格局"实施的人格化流转交易，与纯粹的市场交易存在显著差异，即价格在农地配置中不起决定性作用，也就没办法使农地配置到生产效率更高的主体手中。如此一来，引导农地流转，实施农业规模经营的政策目标就难以达成。

仇童伟博士的新作《中国农地流转市场转型逻辑》一书正是在上述研究背景下展开的。该书与已有研究的一个显著的区别在于，作者将农地流转交易置于农村开放程度不断提高的情景下，考察熟人间交易或人格化交易是如何向市场型交易转型的。显而易见的是，与十多年前相比，现在的农民对土地的依赖性正在不断下降。当大家都不再依靠土地谋生时，土地在积累社会资本中的作用就会下降。而且，随着家庭收入的增长和非农就业收入比例的增加，农民对未来风险的应对能力也是在提高的。此时，不仅土地本身的资本积累功能在下降，其在农民应对风险中可能起到的作用也在下降。一般认为，土地给予了农民在失业或应对突发事件时的基本保障。但问题是，消费是具有"荆轮效应"的，农民很难从非农就业中完全退回到土地经营中，因为这与基本的经济发展规律是不符的。

《中国农地流转市场转型逻辑》一书的另一特点是对农地流转市场转型的内在机制和影响进行了细致分析。在机制分析上，作者从产权逻辑、职业分化逻辑、公共干预逻辑、社会互动逻辑和参照系逻辑出发，运用加里·贝克尔的社会互动理论、奥利弗·哈特的参照系理论等，从外部情景约束和农户心理两个维度对农地流转市场的演化进行了系统探讨。

在此基础上，进一步考察了读者所关心的转型影响，先后分析了农地流转市场转型对农业劳动力配置、种植业结构调整和农业绩效的影响。如果农地流转市场从人格化向非人格化转变，那么熟人间流转所伴随的一系列效应就可能发生系统性转变，这对于进一步完善相关政策具有启示性。另外，作者还提到农地流转的市场化转型所映射的乡村秩序变迁问题。事实上，传统习俗与现代文明的内在张力在近些年一直倍受关注。如何平衡二者的关系，使得农村在现代化进程中保留乡风，是乡村振兴需要着重考虑的问题。

最后，祝贺仇童伟博士的新作《中国农地流转市场转型逻辑》出版！

洪名勇

贵州大学管理学院院长

国家"万人计划"哲学社会科学领军人才

序 三

首先，祝贺仇童伟博士的新作《中国农地流转市场转型逻辑》出版。以地缘、血缘为纽带的中国乡村，影响甚至决定着我国"三农"的发展与走向。从农地流转是否发生在熟人间切入，仇童伟博士的这本书着重探讨中国农地流转市场转型的现状、机制和效应，力图浓淡相宜画出我国"三农"发展的市场转型图景。

农地流转是我国农业发展阶段的必然产物，同时也承载了发展的使命。因此，一直以来，各级政府都对规范农地流转市场、构建流转交易平台给予了大力支持。以政府引导为主的农地流转是为了实现要素配置的市场化，与现实中农村存在大量的不以货币为媒介的人情交易，貌似形成冲突。这对中国农地制度改革的市场化内容是否符合中国固有的地缘、血缘传统提出了挑战和质疑。该书提供了新的事实，进行理论分析之后打消了上述质疑，这可能是对已有研究或政策困惑的一个积极反馈。

在事实呈现上，该书借助全国29个省（自治区、直辖市）的调查数据和西南5省（自治区、直辖市）的调查数据，论证了无论是从全国层面，还是基于欠发达省份，农地流转都已经具备了较高的市场化程度；在转型机制上，本书从产权逻辑、职业分化逻辑、公共干预逻辑、社会互动逻辑和参照系逻辑五个方面进行了细致阐述。不仅从制度安排和外部经济环境变化上探讨了农地流转市场转型的客观原因，还从人类互动和心理层面阐述了局部市场化是如何诱发整体市场化的；在效应上，该书从劳动力配置、种植业结构调整和农业绩效改善等方面分析了农地流转市场转型可能造成的影响。众所周知，市场或价格是要素配置效率最高的机制，随着农地流转市场化程度的提高，那些发生在熟人间，或囿于社会关系网络的流转交易将转变为市场型交易，这将造成整个流转市场的剧烈变化。尤其考虑现阶段农地流转率增速放缓，农地流转市场转型可能在挖掘存量潜力，提升农业规模经营绩效等方面具有不可估量的效果。

中国农村的社会结构有别于城市，以原生家庭为核心的关系网覆盖了整个村庄，这就使得要素配置在传统乡村中不可能完全依赖于市场，因此作者在本书提出的问题比实际研究的问题更值得社会关注。同时，从书中能感受到一位年轻学者在其兴趣领域的孜孜不倦与乐在其中。

未来可期！

赵敏娟

西北农林科技大学副校长

教育部长江学者特聘教授

自　序

《中国农地流转市场转型逻辑》是笔者在总结归纳 2018～2020 年相关研究成果的基础上梳理汇编而成的，主体内容分为 10 章。本书主要利用《2015 中国家庭金融调查报告》[①]数据进行分析，部分章节也涉及 2019 年贵州大学中国喀斯特地区农村经济调查（China Karst Area Rural Economic Survey，CKRS）数据、浙江大学 2017 年和 2019 年中国家庭调查数据、农业部《中国农村经营管理统计年报》等相关数据，在此对各单位表示感谢。本书以中国农村正在发生的农地流转市场转型为现实依据，吸纳了阿维纳什·迪克西特的贸易理论、加里·贝克尔的社会互动理论、奥利弗·哈特的参照系理论等，较为全面、系统、深入地阐述了我国农地流转从人格化交易向非人格化交易转变的现状、机理及其效应。

众所周知，"差序格局"是我国农村特有的社会现象，而伴随着该特殊社会关系网络的就是农村生产要素配置的"差序格局"。尤其是农地，作为很长一段时间内维系农民生存的生产资料，其交易不仅是经济活动，更是加强社会纽带、积累社会资本和强化人情往来的重要方式。正是农地所特有的人格化特征，致使在推动市场在农村要素配置中起决定性作用的过程中，农地流转市场始终处于封闭或半封闭状态。然而，随着农村要素的加速流动和我国社会经济的快速发展，传统的"差序格局"特征是否效力依旧？人格化交易是否仍能排除市场因素的干扰？这些问题长期困扰着笔者。当然，笔者之所以不顾学识浅薄、功力缺乏，勉为其难地进行研究，并计划出版本书，是出于以下考虑：

第一，客观认识我国农村要素市场发展规律，是科学制定农业农村发展政策的需要。乡村振兴，关键在于产业兴旺，产业兴旺的重要内容则是农业持续稳定发展和农业生产要素的有效配置。没有要素的市场化配置，生产效率就无法改善，经营资本就难以进入农业，劳动力也会大量转移，从而造成农地抛荒、农村荒废和空心村大量出现。显然，农业的荒废是国家经济发展的大忌。尤其对于我们这样一个拥有 14 亿人口的大国，既不

[①] 《2015 中国家庭金融调查报告》即中国家庭金融调查中心完成的 2015 年第三轮全国范围内的调查的结果，本书简称为 2015 年 CHFS（China household finance survey）。

能寄希望于进口农产品，又不能完全依赖传统小农的经营方式。在这样的现实需要下，中央农业农村工作始终将推进农业要素配置的市场化作为重点。推进要素配置的市场化，不仅有助于提高农业生产效率，还有利于深化社会分工，推进农业的专业化和规模化生产。

然而，农地流转的人格化或非市场化特征决定了熟人间流转始终占据主导地位。价格信号作用发挥不足意味着，农地既无法流转到生产效率更高的主体手中，又无法吸纳更多的投资，农地产出率难以改善。毫无疑问的是，农地产出的增长来源于投资和专业化管理，而生产要素的增加和优化源于经营性利润的诱导，追求利润则是市场经济的最终目的。如果农地流转配置最初就不是以经营利润最大化为出发点，那么农地产出就不可能增长。因此，已有研究一方面认为农地流转具有优化资源配置、改善投资和激励经济增长的作用，另一方面又强调我国农地流转市场存在的问题，不可谓不矛盾。也正是长期、反复地强调熟人间流转所具有的人格化特征，使得我们先验地将村庄内的交易视为市场化程度较低的交易，将农村社会关系视为熟人网络关系或信任关系，缺乏突破思维、直面现实、敢于将"信任关系"推演至"经济关系"的勇气。

但一般的经济发展规律是，人格化交易会向非人格化交易转型，且伴随有低效率阶段。人格化交易基于熟人关系网络，信息成本和违约成本相对较低；非人格化交易基于市场的规模经济，通过组织化和专业化，有利于提高经济效益，从而抵消交易费用。因此，现有研究往往以熟人流转的交易费用更低为由，论证为何农户更愿意与熟人进行交易。事实却是，在人格化交易与非人格化交易之间，存在着一个效率相对较低的混合交易区间。其间，人格化交易日渐式微，市场交易又尚未形成规模，其组织化效率相对较低，由此造成经营绩效难以抵消较高的交易费用。众所周知，市场交易或使用价格作为信息传递机制的交易费用极高，但市场能够主导要素配置的原因在于，其产生的经济效益要大于交易费用。然而，在市场无法形成规模的阶段，交易费用将阻碍市场经济的发展，并退回到自给自足经济。

随着我国社会经济的发展，农村劳动力大规模非农转移，农地流转的需求快速增长，具有形成交易规模的大趋势。此时，借助相关组织交易平台的构建，融通供需信息，形成流转的规模化和经营的规模化及专业化，就有可能抵消交易费用对流转市场化的抑制作用，从而改善农地的配置效率。对于该趋势的分析论证，不仅需要借助全国代表性数据，还需要对现实世界加以观测，及时准确地捕捉发展阶段和掌握发展规律。只有了解了目前农地流转的基本情况，揭示其内在演变逻辑，探究其可能带来的社会经济影响，才能够科学地认识到现实发展对政策变革的要求，从而为农业农村发展提供政策性支持。因此，笔者所做的工作将为深化农业农村经济改革提供重要的现实依据。

第二，深化经济发展理论的现实需要。特殊的国情需要特殊的发展理论，特殊的发展规律有利于深化和拓展理论内涵。现有的主流经济理论大多来自欧美，是建立在发达国家特殊的发展历程和发展阶段基础之上的。不可否认，主流经济理论为我国等广大发展中国家提供了重要指导，也由此促进了第二次世界大战后世界经济的飞速发展。同样不可否认的是，基于欧美特殊背景的经济发展理论，也对诸如俄罗斯、日本等国家产生了沉重打击。笔者认为建立健全服务中国特殊发展规律和国情的经济理论是刻不容缓的。经济理论有其作用发挥的情景依赖性，而特殊情景的产生可能直接否定某一理论的适用性和科学性，同时又有利于深化和拓展该理论。

显然，关系型流转不同于农地要素的市场化配置，不能以纯粹的市场经济理论加以分析。同样，是否价格机制就完全无效，或者说在什么情景下市场机制可以通过农村居民的互动发挥效力？正是由于"差序格局"的存在，我国农村社区内部的互动内生了小农思想的"顽疾"——"不患寡而患不均"，以及"眼红"等。这些特殊现象或者说不能用市场规律加以考量的特征，是不符合经济发展规律的，且有可能直接影响经济规律的作用路径。如果忽视了上述特殊国情而强行推进农地流转的市场化，那么社区关系将轰然倒塌，维系农村社会稳定的基础也将瞬间倾斜。当然，如果忽视社会关系在农户行为中的决定性作用，那么奥利弗·哈特的参照系理论将使得合约治理逻辑在农地流转研究中盛行。但事实是，参照系理论忽略了关系网络在降低信息不对称和违约风险中的作用。同时，忽略了关系在左右人们行为和效用中的作用，根据加里·贝克尔的社会互动理论，使得无法捕捉农户在相互学习过程中自发卷入市场型流转的现象。无可否认，我国特殊的农地流转市场为理解关系和价格共同作用的交易行为提供了重要素材，也为深化合约治理理论、社会互动理论和贸易理论等提供了准自然实验。

本书的理论价值在于以下几个方面。

（1）剖析了我国农地流转市场转型的特殊性，探究了其背后的深层逻辑，有助于深化农业经济发展理论和交易理论。西方发达国家的农地流转一般不具备信任"差序格局"的社会背景，故市场主导农业要素配置。中国农村继承的历史文化传统，使得道德、风俗、习惯等非市场因素在农业要素配置中发挥着重要作用。我国农地流转市场呈现的转型趋势意味着，市场因素与非市场因素的平衡正在被打破，为构建中国特色的农业经济发展理论提供了有利契机。

（2）通过探讨政府引入规模经营主体对村庄流转交易格局的影响，可以深化公共治理理论。政府与市场的边界问题一直是学术界争论的焦点。本书的研究提供了一种新的思路，它表明，"看得见的手"并非一定要去干预"看不见的手"才能发挥作用。通过为"看不见的手"提供内生动力，使其诱发新的价格形成机制，可以实现比"看得见的手"更佳的效果，即以市场治理市场，而非政府治理市场，重要的是发挥政府的引导和服务功能。

（3）运用参照系等理论有助于厘清农地流转交易格局市场化的理论逻辑，引入熟人交易转型案例则拓展了参照系等理论的外延。对加里·贝克尔的社会互动理论和奥利弗·哈特的参照系理论的创新性运用，不仅有助于揭示局部市场交易向群体性市场交易转变的合约治理逻辑，还有助于挖掘合约实施有效性对熟人交易的影响。与此同时，参照系理论并没有关注熟人交易对市场的排斥性或弹性。拓展参照系理论，不仅能够解释熟人交易偏离市场的弹性空间，还能够揭示市场中的参照系是如何诱发熟人交易市场化的，由此深化了经济理论的内涵。

此外，农地流转"差序格局"的长期存在意味着农地配置的非市场化和非经济性，由此抑制了农地规模经营的实施，并可能导致农业经营绩效的下降。尤其考虑我国农地细碎化和分散化经营的现状，鼓励农地流转集中，推进农地要素的市场化配置，对提高我国农业经营效率具有重要的现实意义。第一，系统描述分析我国农地流转市场化的发展现状、趋势和区域差异，有助于在宏观上把握农地流转市场的动态发展规律，并为决策咨询提供重要依据。第二，通过研究外生冲击对封闭农地流转市场的影响，为科学引导市场发展提供了新思路。正所谓"不破不立"，但"破"必须以政府为指导，以市场为手段，借助局部市场交易带动整体交易市场化。正是阶段性的政策激励，将市场力量注入封闭村庄，促成了农地流转市场的转型，这为今后农业要素市场改革提供了宝贵经验。第三，厘清局部市场交易诱导整体交易和熟人交易转型的内在逻辑，有助于通过引导市场自发力量并借助农户的行为逻辑培育农业要素市场，并降低行政干预及由此造成的效率损失。因此，探究农地经营权市场化交易由点到面的运行逻辑，将为深化农村要素市场改革提供重要的理论依据和经验依据。

尽管本书主要探讨了农地流转市场转型的现状、内在机理及其经济效应，但见微知著，本书中分析的农地流转市场转型无疑是农村社会经济文化深刻转型的缩影。传统乡村是依赖血缘和地缘关系组建的，并通过文化共享、风险共担、协同生产等内在机制，维持着基本的运行。为了保证产权稳定和伦理纲常，一种被广泛认同的共识或非正式制度在约束着人们的行为和思想。而这种社会共识是内嵌于"差序格局"之中，并通过网络关系制约着人们的生产生活，以及社区资源分配的。毫无疑问，资源配置的"差序格局"是乡村传统的重要一环，也是维持网络关系和社会纽带的把手。一旦资源配置的方式改变，那么传统乡村秩序的瓦解可能只是时间问题，由此带来的社会问题值得进一步探讨。

就农业农村发展而言，农地流转市场化存在的影响可能远比本书所介绍的更为复杂。一方面，农地流转的市场化意味着农业生产成本将进一步提高，这会加剧农业经营的困境。另一方面，片面强化市场化可能造成农地租金的恶性上涨。尤其是部分地区，相关政府部门依然将推进农地流转作为一项重要的考核指标，扭曲了市场规律，强行抬高了流转价格，造成转入户入不敷出，不堪其苦，形成了严重的社会危害和负面的舆论影响。目前，已经出现大量的规模经营主体退出农地流转和农业经营的情况，甚至存在因农地流转租金过高，农业经营损失惨重而殒身的案例，不能不加以提防。我们应该相信市场的力量，但不能片面烘托市场力量并最终扭曲基本发展规律。只要是交易双方自愿的，依据市场规律实施的，农民到底是进行市场型流转还是关系型流转，其实并不重要。重要的是，他们能够评估人情和货币的替代关系，并做出理性的选择。显然，这并不需要相关政府部门进行干预。

需要强调的是，对于如何准确识别农地流转的市场化，如何科学地评估市场化所带来的影响，以及如何做出针对性的举措以应对可能发生的要素市场调整，需要进一步的探讨和调查。从目前的情况来说，笔者虽然做了一些基本的工作，但尚未引起学术界和相关部门的重视。或许从另一个角度来看，这个领域还是个"蓝海"，值得深挖。同时应该反思，我们的研究是不是过于局限，过于关注生产效率和经济影响，而忽视了社会文化和传统习俗的变迁，并由此做出了一些错误的判断，或者无法及时准确地捕捉事物发展规律。当然，这需要更多相关领域的专家学者做出更多的努力。

仇童伟
2021 年于广州五山

目　录

序一 ·· i
序二 ·· iii
序三 ·· v
自序 ·· vii
绪论 ·· 1

第一章　农地流转市场转型现状：全国证据 ·· 8
　第一节　研究背景 ·· 8
　第二节　理论分析 ·· 10
　第三节　数据、变量与计量模型选择 ·· 14
　　一、数据来源 ·· 14
　　二、变量选择 ·· 15
　　三、描述性证据 ··· 17
　　四、计量模型选择 ·· 18
　第四节　计量结果分析 ·· 19
　　一、农地流转对象对农地租金的影响 ··· 19
　　二、稳健性检验1：关于农地流转动机内生性的讨论 ····················· 21
　　三、稳健性检验2：利用农地转出户样本的再估计 ························ 23
　　四、稳健性检验3：基于倾向匹配得分法的估计 ··························· 24
　第五节　本章小结 ·· 24

第二章　欠发达地区农地流转市场转型现状：
　　　　　西南五省（自治区、直辖市）调查 ······································ 27
　第一节　研究背景 ·· 27
　第二节　数据和模型 ··· 28
　第三节　估计结果 ·· 30
　第四节　本章小结 ·· 31

第三章　农地流转市场转型的产权逻辑 ·· 33
　第一节　研究背景 ·· 33
　第二节　分析线索 ·· 35
　第三节　数据、变量与计量模型选择 ·· 37

　　　　一、数据来源 ·· 37
　　　　二、变量选择 ·· 37
　　　　三、计量模型选择 ··· 39
　　　　四、农地产权与农地流转状况：基于宏观数据的描述 ················ 41
　　第四节　计量结果分析 ··· 42
　　　　一、农地产权对农地流转的影响 ··· 42
　　　　二、农地租金是否是农地产权作用发挥的中间路径 ················ 44
　　　　三、稳健性检验1：替换样本的再估计 ····································· 45
　　　　四、稳健性检验2：利用PSM的再估计 ···································· 46
　　　　五、稳健性检验3：替换农地租金的再估计 ····························· 47
　　　　六、进一步分析：基于2019年广州市南沙区调查数据的证据 ······ 48
　　第五节　本章小结 ·· 49

第四章　农地流转市场转型的职业分化逻辑 ··· 52
　　第一节　研究背景 ·· 52
　　第二节　农地流转与农村劳动力转移状况 ······································· 54
　　　　一、我国农地流转市场的发展现状 ··· 54
　　　　二、我国农村劳动力非农转移状况 ··· 55
　　第三节　数据、变量和估计策略 ··· 57
　　　　一、数据来源 ·· 57
　　　　二、变量定义 ·· 57
　　　　三、模型与估计策略 ·· 59
　　第四节　估计结果分析 ··· 60
　　　　一、农村劳动力非农转移对农地租赁和农地用途的影响 ········ 60
　　　　二、农村劳动力非农转移对农地流转动机和农地租金的影响 ··· 62
　　　　三、稳健性检验1：基于转出户样本的证据 ····························· 64
　　　　四、稳健性检验2：考虑样本选择性偏差 ································· 66
　　　　五、稳健性检验3：采用新的主要自变量 ································· 67
　　第五节　本章小结 ·· 68

第五章　农地流转市场转型的公共干预逻辑 ··· 70
　　第一节　研究背景 ·· 70
　　第二节　农地流转中的公共干预状况 ··· 72
　　第三节　数据、变量与估计策略 ··· 74
　　　　一、数据来源 ·· 74
　　　　二、变量选择 ·· 74
　　　　三、估计策略 ·· 76

第四节　估计结果分析 ································· 77
　　　　一、公共干预对农地流转市场化的影响 ················· 77
　　　　二、公共干预对熟人间农地流转市场化的影响 ··········· 80
　　　　三、公共干预对其他流转交易的示范效应 ··············· 81
　　　　四、稳健性检验1：使用新的因变量 ···················· 82
　　　　五、稳健性检验2：公共干预对农户退出农业生产的影响 · 84
　　　　六、稳健性检验3：公共干预对农地流转发生与否的影响 · 84
　　第五节　本章小结 ····································· 85
第六章　农地流转市场转型的社会互动逻辑 ················· 87
　　第一节　研究背景 ····································· 87
　　第二节　分析框架 ····································· 88
　　第三节　数据、变量与估计策略 ························· 90
　　　　一、数据来源 ······································· 90
　　　　二、变量选择 ······································· 91
　　　　三、估计策略 ······································· 93
　　第四节　估计结果分析 ································· 94
　　　　一、示范效应的存在及其作用路径分析 ················· 94
　　　　二、稳健性检验1：利用PSM的再估计 ·················· 97
　　　　三、稳健性检验2：替换主要自变量 ···················· 98
　　　　四、稳健性检验3：基于转入户样本的估计 ·············· 99
　　　　五、稳健性检验4：控制县级虚拟变量 ·················· 99
　　　　六、稳健性检验5：考虑样本选择性偏差 ················ 100
　　第五节　本章小结 ····································· 101
第七章　农地流转市场转型的参照系逻辑 ··················· 103
　　第一节　研究背景 ····································· 103
　　第二节　基于重复博弈的参照系理论演绎 ················· 105
　　第三节　基于熟人网络的参照系理论拓展 ················· 108
　　第四节　本章小结 ····································· 110
第八章　农地流转市场转型的劳动力配置效应 ··············· 114
　　第一节　研究背景 ····································· 114
　　第二节　农地流转与农村劳动力非农转移现状 ············· 116
　　　　一、农地流转状况 ··································· 116
　　　　二、农村劳动力非农转移状况 ························· 117
　　第三节　数据、变量和估计策略 ························· 118
　　　　一、数据来源 ······································· 118

  二、变量选择 ……………………………………………………………… 118
  三、估计策略 ……………………………………………………………… 119
 第四节 估计结果分析 ……………………………………………………… 121
  一、农地转入对农业劳动力的影响 …………………………………… 121
  二、进一步分析1：转入农地是如何被利用的 ……………………… 125
  三、进一步分析2：农地流转对象对农业劳动力配置的影响 ……… 127
  四、稳健性检验1：替换农业劳动力变量 …………………………… 128
  五、稳健性检验2：基于省级面板数据的估计 ……………………… 129
 第五节 本章小结 …………………………………………………………… 130

第九章 农地流转市场转型的种植结构调整效应 …………………… 132
 第一节 研究背景 …………………………………………………………… 132
 第二节 约束与分析线索 …………………………………………………… 135
  一、种植业结构调整的约束 …………………………………………… 135
  二、分析线索 …………………………………………………………… 137
 第三节 数据来源、变量与模型选择 …………………………………… 141
  一、数据来源 …………………………………………………………… 141
  二、描述性证据 ………………………………………………………… 141
  三、变量选择与描述 …………………………………………………… 143
  四、模型选择与说明 …………………………………………………… 145
 第四节 计量结果分析 ……………………………………………………… 147
  一、农地流转对象对流转农地种植类型的影响 ……………………… 147
  二、农地流转对象、农地租金与流转农地种植类型 ………………… 149
  三、稳健性检验1：基于广东省农户调查的证据 …………………… 150
  四、稳健性检验2：基于倾向匹配得分法的估计 …………………… 153
  五、稳健性检验3：基于转入户样本的再估计 ……………………… 153
  六、进一步分析1：农地流转对象与流转合同、流转期限的关系 …… 154
  七、进一步分析2：熟人间流转市场化的发展趋势 ………………… 155
 第五节 本章小结 …………………………………………………………… 157
  一、主要结论 …………………………………………………………… 157
  二、"差序格局"撕裂的社会经济含义 ……………………………… 158
  三、隐含的政策意义 …………………………………………………… 159

第十章 农地流转市场转型的农业绩效改善效应 …………………… 160
 第一节 研究背景 …………………………………………………………… 160
 第二节 我国农业生产率状况与分析框架 ……………………………… 162
  一、我国农业生产率状况 ……………………………………………… 162

二、分析框架 ································· 163
第三节　数据、变量和估计策略 ···················· 165
　　一、数据来源 ································· 165
　　二、变量选择 ································· 165
　　三、估计策略 ································· 167
第四节　估计结果分析 ···························· 168
　　一、转入农地对农地产出率的影响 ··············· 168
　　二、农地转入规模和流转对象对玉米产量的影响 ··· 170
　　三、稳健性检验：利用倾向得分法的再估计 ······· 172
第五节　本章小结 ································ 173

参考文献 ······································ 175
后记 ·· 185

绪　　论

　　作为世界最大的发展中国家，农业农村问题始终是我国社会经济工作的重点。对于一个拥有 9 亿农民的发展中国家来说，农村土地问题是中央农村工作的关键性问题。伴随着 1978 年的改革开放，家庭联产承包责任制的实施标志着我国农地产权制度改革和农村发展进入了新的历史阶段。这一改革直接促成了 1978～1984 年我国粮食产量的加速增长，但随后粮食种植的反复使得学术界对农地产权的作用产生了一定程度的悲观态度。除了产权作用效果的转变外，家庭联产承包责任制秉持的公平原则还使得农地细碎化和分散化经营成为长期制约农业增长的重要因素。无论是相对于欧洲、南美洲还是亚洲其他国家，农地细碎化的负面效应都越发突出。如果说粮食增产在改革开放初期解决了人们的温饱问题，那么，保证粮食持续稳定供给则是新时代保障国家战略安全的关键。尤其是在面临全球性经济危机和流行性疾病时，国际粮产品供给萎缩和国内农业生产受到冲击，都要求建立健全粮食战略储备体系。保证农产品供给并稳定战略储备，除了技术上的努力外，克服经营格局弊端的重要性也不言而喻。

　　随着 1994 年社会主义市场经济的序幕拉开，农村劳动力开始持续向城镇转移。尤其是户籍制度改革后，我国经历了全世界最大规模的城乡劳动力流动。持续性的城乡要素流动，无疑为活跃农地流转市场提供了重要助力。借助农村劳动力非农转移这一"东风"，我国首先通过 2002 年《中华人民共和国农村土地承包法》的颁布，确认了农户对农地经营权的自由流转权能。从 2004 年开始，通过相应举措鼓励和引导农地流转，2008 年和 2009 年更是通过中央一号文件的形式将推进农地流转作为当年农村工作的重点。随后的中央一号文件开始逐步强调引导和鼓励农地流转，并通过在"县—镇—村"三级建立农地流转平台，融通流转供需信息，进一步诱导农地流转市场的发展。在中央人民政府的鼓励下，部分省级行政区甚至将农地流转作为县镇政府工作的考核内容，一度扭曲了中央政策的初衷。但无论如何，通过种种努力，我国农地流转实现了较高的增长率，尤其是为现阶段新型农业经营主体的培育打下了坚实基础。

　　借助国家推进农地流转的政策"东风"，大量研究也开始探讨农地流转对农村要素市场发育和农业生产率的影响。他们发现，农地流转不仅有助于激励农村劳动力的非农转移，还可以促进农业生产性投资，提高农业生产效率，并增加农民收入。不可否认的是，农业生产要素的市场化配置确实有助于提高其利用效率，甚至有助于深化农村社会化分工。众所周知，缺乏价格机制的引导或市场在要素配置中不起决定性作用，是不利于挖掘农地使用价值的。也正因为如此，张五常（2014）才认为，涵盖产权所有内容的三类权属中，交易权是关键。没有交易，就没有要素的自由流动，没有要素自由流动的市场，分工就无法形成。如果假定农地使用权无法流动而农村劳动力大规模非农转移，那么农地的大范围抛荒是必然结果。也正是基于农地流转被赋予的交易属性及其可能具有的社会经济功能，学术界和政府对其抱有非常大的期待，由此产生了诸多支持性文献和文件。

在赋予农地流转莫大期许的同时，学术界几乎形成共识的是，我国农地流转市场中存在大量非正式交易。这些交易不仅伴随着低租金或零租金，甚至连起码的书面合同或者合约都没有，广泛存在于村庄内部和熟人之间，用于维持社会关系网络的农地流转，实际上并不能够被界定为纯粹的市场交易。既然不是市场交易，那么就不具备根据价格配置要素，进而提升农地使用效率的功能，更别提以这样的流转交易形式推动农村要素市场的发展了。如果将焦点放在关系型流转带来的物质财富积累上，那么不以市场利润为主要考核方式的生产经营不仅不会带来物质资料的积累，反而可能抑制农产品数量和质量的增长，进而造成社会财富的净损失。很显然，农地流转被学术界广泛认可的作用与目前我国农地流转市场的基本现状，在理论逻辑上是不一致的。在这样的矛盾中，将农地流转视为整体，然后进行回归估计，既忽略了理论逻辑，又违背了基本事实。

但不应忽视的问题是，熟人间流转必然是人格化交易吗？在经历了约20年的发展，我国的农地流转市场是否仍陷于封闭、割裂的格局之中？熟人网络对农业要素的配置又发挥着怎样的作用？尤其是对于我们这样一个正处于历史转折点的发展中国家而言，经济的快速发展必然造成整个社会关系网络的重塑。在进入改革的攻坚期和深水期之后，经济社会体制的变革也将彻底打破农村社会的封闭状态，促使要素配置的关系逻辑向市场逻辑转变。阿维纳什·迪克西特在其著作中表达了类似的观点，一旦熟人网络内出现外部营利机会，关系型治理的基础也会变得薄弱。在农村职业分化和分工不断深化的过程中，农地将逐渐变为一部分经营主体谋生和赚取市场利润的生产要素。当农地被纳入市场经营活动中后，它的交易价值和交易逻辑均将发生显著改变。回看10年前的研究就会发现，当时的研究结论可能就是市场转型后农地流转所具备的功能。当然，面对这样一种可能，既不能靠猜测，又不能畏惧，必须借助全国性大调查，经过缜密的论证设计。如果说农地流转的作用转变是分工的必然结果，那么交易逻辑的转变就反映了农村社区关系的深刻转型。不论人们多么希望农村能够维持它在社会治理和传统保护中的作用，都不应忽视社会经济发展的自然规律。

正如上文提到的，农地流转市场转型不仅反映了农业生产要素配置逻辑的转变，其还是农村社会经济转型的缩影。传统乡村依靠熟人网络维系，熟人网络的维系则是在血缘和地缘关系基础上，通过要素配置或资源共享机制加以实施的。一旦作为农村最重要生产要素的农地使用和配置逻辑发生改变，那么不仅是农村经济将融入市场经济，乡村文化和习俗也将淹没在市场经济的洪流中，其产生的社会经济影响可能是深远的。当然，本书并不寄希望于完成这样一个宏大的选题，而是将目标集中于描述我国农地流转市场转型的现状、发生逻辑及其可能存在的经济效应。见微知著，本书的简明分析，有助于进一步延伸人们对农村社会文化、经济及其互动的思考，也可以为科学认识农业农村发展规律提供助益。

本书正是基于对已有研究的反思，并结合对现实世界的观测，试图论证农地流转市场所发生或者正在发生的转型。如果农地流转，尤其是发生于熟人网络中的流转交易已经开始向非人格化交易转变，随之而来的农村要素市场发展就会对整个农业发展造成重要影响，也会对农业农村改革提出新的要求。为了论证农地流转市场转型及其内在逻辑，本书按照"现状—机理—效应"的基本思路展开。

首先，农地流转市场转型是一个新颖的概念，与已有研究的判断存在较大差异。无论是出于严谨的考虑，还是出于为下一步分析奠定基础的考虑，阐述农地流转市场转型的现状都是不可或缺的。为此，作者首先借助全国29个省（自治区、直辖市）的农户调查数据，考察了农地流转市场化的现状。然后，进一步分析了2019年我国经济欠发达地区的农地流转市场化状况，以此说明欠发达地区农村的要素配置及其可能隐含的转型逻辑，即本书采用"全国+欠发达地区"的双重样本进行描述性分析，以系统、全面地刻画农地流转市场转型的现状。

其次，在描述农地流转市场转型现状的基础上，本书将揭示其内在发生逻辑。本书按照"产权完善—职业分化—外生冲击"的顺序展开分析。其原因在于，产权完善是交易发生的基本前提。缺乏稳定的农地产权，经营的预期将不稳定。那些出于营利性动机流转农地的主体将面临利润损失的高风险,这将显著抑制农地的市场交易。职业分化是农地流转市场化的必要条件。没有农村居民的职业分化,农地经营权将缺乏供给,也难以形成专业化的农地经营者。在没有专业化和规模化促成的经济绩效增长时,市场流转是难以发生的,即分工是市场经济和规模经济形成的必要条件。外生冲击,尤其是外来流转主体的出现是农地流转市场化的重要诱因。引入外部流转主体,是强化局部流转市场化的重要方式。尤其是在封闭市场难以内生出市场型流转的情况下,从外部引入市场型交易有助于打破人格化交易的格局。在此基础上,借助加里·贝克尔的社会互动理论和奥利弗·哈特的参照系理论,揭示外来流转主体实施的局部市场化流转是如何诱发熟人间流转市场化的。

最后,本书对农地流转市场化的效应进行了分析,具体按照"劳动配置效应—种植结构调整效应—农业绩效改善效应"展开。农地流转的市场化,第一,对农业生产要素的配置产生重要影响。在营利性动机转入农地后,经营主体将调整要素配置结构,增加生产性投资,进而实现经营利润的最大化。随着预期经营利润的增加,农业劳动力的生产率将得到改善,从而诱发更多的农业就业。第二,经营利润最大化目标的实现,不仅在于生产要素的调整,还在于种植类型的转变。通过种植经济附加值更高的农作物品种,改变农地的使用价值,从而提高农业经营利润。第三,农地流转的市场化在调整生产要素配置,转变种植结构的过程中,是否可以有效改善农业经营绩效也是本书关注的重点。从逻辑上来说,市场在配置要素中发挥决定性作用有助于优化资源配置,改善经济绩效。

由此,本书将分别对农地流转市场转型的现状、内在运行机理及其效应展开阐述,主要篇章内容如下。

第一章是"农地流转市场转型现状:全国证据",主要利用 2015 年 CHFS 的 29 个省(自治区、直辖市)的农户调查数据,分析我国农地流转市场的现状。结果显示,有超过 80% 的转入户是与村庄内的熟人发生流转交易的,但这些交易中有 52.5% 是出于营利性动机发生的,且其平均租金达到了 320.165 元/(亩[①]·a)。进一步证据表明,熟人间流转与非熟人间流转在农地租金上不存在显著差异。这表明,一直被视为非正式的熟人间流转,经历了近 20 年的社会经济发展,已经逐渐转变为市场型交易。借助迪克西特的贸易模型,该章也指出,熟人间流转并不存在所谓的违约风险高、农地破坏等交易特征。农地的不可移动性和村庄规模偏小决定了监督成本和信息

---

① 1 亩 ≈ 666.67m^2。

披露成本极低。由此表明，农地流转市场中的人格化交易已经降到了较低水平，这一发现对于重新审视农村要素市场的发育具有重要意义。

第二章是"欠发达地区农地流转市场转型现状：西南五省（自治区、直辖市）调查"，该章在第一章的基础上，进一步利用我国欠发达地区的农户调查证据，考察农地流转市场转型是否在经济较为落后地区的农村依然成立。众所周知，经济越是落后的地区，农村社会的封闭性就越强，社会关系网络在要素配置中的作用就越明显。如果我国欠发达地区的农地流转已经呈现较高的市场化程度，那么无疑强化了本书出发点的准确性。利用贵州、云南、四川、广西、重庆的农户调查数据，在考虑内生性的前提下，发生于不同交易主体间的农地流转伴随着无差异的农地租金。由此表明，欠发达地区的熟人间流转已经呈现出明显的市场化趋势，这进一步强化了本书判断的合理性。

第三章是"农地流转市场转型的产权逻辑"，主要分析了农地产权对农地流转市场化的影响。市场交易的基本前提是产权稳定，市场化的发展则是产权边界明晰的结果。只有当主体被赋予自由的决策和行为空间后，生产要素才可能在人们逐利的过程中实现更高效率的配置和使用。该章分析发现，稳定的农地产权对于提高农地交易价值具有激励作用。即使是熟人间流转，农地产权稳定性的提高也会诱发营利性动机的出现，并提高农地租金。由此表明，稳定的农地产权有助于激励农地流转的市场化。

第四章是"农地流转市场转型的职业分化逻辑"，主要分析了农村劳动力非农转移对农地流转市场化的影响。对于市场化的发展，产权是基础，职业分化是必要条件。没有职业分化和专业化分工，农地流转将缺乏动力，市场供给也将不足。该章发现，随着更多的农业劳动力进入非农行业从事专业化生产，农户对农地供给的需求增加。对于那些将劳动力主要投入农业生产中的农户，他们租入农地从事农业专业化生产的积极性增加。而且从事农业专业化生产的农户更可能出于营利性动机转入农地，并支付更高的农地租金。伴随着农业专业化生产的是，转入户将把流转农地更多地用于"非粮化"生产。由此表明，随着农村劳动力自发地在非农行业和农业中进行专业化生产，农地的交易价值会显著提升，交易也将从人格化转向非人格化。

第五章是"农地流转市场转型的公共干预逻辑"，该章重点探讨农地流转市场中公共干预存在的影响。实际上，我国地方政府曾一度将引入外来流转主体作为发展农地流转市场的重要举措。该政策干预首先将市场因素强行导入熟人网络。其次，通过市场互动和示范机制对村庄其他流转交易产生影响，由此才形成了第六章和第七章的机制分析。该章分析表明，在地方政府和村委会组织流转交易的村庄中，农地租金相对更高。即使对于那些未卷入公共干预的流转交易，他们达成的合约价格也相对较高。此外，公共干预的存在还使得熟人间流转的合约更为规范，流转租金更高。由此表明，公共干预农地流转虽然一定程度上可能有悖农民自愿原则，但其对农地流转市场发育的影响可能是深远且重要的。

第六章是"农地流转市场转型的社会互动逻辑"，重点分析了市场型交易对熟人间流转的影响。农村居民普遍存在的"眼红"心理，会使得农地流转市场化在社会互动中变得越发强烈。该章分析了非熟人间流转对村庄熟人间流转的示范效应。研究发现，外部流转主体与村庄内农户交易具有形成局部交易市场化的作用。随着局部市场型交易的形成，熟人间流转更可能出于营利性动机而实施，其伴随的农地租金也得到了提高。在作用机制方面，发现营利性动机的出现是局部市场型交易导致熟人间流转市场化程度提高的关键。由此表明，局部市场型交易的示范效应，可以自发诱导熟人间流转的市场化转型。

第七章是"农地流转市场转型的参照系逻辑"，主要从合约不完全的角度出发，探讨熟人间交易如何偏离市场交易，熟人间交易又是如何转变为市场型交易的。基于理论分析发现，外部流转主体与村庄内农户交易所形成的局部市场型流转，因其通过竞争性而达成的合约形式具备了市场参照系的合法性。局部市场型流转的存在使得事先签订的空合约或价格区间与市场价格区间有重叠的合约，都会因为交易双方存在损失厌恶而显著提高违约损失或交易费用，从而导致流转价格进一步收敛。基于重复博弈分析发现，只要重新拟约造成的物理损失小于因损失厌恶所造成的交易损失，参照系的存在就会诱导交易双方更具市场价格重新拟约。对于熟人间流转，即便熟人网络一定程度上可以放宽价格区间，但偏离市场价格仍将导致履约困难。

第八章是"农地流转市场转型的劳动力配置效应"，重点分析了农地流转市场化对农户劳动力配置的影响。该分析既可以反映要素流转市场化对其他相关要素配置的影响，又可以折射出市场化带来的经营效率改善和对劳动力的吸纳作用。发现，农地租赁提高了农户在农业中的劳动力配置。而且，随着农地流转市场化程度的提高，转入户更可能在农业中投入劳动力以实施专业化生产。进一步的证据表明，熟人间流转和非熟人间流转在劳动力配置上不存在显著性差异，这与第一章的分析具有逻辑一致性。显然，农地的市场化配置决定了分工的深化及其效率改善，这对于提高农业的劳动力吸纳能力和促进农业可持续发展都具有重要意义。

第九章是"农地流转市场转型的种植结构调整效应",分析了农地流转市场转型对种植业结构调整的影响。第八章在分析农地流转的劳动力配置效应时,一个重要的依据是,市场化会改变人们的要素配置动机,强化其对农业经营利润最大化的诉求。在该过程中,调整农作物种植类型、提高单位经营面积上的产值是关键。该章发现,随着农地流转市场化程度的提高,流转农地被用于"非粮化"生产的可能性也在提高。同时,熟人间流转和非熟人间流转对农地"非粮化"呈现出一致性影响。这表明,农地流转"差序格局"及人格化流转维系的"趋粮化"种植格局将被打破。如果再考虑仍有超过50%的流转农地发生于熟人间,那么农地流转市场化转型所诱发的农地"非粮化"值得高度关注。

第十章是"农地流转市场转型的农业绩效改善效应",是在前两章的基础上,直击经济发展本质。如果农地的配置按照市场原则进行,更高经营效率的农户获得了农地使用权,那么出于营利性动机,他们进行生产性投资和专业化生产的积极性将更强,这也是改善经营绩效的基本前提。该章发现,首先,转入农地可以有效提高农地产出率。其次,熟人间流转和非熟人间流转对农地产出率具有无差异的影响。而且,农地流转规模与农地产出率未呈现显著相关性。其原因在于,熟人间流转市场化程度的提高改善了要素配置效率,提升了农地产出率,这为挖掘农业发展潜力提供了重要支撑。

第一章 农地流转市场转型现状：全国证据

引言：本章以市场交易的营利性特征为出发点，采用农地租金衡量市场化程度，并利用 2015 年 CHFS 数据的 1478 户农地转入户样本分析了农地流转对象与农地租金的关系。结果显示，在与熟人交易的转入户中，有 52.5%是出于营利性动机转入的农地，且他们支付的平均租金达到了 320.165 元/（亩·a）。在考虑内生性问题后，熟人间流转与非熟人间流转在农地租金上不存在显著差异。同时，营利性动机也显著提高了农地租金。本章旨在说明，熟人间流转已经呈现出明显的市场化特征。

第一节 研究背景

在亚洲、非洲和欧洲等地区，发展农地流转市场的措施已被广泛实施，以期降低土地细碎化并提高农业生产率（Gao et al.，2012；Jia et al.，2014）。其原因在于，扩大农地经营规模有利于提高农业规模报酬（Paul et al.，2004；Hornbeck and Naidu，2014），并促使农地从较低生产效率农户向经营能力更强的主体转移（Deininger and Jin，2009；Feng et al.，2010）。伴随着中国农村劳动力的大规模非农转移，农地流转市场变得益发活跃（Kimura et al.，2011；Wang et al.，2011），尤其是 2008 年和 2009 年中央一号文件均强调把推动农地流转市场发展作为国家农业农村发展的重要内容。农业部农村经济体制与经营管理司[①]数据显示，中国农地流转总面积已从 2006 年的 0.56 亿亩（占承包耕地总面积的 4.74%）增至 2018 年的 4.97 亿亩（占承包耕地总面积的 36.5%），成效显著[②]。

然而，相关研究表明，熟人间流转不仅无益于缓解土地细碎化问题，还会造成农业生产效率的下降（Holden and Ghebru，2005）。农业部农村经

本章内容部分发表在《中国农村观察》。

① 农业部农村经济体制与经营管理司 2018 年之后改为农业农村部农村合作经济指导司、农业农村部政策与改革司。

② 数据来源于 2016 年和 2018 年的《中国农村经营管理统计年报》。

济体制与经营管理司数据显示，2006年村庄内部的农地流转规模占总流转规模的比例为67.33%，2016年这一数据仍高达55.18%。多项研究表明，中国农地流转市场包含了大量的非正式特征（Deininger and Jin，2009；Wang et al.，2015）。例如，Wang 等（2015）调查发现，2008年，发生于村庄内的流转占总流转量的84.47%，发生于亲戚之间的交易占比为46.64%。同时，大约有89.05%的流转没有签订正式的书面合同。何欣等（2016）利用全国29个省（自治区、直辖市）调查数据的研究显示，发生于小农户间的流转比例从2013年的82.6%下降至2015年的76.3%，但农地流转的期限仍相对较短。Ma 等（2015）的研究则显示，在江西省和甘肃省，分别有95%和85%的农地流转发生在亲戚之间，且书面合同的签订率不足10%。这表明，熟人间流转在中国具有普遍性，且往往被认为是市场化程度不足、缺乏规范性的农地流转形式。

但是，已有研究存在两方面的不足：第一，对如何衡量农地流转的市场化程度缺乏有效办法。从已有研究来看，一方面，熟人间流转被视为非市场化或人格化交易的标志（Deininger and Jin，2009）。另一方面，普遍存在的非正式口头合约也被认为是农地流转缺乏规范性的证据（Wang et al.，2015）。但二者在理论上均不具有必然性。首先，发生于熟人或信任程度较高主体之间的交易并不必然造成交易的非市场化。Dixit（2004）研究显示，一旦熟人网络中的主体获得外部机会，传统的人格化交易也会被市场交易所取代。其次，合约的形式并不必然决定交易的市场化程度。从合约经济学视角来看，合约用来界定交易双方的权责关系，但其表现形式并没有严格界定（Cheung，1983）。进一步地，从市场运行的基本逻辑来看，价格也属于合约的一种，且内含了对产权、竞争和稀缺性的表达（Alchian，1994）。因此，界定农地流转，尤其是熟人间流转的市场化程度对于把握农地流转市场发展及探究其内在运行逻辑是极为关键的。

第二，以往研究并未区分熟人间流转的异质性。正是熟人间流转伴随着更多的口头合约，并借助关系网络实施，所以交易对象往往被严格的二分法界定。但是，熟人间流转并不必然意味着非市场化，关键在于如何区分熟人交易的异质性。在笔者看来，流转动机和交易价格是区分农地流转市场化程度的有效办法。首先，根据新古典经济学的基本假设，理性人参与市场交易是以利润最大化为基本目标。因此，只要不具备该特征，该交易便无法被认定为市场型交易。相反，即使交易发生在熟人之间，只要是出于营利性目的，该交易理应被认定为市场型交易。其次，价格是市场机制有效运行的基本要素，其具有优化资源配置和实现收入再分配的作用（Luenberger，1995；Kreps，2013）。因此，微观经济学一般又称为价格理论。换句话说，农地流转的市场化程度应该按照参与主体的目标函数及其达成的交易价格进行判断，这比简单的交易对象和合同类型二分法更接近市场理论的本质。

基于上述梳理，需要进一步回答的问题是，如果从流转主体的营利性动机和农地租金出发，那么熟人间流转的市场化程度是否依然处于较低水平？如果认为以往研究所依据的调查数据尚处于农地流转市场发育初期，熟人交易难免具有较低的市场化程度，那么，当前的农地流转市场是否正在发生转型？对上述问题的回答，不但有助于重新认识农地流转市场的交易特征，而且对于重新评估中国农地流转市场的发育阶段，并针对性地调整农地流转政策及优化农村要素市场的改革思路具有重要作用。

本章将利用2015年CHFS数据实证检验熟人间流转与非熟人间流转在流转动机和农地租金方面存在的差异，并进一步阐明营利性动机对农地流转市场转型的推动作用。

第二节 理论分析

为分析农地流转市场的转型逻辑，本节以农地流转的交易价格作为衡量指标，旨在从交易费用、流转收益和剩余分配的角度，阐述农地流转市场的价格形成机制。根据Cheung（1983）的观点，交易费用是市场交易能否达成的关键。熟人间流转活跃的一个重要原因在于，在缺乏足够的信息和面对交易的不确定性时，其在利用社会关系网络以保证合约的稳定性和可实施性方面具有比较优势（Deininger and Jin，2009；Wang et al.，2015）。理论上说，小范围内的频繁互动有助于建立共同的社会规范和信誉机制，而任何破坏集体规则或丧失声誉的主体都可能受到来自"俱乐部"的群体性惩罚。显然，该机制具有降低社会交易费用和规范群体行为的重要作用（Ostrom，1990）。Ensminger（1992）、Hendley和Murrell（2003）的经验分析同样证实了该推断。因此，很多研究认为，发生于具有较高社会信任群体内部的农地流转，往往伴随着更低的交易费用和农地租金（Ma et al.，2015）。

为简化分析，本节假设参与农地流转市场的主体均以利润最大化为目标，即不出于营利性动机流转农地的农户不进入理论分析，并假定该类交易伴随更低的租金，实证检验部分将给予证明①。参考 Dixit（2004）的贸易模型，假定农地流转市场的参与主体分布在一个圆周上，且圆的周长为 $2S$（图1.1）②。转入户和转出户的最大距离为 S。为了模拟村庄内部交易的特征，假设农地转出户处于村庄的中心位置，且与村庄边缘的距离为 L（$L>S$）。该设置的目的在于，模拟村庄内部信息的传递特征，并假定农地流转违约信息在村庄外部停止传播。此外，X 为转入户和转出户之间的距离。根据交易达成概率与主体间距离负相关的特点，假定农地流转达成的概率由 e^{-aX} 决定，a 为交易的配对技术。同时，假定交易的潜在收益与距离存在正相关关系。其理由在于，远距离交易面临更强的信息不对称性和更高的时间成本，只有潜在收益的增加才能达成远距离交易。因此，可将距离与农地流转潜在收益的关系设置为 $e^{\theta X}$，θ 为潜在收益系数。由此，在圆周上达成交易的真实概率为

$$\frac{e^{-aX}}{2(1-e^{-aS})/a} \tag{1.1}$$

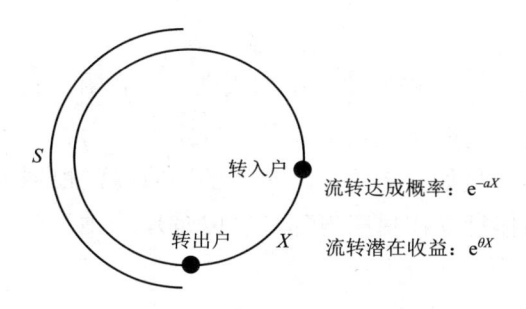

图1.1 农地流转的交易主体分布及潜在收益

如果不考虑交易中存在的违约情况，那么从农地流转中获取的总收益可以表示为

$$R(X,S) = \frac{a}{(1-e^{-aS})} \int_0^X e^{(\theta-a)Z} dZ \tag{1.2}$$

式中，$R(X,S)$ 为农地流转产生的总收益；Z 为转入户与转出户距离的变量。

---

① 虽然那些将农地流转给熟人，且获得租金水平很低甚至为0的农户也满足利益最大化的条件，但是，本研究中的利润最大化是指交易价格的最大化。实际上，市场型交易指的是基于市场价格和供需关系的交易，这也是市场理论的基本出发点。人情交易之所以被称为人情交易，是因为其借助于社会关系网络而不是市场价格，即价格机制在人情交易中失效。换言之，那些出于人情礼赠和道义帮助的农地流转均不在本研究理论模型的讨论范畴内，即本研究是在新古典价格理论下的讨论。
② 这样的设计是为了简化分析，并直观地表达交易的过程。

值得注意的是，农地流转中存在信息不对称和违约可能造成预期损失。根据 Aoki（1986）的做法，预期损失可由突发事件发生的概率给予表达。因此，将农地流转中违约信息的传递概率设置为 $e^{-\beta Y}$，表明信息传递随着距离的增加呈指数下降。其中，Y 为违约发生地与另一个可能在下一期与转入户发生交易的对象的距离；β 为衰减率。那么，农地流转的净收益可表示为

$$NR(X,Y,S) = \frac{a}{(1-e^{-aS})}\int_0^X e^{(\theta-a)Z} dZ - \int_0^Y e^{-\beta Z} dZ \quad (1.3)$$

式中，$NR(X,Y,S)$ 为农地流转的净收益。由式（1.3）可得

$$NR(X,Y,S) = \frac{a[1-e^{-(a-\theta)X}]}{(a-\theta)(1-e^{-aS})} - \frac{1-e^{-\beta Y}}{\beta} \quad (1.4)$$

式（1.4）表明，农地流转的净收益由总收益与信息不对称造成的违约成本共同构成。为简化分析，对式（1.4）中的 X 和 Y 分别求偏导可得

$$NR'_X = \frac{a e^{-(a-\theta)X}}{1-e^{-aS}} \quad (1.5)$$

$$NR'_Y = -e^{-\beta Y} \quad (1.6)$$

很显然，$NR'_X > 0$ 和 $NR'_Y > 0$ 均成立。这表明，农地流转的预期净收益是否会随着距离的增加而变化是不确定的。为进一步阐明信息不对称造成的预期损失将如何影响农地流转的净收益，根据上文假定（即农地流转中的违约信息仅在村庄内部有效传递），农地流转的净收益可以设置为

$$NR(X,Y,Z) = \begin{cases} \dfrac{a[1-e^{-(a-\theta)X}]}{(a-\theta)(1-e^{-aS})} & X \leqslant L \\[2ex] \dfrac{a[1-e^{-(a-\theta)X}]}{(a-\theta)(1-e^{-aS})} - K & X > L \end{cases} \quad (1.7)$$

对于发生在村庄内部的农地流转，违约信息的完全可识别性会导致预期的违约损失几乎为 0。村庄外部主体进入村庄转入农地，由于其违约的连带惩罚无法由熟人关系网络执行，只要出了村庄，他们因惩罚而遭受损失的概率几乎为 0（即他们不会因为在一个村庄违约而受到其他村庄农户的惩罚）。因此，本书将由村庄外部转入户造成的违约损失设置为常数 K。进一步地，为使分析更为简化，假定村庄内部的农地流转同质（即村庄内部所有以营利为目的的农地流转均获得无差异的潜在收益），那么式（1.7）变为

$$\mathrm{NR}(X,Y,Z) = \begin{cases} \Omega & X \leq L \\ \dfrac{a[1-\mathrm{e}^{-(a-\theta)X}]}{(a-\theta)(1-\mathrm{e}^{-aS})} - K & X > L \end{cases} \quad (1.8)$$

式中，Ω 为村庄中出于营利性动机流转农地的固定净收益。由式（1.8）可知，村庄内部与外部农地流转的净收益大小取决于本村农户的经营能力、外村农户的经营能力及外村农户的违约风险。由于外村农户造成的预期损失 K 是不确定的，那么这部分的可能性损失将在拟约的过程中被考虑，即

$$\beta_1 \Omega + K = \beta_2 \frac{a[1-\mathrm{e}^{-(a-\theta)X}]}{(a-\theta)(1-\mathrm{e}^{-aS})} \quad (1.9)$$

式中，β_1 和 β_2 分别为农地转出户从本村转入户和外村转入户经营性收益中分得的部分；$\beta_1\Omega$ 和 $\beta_1\Omega+K$ 则为农地转出户能够分别从熟人交易和非熟人交易中获得的农地租金。但是，根据 Hart 和 Moore（2007，2008）、Hart（2008）的观点，合约为交易双方提供了一个参照系，他们会根据合约来判断自己的利益是否受到损害。任何一方感到不公正的待遇，都会造成履约的困难和机会主义行为的出现。而且，除了合约本身，外部市场中的价格也构成了交易双方的重要参照系。换言之，农地流转市场中其他的交易价格会直接影响新达成交易的租金水平[①]，否则合约的稳定性会受到威胁。考虑该情形，农地转入户会对 K 的支付进行谈判。由于本部分讨论的均为出于营利性动机的农地流转，那么熟人交易作为市场的一部分，也会直接干扰非熟人间流转的租金达成。换句话说，为了保证合约的稳定性，以及 K 不会被转入户在后续的履约过程中放大，转出户确实会选择适当压缩 K 值，以降低农地转入户支付的租金水平，即转入户在熟人交易和非熟人交易中需要支付的农地租金会趋同。此外，对于 K 的管控在村庄内部是可以有效执行的。尤其考虑农地的不可移动性和村庄范围较小，日常监管相对容易，使得本村与外村转入户非法处置农地的可能性基本等同[②]，那么农地租金的趋同也就具备了逻辑上的可能性。

基于上述分析，本书提出如下假说：

假说 1：出于营利性动机进行的农地流转将伴随着更高的农地租金；

[①] 笔者已在相关论文中证明，村庄的农地租金存在聚类现象（Qiu et al., 2018）。在同一个村庄内部，发生于熟人间的平均交易价格（特指出于营利性动机的交易）存在向非熟人间交易价格收敛的趋势。

[②] 需要指出的是，理论分析部分并不考虑流转农地的异质性问题。

假说2：在流转动机一致的情形下，熟人间流转和非熟人间流转的农地租金将趋同。

第三节　数据、变量与计量模型选择

一、数据来源

本章选用2015年CHFS数据，该数据来源于西南财经大学中国家庭金融调查与研究中心、浙江大学的"中国家庭大数据库"和中国家庭就业调查数据，以及暨南大学社会调查中心的中国家庭就业调查数据。CHFS是2011年以来在全国范围内开展的一项专门针对家庭层面金融信息的调查。在第一次调查之后，分别于2013年和2015年进行的第二次和第三次调查的样本量都显著增加，具有省级代表性。

该数据的抽样过程分为三个阶段：①将中国各县按人均国内生产总值（gross domestic product，GDP）分为10个等级，然后从每一等级中随机抽取县。②从样本县随机抽取社区或村庄。③从样本社区或村庄随机抽取住户。在农村样本中，从每个样本村随机抽取20户农户。2015年CHFS数据的总样本包括29个省（自治区、直辖市）（不包括香港、澳门、台湾、新疆和西藏）、353个县、1373个社区或村庄的37 341个样本家庭。农村样本包括11 635户农户，占样本总量的31.2%。关于CHFS的更多信息可参见何欣等（2016）的论文。考虑本书所关注的是农地流转，最终选择1478户农地转入户作为分析对象[①]。选择农地转入户的原因在于，在农地流转市场中，转入户是更为主动的市场行动者，他们是觅价的主要群体。相反，农地转出户则大多不会或难以寻求愿意支付其租金的交易对象。换句话说，转出户更像是对转入户觅价行为做出反应的群体，而不是主动觅价的主体。应该强调的是，本书并非主张转出户在农地流转中的地位不如转入户重要，而是旨在表明，在农地流转前，即转出户和转入户尚未接洽的阶段，转入户会根据自身的需求去寻找转出户，进而促成交易的发生。不同的是，实践中很难发现有单个转出户（尤其是普通小农户）会主动去村外或县外寻找转入户来租赁自己的小规模土地。其原因在于，这样的做法面临巨额交易费用。因此，选择转入户作为分析对象更可能识别农地流转市场的变化。当然，考虑农地交易的对称性，基于转出户样本的估计将在稳健性检验部分汇报。

---

① 由于后文将采用村庄层面的其他农户的特征作为农户特征的工具变量，因此，对于那些农户数少于10户的样本村，本书给予剔除，以避免由村庄样本过少造成信息识别偏误。

二、变量选择

因变量。本章的因变量为农地租金。参考 Ferreira 和 Horridge（2014）的做法，本章采用亩均农地租金反映农地租金水平的高低。考虑部分农地流转的租金形式为实物，如稻谷，本章按照当地该类农作物的农户出售价格进行折算，并平摊到亩均农地租金之中。

主要自变量。本章的主要自变量包括农地流转对象和农地流转动机。参考 Macours 等（2010）、Ghebru 和 Holden（2015）的做法，农地流转对象被设置为一个二元变量，即熟人（赋值为 1）和非熟人（赋值为 0）[①]。此外，农地流转动机同时决定了农地交易对象和农地租金，而且农地流转动机还可以有效区分熟人交易内部的异质性特征。因此，本章将农地流转动机作为一个二元变量引入，即营利性动机和非营利性动机。在 2015 年 CHFS 问卷中，农地转入户被问及为什么要转入农地，本章将那些回答为帮助亲戚或邻居代耕或无偿转入亲戚农地的农户，界定为出于非营利性动机转入农地的农户（赋值为 0）；那些为了扩大农地经营规模和获得经营利润的农户，被界定为出于营利性动机流转农地的农户（赋值为 1）[②]。

其他控制变量。社会资本是一个同时影响农地流转对象和农地租金的可能因素[③]。考虑家庭职业和经济状况可以用来衡量社会资本（Lin，2001；Lin and Dumin，1986），本章引入家庭是否经营商业、是否拥有汽车和存款状况作为控制变量。此外，Glaeser 等（2002）也指出，社会组织是表征社会资本的重要变量。为此，本章引入了宗族网络和家庭成员中是否有村干部，分别衡量农户参加非正式组织和在村委会中担任职务的情况。

[①] 在 2015 年 CHFS 问卷中，农地转入的来源被区分为本村普通农户、非本村普通农户、专业大户、家庭农场、农业/农民合作社、村集体、公司或企业，以及中介机构。本章将本村普通农户设置为熟人，其余主体设置为非熟人。其理由在于，中国农村是一个基于地缘和血缘关系构建的熟人社会，因此，村庄内部的主体都是较为熟悉的群体。对于包括村集体、专业大户、家庭农场、农业/农民合作社等存在于本村或可能存在于本村的组织，本章将其归为非熟人。其理由在于，与普通农户不同，经济组织往往是出于营利性动机或经营性目的而转入农地的，不存在普通农户之间基于人情关系免费使用农地的情况。因此，为了区分市场交易和基于人情关系的交易，将它们归为非熟人一组是合理的。这与 Wang 等（2015）从村组内部分析熟人交易的逻辑是一致的，即组织或外村主体均不被纳入熟人网络之中。

[②] 在 2015 年 CHFS 问卷中，农户转入耕地的原因包括扩大农业生产规模、增加土地收入、满足自家基本口粮保障需求、预计土地会升值，以及其他。在其他选项中，存在大量的农户是帮亲戚或熟人代耕，或者是免费耕种父母的土地，本章将这类农户的流转动机归为非营利性动机。除此之外，全部归为营利性动机。

[③] 如果不引入那些同时影响主要自变量和因变量的变量，就会出现遗漏变量的问题，这是造成内生性的重要原因。

本章同时控制了农地特征变量（Feng et al.，2010；Ma et al.，2013），主要包括农作物类型和农地产权。具体而言，农地流转后的土地会通过不同用途实现不同的收益，进而影响农地租金。种植经济作物更可能损害农地质量且伴随高租金。此外，规范的产权制度为市场交易提供了规则，是实现经济价值的先决条件（Alchian，1994）。同时，规范的产权制度也为市场提供了标准，从而降低了交易的违约风险。参考 Ma 等（2013）的研究，农地承包合同、农地承包证书和土地征收被用来刻画农地产权的稳定性。尽管已有研究往往用农地调整来表征地权的稳定性（Jacoby et al.，2002），但是，一方面，2015 年 CHFS 问卷中并未涉及农地调整的相关问题；另一方面，在当前农村地区，农地调整的频率已经在不断下降。尤其是在实施新一轮农地确权之后，农地调整在法律和政策上已经被全面禁止，因此本章未将其纳入模型估计中。此外，村庄特征不仅会影响农地流转市场（Ma，2013），还会影响社会规范和村庄经济水平。为此，本章引入了村庄劳动力转移、村庄收入来源和村庄交通状况。本章还引入了省份的区域虚拟变量，具体变量定义见表 1.1。

表 1.1　变量选择与定义

变量	定义	均值	标准差
农地租金	转入户支付的地租/[元/（亩·a）]	177.237	250.672
农地流转对象	1＝熟人，0＝非熟人	0.896	0.305
农地流转动机	1＝营利性动机，0＝非营利性动机	0.541	0.498
经营商业	1＝经营商业，0＝不经营商业	0.115	0.320
拥有汽车	1＝拥有汽车，0＝不拥有汽车	0.144	0.351
活期存款	2014 年家庭活期存款额/元	10614.510	37554.140
定期存款	2014 年家庭定期存款额/元	6051.899	28094.690
宗族网络	1＝农户参与祭祖活动，0＝其他	0.780	0.414
家庭成员为村干部	1＝家庭成员有村干部，0＝其他	0.050	0.218
农作物类型	1＝种植经济作物，0＝种植粮食作物	0.307	0.462
农地承包合同	1＝拥有农地承包合同，0＝其他	0.600	0.490
农地承包证书	1＝拥有农地承包证书，0＝其他	0.458	0.498
土地征收	1＝经历过土地征收，0＝其他	0.100	0.452
村庄劳动力转移	村庄农户非农劳动力占比的均值	0.439	0.188
村庄收入来源	村庄农户工资性收入占比的均值	0.684	0.188
村庄交通状况	非常好＝1，比较好＝2，一般＝3，比较差＝4	2.438	0.696

三、描述性证据

表 1.2 显示了 2009~2016 年中国农地流转状况。结果显示：①中国农地流转率已由 2009 年的 12.00%增至 2016 年的 35.14%，农地流转规模呈良好增长态势。②发生于村庄内部的农地流转规模占总流转规模的比例已由 2009 年的 61.82%降至 2016 年的 55.18%。这意味着，伴随着农村的开放与要素市场的发育，局限于村庄内部的农地流转格局已经发生了明显变化。③签订流转合同的农地规模占总农地流转规模的比例从 2009 年的 6.38%增至 2016 年的 23.98%。这表明，农地流转市场对规范性合同的重视程度越来越高。④越来越多的农地被组织和企业租入。在 2009 年，仅有 28.40%的农地由合作组织或企业租入。到 2016 年，该数据达到了 41.62%。这表明，农地流转市场参与主体的多样化程度不断增加。

表 1.2 2009~2016 年中国农地流转状况 （单位：%）

农地流转状况	2009 年	2010 年	2011 年	2012 年	2013 年	2014 年	2015 年	2016 年
农地流转率	12.00	14.65	17.84	21.24	25.70	30.36	33.29	35.14
村内流转规模占比	61.82	61.75	61.89	59.75	56.32	55.36	55.21	55.18
签订合同规模占比	6.38	8.31	10.91	13.84	16.94	20.26	22.56	23.98
流转入非农户主体规模占比	28.40	30.83	32.37	35.31	39.71	41.63	41.35	41.62

资料来源：《中国农村经营管理统计年报》（农业部农村经济体制与经营管理司，2009~2016 年）。其中，村内流转规模占比指转包、转让和互换三种流转的规模之和占农地流转总面积的比例；签订合同规模占比指签订农地流转合同的农地规模占农地流转总面积的比例；非农户主体包括合作社、企业和其他非农户主体。

表 1.3 描述了不同流转对象下农地流转特征分析：以转入户为例。结果显示：①农地转入户在与熟人交易时，平均支付了每亩 168.620 元/a 的农地租金，在与非熟人交易时则平均支付了每亩 251.701 元/a 的农地租金。②在与熟人交易的转入户中，52.5%是出于营利性动机转入的农地。③非熟人间流转的农地可能更倾向用于经济作物的种植。具体而言，在与非熟人交易的转入户中，有 43.4%的农户将租入的农地用于种植经济作物，而与熟人交易的转入户仅有 29.3%将所转入的农地用于种植经济作物。通常认为，经济作物的种植较为耗费地力，由此可以推测熟人间的农地流转确实隐含着关系型交易。

表 1.3　不同流转对象下农地流转特征分析：以转入户为例

农地流转对象	农地租金/[元/（亩·a）]	农地流转动机(营利性)/%	农作物类型(经济作物)/%
熟人	168.620	52.5	29.3
非熟人	251.701	67.3	43.4

资料来源：2015 年 CHFS 数据。

表 1.4 描述了熟人流转的特征分析：以转入户为例。结果显示：①对于熟人交易，出于营利性动机的转入户支付了每亩 320.165 元/a 的平均租金，出于非营利性动机的转入户则仅支付了每亩 0.805 元/a 的平均租金。②出于营利性动机的农地流转更可能伴随经济作物的种植。具体而言，在出于营利性动机转入农地的农户中，有 35.2%的农户将转入的农地用于种植经济作物。对于那些出于非营利性动机的转入户，这一数据仅为 22.7%。

表 1.4　熟人流转的特征分析：以转入户为例

农地流转动机	农地租金/[元/（亩·a）]	农作物类型(经济作物)/%
营利性动机	320.165	35.2
非营利性动机	0.805	22.7

资料来源：2015 年 CHFS 数据。

四、计量模型选择

本章研究的目的在于分析农地流转对象与农地租金的关系，以及营利性动机的作用。首先检验熟人间流转与非熟人间流转的农地租金是否存在显著性差异。为此，选择如下模型：

$$R_i = \beta_1 H_i + X_i \beta_2 + \varepsilon \tag{1.10}$$

式中，R_i 为农地租金，即单位农地的租赁价格；H_i 为农地流转对象，如果流转对象为熟人，赋值 1，否则赋值 0；X_i 为社会资本、农地特征和村庄特征等变量构成的矩阵；β_1 和 β_2 为待估计系数；ε 为误差项，并假定其满足标准正态分布。

然而，式（1.10）估计面临内生性问题的挑战。对于农地流转而言，流转对象的选择与农地租金存在自选择问题，参与主体会根据可能的结果进行相应的流转对象选择。很显然，遗漏重要变量的情况是内生性问题的重要来源。在很大程度上，转入户之所以转入熟人的农地，是因为与熟人交易的费用更低，可能的租金水平也会更低。为此，借鉴 Levitt（1997）和 Hoxby（2000）的做法，本章运用工具变量法对式（1.10）进行估计。

事实上，农地流转是否发生在熟人之间，不仅取决于农地租金，还取决于村庄农地流转的市场化程度。根据 Feng 和 Herrink（2008）及 Ma 等（2013）的研究，村庄农地流转市场通过影响农户参与农地流转，进而影响他们的行为，即农地流转市场的发育状况是农户农地流转的合适工具变量。考虑农地流转对象的选择包括两个层面的内容，即农户是否参与流转和流转对象的选择。因此，计算了村庄其他与熟人发生流转的农户数量与村庄农户总数的比值。考虑因变量（农地租金）为连续变量，故选择了两阶段最小二乘法（two stage least square, 2sls）对式（1.10）进行估计。需要指出的是，农地流转对象和农地租金的内生性属于转入户的自选择问题。这种自选择问题又来源于农地转入户的营利性动机，由此可以推出，控制了农地流转动机就不会存在内生性问题。当然，需要承认的是，农地流转动机可能本身也存在内生性问题，这在稳健性检验部分会做进一步说明。

第四节 计量结果分析

一、农地流转对象对农地租金的影响

表 1.5 显示了农地流转对象对农地租金的影响分析。首先，对估计 1 和估计 2 的豪斯曼检验表明，二者均不存在内生性问题。然而，估计 3 和估计 4 则面临内生性问题。这表明，遗漏农地流转动机因素造成了模型估计存在内生性问题。其次，弱工具变量检验和识别不足检验均表明，表 1.5 的估计不存在弱工具变量问题。因此，本节以估计 1 的结果作为解释依据。

表 1.5 农地流转对象对农地租金的影响分析

变量	估计 1 ols	估计 2 2sls	估计 3 ols	估计 4 2sls
农地流转对象	−0.132（0.083）	−0.633（0.595）	−0.233（0.211）	6.770***（2.392）
农地流转动机	5.034***（0.048）	5.032***（0.049）	—	—
经营商业	0.026（0.062）	0.041（0.065）	0.242（0.219）	0.236（0.313）
拥有汽车	0.178***（0.062）	0.197***（0.065）	0.695***（0.182）	0.615**（0.263）
活期存款	−0.002（0.004）	−0.001（0.005）	0.005（0.014）	0.002（0.020）
定期存款	−0.004（0.006）	−0.004（0.006）	−0.008（0.018）	−0.024（0.025）
宗族网络	−0.005（0.047）	0.006（0.048）	−0.014（0.148）	−0.027（0.209）
家庭成员为村干部	−0.098（0.075）	−0.083（0.079）	0.075（0.226）	0.044（0.291）

续表

变量	估计 1 ols	估计 2 2sls	估计 3 ols	估计 4 2sls
农作物类型	0.164***（0.046）	0.151***（0.051）	0.917***（0.143）	1.198***（0.219）
农地承包合同	0.046（0.042）	0.039（0.045）	0.294*（0.141）	0.409**（0.190）
农地承包证书	0.006（0.043）	0.018（0.050）	−0.207（0.137）	−0.411**（0.196）
土地征收	−0.024（0.080）	−0.036（0.091）	−0.245（0.172）	0.321（0.327）
村庄劳动力转移	−0.021（0.169）	0.044（0.189）	−0.273（0.533）	0.675（0.815）
村庄收入来源	0.142（0.166）	0.116（0.172）	−2.559***（0.497）	−2.773***（0.752）
村庄交通状况（以"比较差"为参照组）			
非常好	−0.153（0.126）	−0.268*（0.138）	−0.724**（0.325）	−0.394（0.503）
比较好	−0.109（0.083）	−0.089（0.086）	−0.453**（0.221）	−0.506*（0.306）
一般	−0.094（0.081）	−0.088（0.084）	−0.657***（0.216）	−0.805（0.300）
区域虚拟变量	已控制	已控制	已控制	已控制
常数项	−0.082（0.195）	0.333（0.549）	8.855***（0.519）	−0.469（2.280）
观测值	1478	1478	1478	1478
豪斯曼检验	47.15		51.92*	
弱工具变量检验	15.906		15.906	
识别不足检验	15.924***		15.924***	

***、**和*分别表示在1%、5%和10%水平上显著；ols表示普通最小二乘法。
注：括号内的数值为稳健标准误。

第一，农地流转动机在1%显著水平上正向影响农地租金，验证了假说1。实际上，许多学者将熟人间流转视为非正式流转，其原因在于，某些熟人交易伴随着零租金，或者只是为了帮助亲戚或朋友避免农地闲置或抛荒。正如上文所言，2000年之后农村劳动力的非农转移，减少了农业中的劳动力数量，这使得那些家庭农业劳动力不足的农户，倾向于将农地流转给其邻居或亲属耕种。换言之，那些不具有营利性动机的转入户只是被动的承租人。然而，如表1.3所示，在目前的熟人交易中，已有52.5%的农地转入户是出于营利性动机转入农地的，这些交易往往伴随着较高的农地租金。很显然，追求利润最大化是市场经济的基础，这也意味着在营利性交易中价格是决定农地配置和使用的关键因素。因此，当农地流转市场中的营利性动机不断增多时，农地租金将逐渐上升，农地交易对象也就不足以衡量农地流转的市场化程度。

第二，农地流转对象对农地租金不存在显著影响，验证了假说2。正如理论分析指出的，熟人交易具有距离和社会网络的优势，这有助于构建基于关系型治理的社会安排,并降低农地流转中的违约风险。很显然,已有研究大多以熟人交易中存在更低的合同签订率和农地租金为由,将其界定为非正式交易(Deininger and Jin,2009;Ghebru and Holden,2015;Wang et al.,2015)。随着中国农村社会经济的发展,市场经济对农村社区的影响越来越大,出于营利性动机的农地流转将不可避免。Dixit(2004)研究发现,一旦出现外部机会,关系型治理的基础就会被削弱,熟人交易也将遵循市场原则。事实上,自2000年以来,中国农村劳动力非农转移规模不断增加,农地流转市场的竞争性也在不断增强,由此诱发熟人间出现了更多的营利性交易。

其他变量的影响方面,拥有汽车的转入户支付了更高的农地租金,可能的原因是拥有汽车意味着农户家庭经济水平较高,其转入农地更可能从事高经济价值农作物的种植,这一追求利润最大化的行为往往会助推农地租金的提升。同样的道理,种植经济作物的转入户支付了更高的农地租金,这是因为农地的使用价值由种植农作物的类型所决定。一旦转入户改变农作物种植类型,农业经营性收益随之改变,其所需要支付的农地租金也会随之改变。农地租金与农地转入者的营利能力紧密关联。这意味着,农地租金具有情境依赖特征。其他的控制变量无显著性影响。一个重要的原因在于,引入农地流转动机已经表征了很多因素对农地流转租金的影响。例如,估计3中的村庄收入来源、村庄交通状况都会影响农地转入户的流转动机,进而影响农地租金。未引入农地流转动机时,这两个变量都呈现显著影响。

二、稳健性检验1:关于农地流转动机内生性的讨论

在"计量模型选择"部分,笔者阐述了农地流转动机相对于农地流转对象和农地租金的外部性特征。但是,存在这样的可能:农地转入户会根据交易对象和农地租金水平去调整自身的流转动机。如果这种推断成立,那么农地流转动机的影响就面临自选择问题。为此,本章也分析了农地流转动机对农地租金的独立影响,并利用工具变量法对其进行了估计。按照一贯的思路(Ma et al.,2013),农地流转动机的工具变量采用村庄其他转入户的农地流转动机的均值进行表征。其理由在于,农地转入户的行为往往具有聚类特征(Feng et al.,2010),即如果一个村庄其他转入户租赁农地来种植经济作物的比例较高,那么该农户也会有很大可能性出于该动机转入农地。但是,单个农户的动机一般很难对集体行为产生决定性影响。表1.6显示了农地流转动机对农地租金的影响分析。

表 1.6　农地流转动机对农地租金的影响分析

变量	估计 1 ols	估计 2 2sls
农地流转动机	5.036*** （0.048）	5.148*** （0.184）
经营商业	0.026（0.063）	0.041（0.065）
拥有汽车	0.180*** （0.062）	0.188*** （0.064）
活期存款	−0.002（0.004）	−0.002（0.005）
定期存款	−0.004（0.006）	−0.005（0.006）
宗族网络	−0.006（0.048）	0.006（0.048）
家庭成员为村干部	−0.096（0.075）	−0.080（0.077）
农作物类型	0.170*** （0.046）	0.160*** （0.052）
农地承包合同	0.047（0.042）	0.041（0.044）
农地承包证书	0.002（0.043）	0.002（0.044）
土地征收	−0.013（0.081）	0.023（0.084）
村庄劳动力转移	−0.002（0.167）	0.120（0.177）
村庄收入来源	0.135（0.167）	0.154（0.200）
村庄交通状况（以"比较差"为参照组）		
非常好	−0.143（0.126）	−0.195（0.122）
比较好	−0.110（0.083）	−0.090（0.082）
一般	−0.098（0.080）	−0.092（0.080）
区域虚拟变量	已控制	已控制
常数项	−0.158（0.215）	−0.334（0.302）
观测值	1478	1478
豪斯曼检验		45.99
弱工具变量检验		77.884
识别不足检验		69.414***

***表示在 1%水平上显著。
注：括号内的数值为稳健标准误。

估计结果显示，在未使用工具变量法进行估计时，农地流转动机在 1%显著水平上正向影响农地租金（估计 1）。在使用工具变量法进行估计时，农地流转动机依然在 1%显著水平上正向影响农地租金（估计 2）。而且，农地流转动机的估计系数分别为 5.036 和 5.148，几乎不存在明显差异。此外，豪斯曼检验也表明，采用工具变量前后的结果不存在系统性差异，即内生性问题并未严重干扰表 1.6 的估计结果。农地流转动机不存在内生性的原因在于：第一，农地转入户是出于流转动机去寻找转出户，进而发生农地流转。这意味着，农地流转动机是农地流转对象和农地租金的严格前定变量。第二，农地流转动机取决于农地流转市场状况和农户特征，这两个因素只有通过影响农户的个体决策或动机，才能影响后续的农地流转行为。因此，农地流转动机在本章分析中并不会造成严重的内生性问题。

三、稳健性检验 2：利用农地转出户样本的再估计

为验证表 1.5 估计结果的稳健性，本章也使用农地转出户样本进行估计。虽然农地转出户在农地流转市场的主导性较弱，也不具有主动觅价的动力，但是，农地流转交易的对称性决定了发生在农地转入户交易中的趋势也会相应地体现在转出户的交易行为中。为消除模型估计中可能存在的选择性偏误问题，采用内生转换模型来估计农地流转对象、农地流转动机对农地租金的影响。为了识别选择模型，构建了转出户交易对象的工具变量，即同村其他转出户交易对象的均值，这与对农地转入户的处理类似。表 1.7 显示了利用农地转出户样本的再估计。

表 1.7 利用农地转出户样本的再估计

变量	回归模型 熟人交易	回归模型 非熟人交易	选择模型
农地流转动机	5.300*** （0.070）	4.882*** （0.167）	−1.199*** （0.115）
控制变量	已控制	已控制	已控制
工具变量			1.981*** （0.323）
常数项	0.453** （0.195）	3.620*** （0.546）	−0.467*** （0.093）
观测值		1025	
对数似然值		−1611.4522	
瓦尔德显著性检验		6546.97***	
相关系数 1		0.040 （0.130）	
相关系数 2		0.922*** （0.024）	
似然比检验		251.49***	

***、**分别表示在 1%、5%水平上显著。

注：括号内的数值为稳健标准误；相关系数 1 和相关系数 2 的 95%置信区间分别为[−0.212, 0.288]和[0.859, 0.958]。

从估计结果来看，无论是对于熟人交易还是非熟人交易，营利性动机都更可能提高转出户所获得的农地租金，这与在农地转入户交易中发现的

结论类似。而且,农地流转动机对熟人交易中的租金影响更大。这表明,营利性动机的出现会加速熟人交易和非熟人交易中农地租金的趋同。此外,相关系数 1 尽管为正值,但是它的 95%置信区间为[−0.212, 0.288],并不显著异于 0。这表明,熟人间流转的农地租金与样本中随机选择个体的农地租金无明显差异,即农地流转市场在很大程度上具有同质性。从 CHFS 数据的统计结果来看,在与熟人进行交易的转出户中,有 50.9%是出于营利性动机转出的农地,且他们获得的平均农地租金达到了 337.95 元/(亩·a)。换言之,从农地转出户视角来看,农地流转市场转型的推论仍然成立。

四、稳健性检验 3:基于倾向匹配得分法的估计

本章也尝试采用倾向匹配得分法(propensity score matching,PSM)分析农地流转对象和农地租金的关系。做法如下:首先,区分了三类组合,即组合一:出于营利性动机与非熟人交易的转入户(实验组)、出于营利性动机与熟人交易的转入户(控制组);组合二:出于非营利性动机与非熟人交易的转入户(实验组)、出于非营利性动机与熟人交易的转入户(控制组);组合三:出于非营利性动机与熟人交易的转入户(实验组)、出于营利性动机与熟人交易的转入户(控制组)。其次,采用表 1.1 中的控制变量对控制组和实验组进行匹配。最后,采用 Stata 15 中的"teffects psmatch"命令估计三类组合对农地租金的平均处理效应,并计算"AI"稳健标准误[①]。

估计结果显示,组合一的平均处理效应为 0.112,"AI"稳健标准误为 0.114(不显著);组合二的平均处理效应为 0.303,"AI"稳健标准误为 0.237(不显著);组合三的平均处理效应为−5.234,"AI"稳健标准误为 0.051(在 5%水平上显著)。这表明,农地流转对象对农地租金并不存在显著影响,但熟人交易中营利性动机的存在提高了农地租金。这与表 1.5 的估计结果一致,进一步证实了本章估计结果的稳健性。

第五节 本 章 小 结

农地流转作为提高农地配置效率的重要手段,已受到学术界普遍重视。由于中国农村社会是基于熟人关系网络构成的,农地流转往往发生在熟人

[①] AI 稳健标准误表示 Abadie-Imbens 稳健标准误,是由 Abadie 和 Imbens 提出的,以规避传统 PSM 估计中错误标准误的估计方法。

之间，并伴随着更低的合同签订率和农地租金，因此，该类型的农地流转一般被认为是人格化交易或非正式交易。部分研究甚至指出，熟人间流转不仅无益于提高农地配置效率，甚至可能抑制农业生产效率的增长。然而，不可忽视的事实是，已有研究的时间或许过早，无法观察或预测农村社会的开放度和市场经济发展程度不断提高阶段的市场特征。尤其是熟人交易，其在市场经济的不断渗透下，是否会朝着以价格为交易媒介、以营利性动机为基本出发点的方向发展，对此做出恰当的判断显然隐含着重要的政策含义。

本章利用 2015 年 CHFS 数据，实证检验了农地流转对象与农地租金的关系。结果显示，在与熟人交易的转入户中，有 52.5%是出于营利性动机流转的农地，他们支付的平均农地租金可达到 320.165 元/（亩·a）。同时，无论是与熟人还是非熟人进行交易，农地转入户会支付无差异的农地租金。本章还发现，营利性动机会大幅提高农地租金。此外，本章还讨论了农地流转动机的内生性问题，并利用农地转出户样本和 PSM 进行了重新估计，结果表明，上述估计结果稳健。本章表明，熟人间流转已呈现明显的市场化特征，且熟人交易与非熟人交易的差异在不断缩小，即农地流转市场正在发生转型。

本章研究对于重新认识中国农地流转市场的现状和发展趋势具有重要意义。它表明，传统的熟人交易也面临市场化的可能性。很多研究已经表明，熟人，尤其是具有较高信任程度的群体，他们的交易往往伴随着更高的交易价格，但却具有较低的合同签订率。由于合约本身是不完备的，与其进行事前拟定时，行为主体更愿意采用的是关系型治理和合约治理的双边治理模式。因此，不签订合同并不必然意味着交易的非市场化。然而，是否签订书面合同往往被用来测度农地流转的市场化程度，交易对象也具有类似的作用。这样的处理容易忽视熟人交易中可能出现的新变化和新趋势，并阻碍现有研究思路的拓展。因此，合理区分农地流转市场的内部结构和科学衡量农地流转的市场化程度，对于深化该领域的研究具有重要意义。

农地流转被视为实现农业现代化和适度规模经营的重要组成部分。近 20 年来，中国的农地流转率已经有了较大幅度的提高。但是，目前农地流转规模增速明显下缓，甚至出现乏力态势。这表明，"以量制胜"的模式将不可持续。因此，本书提供了一种新的思路——推动农地流转市场的转型，提高熟人交易的市场化程度。截至 2018 年，中国农地流转市场中仍有超过 50%的交易发生于村庄内部。这表明，市场转型可以进一步挖掘农地流转的潜力。因此，农地流转扶持政策和鼓励政策也应该适当向村内流转倾斜，避免以往过于关注引入外部主体的误区。需要强调的是，从农村的整体发展来看，农地流转市场转型是否利大于弊目前仍无法判断。其原因在于，熟人交易的市场化，意味着农地租金的上升和农业经营成本的提高，以及乡村熟人关系网络的"解构"。这无论是对于发展农业生产，还是维持农村的传统治理秩序，都可能带来不利的影响。因此，如何平衡发展与破坏之间的关系，将是中国农业政策制定不可回避的两难选择。

第二章 欠发达地区农地流转市场转型现状：西南五省（自治区、直辖市）调查

引言：使用我国西南五省（自治区、直辖市）（包括贵州、云南、四川、广西、重庆）的农户调查数据，本章分析了欠发达地区的农地流转市场化现状。结果显示，在考虑内生性问题的前提下，即使在熟人交易更为普遍的欠发达地区，不同交易主体间的农地租金也呈现一致性趋势。此外，发生在亲友间或本村农户间的农地流转仍然更倾向于采取口头合约的缔约方式。在排除零租金交易后，亲友间的农地租金达到了 677.143 元/（亩·a）。本章表明，在我国欠发达地区，熟人间流转正呈现市场导向与关系导向并存的双重交易逻辑。

第一节 研究背景

众所周知，运行良好的农地租赁市场有助于将农地配置给生产效率更高的农户（Feng et al., 2010）。然而，相关文献指出，在我国的农地租赁市场中，存在着大量的非正式特征，如较低的农地租金和口头合约的普遍使用（Ma et al., 2015；Qiu et al., 2018）。基于人际关系网络的流转在一定程度上意味着市场机制的失灵。Holden 和 Ghebru（2005）发现，发生于亲友间的农地流转往往伴随着更低的农业生产效率。

近期研究显示，我国农村熟人流转的市场化程度正在提高（Qiu et al., 2020a），即与非熟人间流转相比，熟人间流转的农地租金与之呈现趋同态势。具体而言，在与熟人进行交易的转入主体中，有 52.5%是出于营利性动机流转的农地,他们支付的平均农地租金为 320.165 元/(亩·a)(Qiu et al., 2018)。相关研究从非熟人交易对熟人交易的示范效应角度解释了熟人间流转的市场化（Qiu et al., 2020b）。Qiu 等（2020c）则利用参照系理论剖析

本章内容部分发表在 *Applied Economics Letters*，参见（Qiu et al., 2021）。

了熟人间流转的农地租金偏离市场租金的原因，以及偏离市场租金可能造成的交易费用，进而阐释了熟人交易的市场化逻辑。

然而，在欠发达地区，熟人间流转的市场化程度到底如何尚不明确。其原因在于，农村地区越是贫困，熟人网络在资源配置中的作用越大。同时，在我国农村地区，农地往往被视为非正式的社会保障，农户倾向于将农地流转给熟人，以此积累社会资本（Luo，2018）。此外，与发达地区相比，欠发达地区的农地流转市场发展更能反映我国农村要素配置的市场化程度。

为此，本章将基于贵州大学组织实施的中国喀斯特地区农村经济调查，利用贵州、云南、四川、广西、重庆五省（自治区、直辖市）农户调查数据，经验分析熟人间流转与非熟人间流转的市场化程度差异，进而呈现我国农地流转市场正在发生的深刻转型。

第二节　数据和模型

本章数据来自 2019 年贵州大学组织实施的中国喀斯特地区农村经济调查。该调查涉及的区域包括贵州、云南、四川、广西、重庆。具体抽样过程为：第一，从每个省（自治区、直辖市）随机抽取 10 个县；第二，从每个县随机抽取 4 个行政村；第三，从每个行政村随机抽取 25 个农户进行调查。该调查最终获取 5000 户农户的调查数据。由于本章关注的是农地流转的市场化，故最终使用了 420 户农地转出户的样本。关于中国喀斯特地区农村经济调查更为详细的介绍，可参见贵州大学发布的相关资料[①]。

为考察不同交易主体间流转的市场化程度，本章以农地租金和农地流转合同衡量农地流转的市场化程度，并识别如下模型：

$$Y_i = \beta_0 + \beta_1 P_{1i} + \beta_2 P_{2i} + X\beta_3 + \varepsilon_i \quad (2.1)$$

式中，Y_i 为农地租金或农地流转合同；P_{1i} 和 P_{2i} 分别代表亲友和本村农户；X 为由解释变量（如家庭特征、农地特征等）组成的向量；β_0 为常数项；β_1、β_2 和 β_3 为待估计系数；ε_i 为误差项，并符合正态分布。

但是，式（2.1）的估计存在内生性问题。其原因在于，动机等无法观测的变量会同时影响流转对象与农地租金或流转合同。因此，本章将使用工具变量法进行模型估计。具体的工具变量为，与亲戚或本村农户进行交易的转出户占村庄总转出户的比例。考虑式（2.1）的内生变量为二元变量，

[①] http://ckrs.gzu.edu.cn/12525/list.htm.

故使用扩展的线性回归模型（extended regression model，ERM）估计式（2.1）（StataCorp，2017）。

表 2.1 给出了变量的定义和描述。

表 2.1 变量的定义和描述（$N = 420$）

变量	定义	均值	标准差
农地租金	转出户获得农地流转租金/[元/（亩·a）]	515.364	784.117
农地流转合同	1 = 书面合约，0 = 口头合约	0.457	0.499
农地交易对象	1 = 亲友，2 = 本村农户，3 = 其他主体	2.188	0.852
农业劳动力	家庭农业劳动力占比	0.422	0.437
亲戚数量	1 = 较少，2 = 中等，3 = 较多	2.271	0.638
是否为村庄大姓	1 = 小姓，2 = 中等，3 = 大姓	2.226	0.820
自有机械	1 = 拥有机械，0 = 不拥有机械	0.119	0.324
农机服务可获性	1 = 容易，2 = 中等，3 = 难	2.090	0.804
农地承包面积	分配给农户的承包地面积/亩	4.347	4.176
转出农地距住宅距离	转出农地距离农户住宅的距离/km	9.948	18.386
转出农地肥力	1 = 较差，2 = 中等，3 = 较好	2.143	0.585
转出农地灌溉条件	1 = 较差，2 = 中等，3 = 较好	1.940	0.721
村庄农地流转市场发展水平	1 = 较好，2 = 中等，3 = 较差，4 = 无发展	3.050	1.112
村庄距最近镇距离	村庄距离最近乡镇的距离/km	4.674	4.525
村庄劳动力非农转移	村庄农业劳动力占总劳动力的比例	0.436	4.525
市虚拟变量	26 个市的虚拟变量	—	—

表 2.2 显示了不同交易对象对应的农地流转特征。结果显示，与亲友、本村农户和其他主体交易的转出户，获得的平均农地租金分别为 158.00 元/（亩·a）、386.02 元/（亩·a）和 796.51 元/（亩·a）。同时，这些交易对象对应的书面合同签订率分别为 9.17%、28.71%和 76.38%。此外，亲友间流转的零租金交易占比为 76.67%，本村农户间流转的零租金交易占比则为 40.59%，均远低于 Wang 等（2015）的数据结果。此外，剔除那些伴随零租金的流转交易后，亲友间的平均农地租金达到了 677.143 元/（亩·a）。

表 2.2 不同交易对象对应的农地流转特征

农地交易对象	农地租金/[元/（亩·a）]	农地流转合同签订率/%	零租金交易占比/%
亲友	158.00	9.17	76.67
本村农户	386.02	28.71	40.59
其他主体（包括经济组织和外村主体）	796.51	76.38	5.53

第三节 估 计 结 果

表 2.3 显示了式（2.1）的模型估计结果。首先，杜宾-吴-豪斯曼检验显示，表 2.3 的估计存在内生性问题。其次，识别不足检验显示，表 2.3 的估计不存在弱工具变量问题。

表 2.3 农地交易对象对农地租金和流转合同的影响

变量	农地租金（自然对数）		农地流转合同	
	估计 1 ols	估计 2 ERM	估计 3 probit	估计 4 ERM
农地交易对象（以"其他主体"为参照组)				
亲友	−3.520*** (0.358)	−2.584 (2.207)	−2.146*** (0.262)	−2.145*** (0.729)
本村农户	−1.712*** (0.320)	−1.660 (1.945)	−1.104*** (0.205)	−2.210*** (0.425)
农业劳动力	0.476* (0.268)	0.566* (0.335)	−0.030 (0.196)	0.006 (0.177)
亲戚数量（以"较多"为参照组)				
较少	−0.119 (0.409)	−0.202 (0.470)	−0.449* (0.286)	−0.439* (0.258)
中等	−0.134 (0.251)	−0.210 (0.470)	−0.391** (0.190)	−0.326* (0.171)
是否为村庄大姓（以"大姓"为参照组)				
小姓	−0.030 (0.269)	0.057 (0.357)	−0.448** (0.213)	−0.424** (0.196)
中等	−0.509* (0.286)	−0.459* (0.292)	−0.184 (0.267)	−0.188 (0.183)
自有机械	0.486 (0.353)	0.519 (0.346)	0.732** (0.294)	0.630** (0.268)
农机服务可获性（以"难"为参照组)				
容易	−0.354 (0.292)	−0.360 (0.311)	0.052 (0.230)	0.057 (0.201)
中等	−0.298 (0.305)	−0.302 (0.304)	0.091 (0.211)	0.079 (0.187)
农地承包面积	−0.035 (0.025)	−0.028 (0.035)	0.017 (0.020)	0.014 (0.018)
转出农地距住宅距离	−0.001** (0.000)	−0.001* (0.000)	−0.010 (0.007)	−0.008 (0.006)
转出农地肥力（以"较好"为参照组)				
较差	−0.726* (0.455)	−0.779* (0.447)	−0.210 (0.309)	−0.187 (0.276)
中等	−0.489* (0.310)	−0.562* (0.326)	−0.219 (0.213)	−0.212 (0.190)
转出农地灌溉条件（以"较好"为参照组)				
较差	−0.422 (0.354)	−0.409 (0.340)	−0.323 (0.246)	−0.277 (0.228)
中等	−0.206 (0.364)	−0.169 (0.360)	−0.003 (0.216)	−0.013 (0.194)
村庄农地流转市场发展水平（以"无发展"为参照组)				
较好	0.980** (0.392)	1.059* (0.599)	0.386 (0.290)	0.279 (0.264)
中等	0.510 (0.342)	0.695 (0.599)	0.499** (0.249)	0.376* (0.236)

续表

变量	农地租金（自然对数）		农地流转合同	
	估计1 ols	估计2 ERM	估计3 probit	估计4 ERM
较差	0.174（0.397）	0.326（0.527）	0.304（0.258）	0.186（0.233）
村庄距最近镇距离	−0.005（0.032）	0.002（0.036）	0.016（0.022）	0.012（0.019）
村庄劳动力非农转移	−0.706（0.669）	−0.551（0.857）	0.956**（0.462）	0.652（0.435）
市虚拟变量	已控制	已控制	已控制	已控制
常数项	6.088***（1.153）	5.970***（0.169）	−0.241（0.616）	0.398（0.553）
观测值	420	420	420	420
杜宾-吴-豪斯曼检验		4.42*		9.58***
识别不足检验		4.256**		4.256**
R^2/Pseudo R^2	0.592		0.421	
伪似然对数值		−1186.492	−164.534	−554.201

***、**和*分别表示在1%、5%和10%水平上显著。
注：括号内的数值为稳健标准误。

估计2的结果表明，与其他主体（经济组织和外村主体）相比，将农地出租给亲友或本村农户对农地租金不存在显著影响。这一发现与Qiu等（2018）的研究结论一致，即本书第一章基于全国数据的发现得到了来自欠发达地区农村调查证据的支持。表2.3的发现意味着，在消除内生性问题的前提下，熟人网络不会干扰农地租金的市场决定，这在以熟人交易为主要资源配置方式的社会是难以想象的发现。

估计4的结果则表明，与其他主体相比，将农地流转给亲友或本村农户更可能采取口头缔约的方式。尽管熟人间农地租赁的市场化水平正在提高，但熟人网络仍可以减少违约风险，从而保证流转合约的自我实施（Qiu et al.，2020c）。换句话说，我国欠发达地区的熟人间流转具有市场取向和关系取向的双重交易逻辑。

第四节 本章小结

本章利用2019年中国喀斯特地区农村经济调查数据分析了欠发达地区农地流转的市场化状况。估计结果显示，不同农地交易对象对应的农地租金并未呈现显著差异，这意味着在熟人网络内部的农地流转已呈现出显著的市场化特征。但是，在具有密切社会关系的交易对象之间，口头合约仍是主要的缔约形式。这意味着，即使农村要素配置的市场化程度在提高，人格化交易的要素配置功能仍然不容小觑。

在中国以及其他亚洲地区，非正式农地流转在农地流转市场的发展过程中占据了重要地位。然而，相关研究（Holden et al., 2005）显示，这类交易往往不利于农地的有效配置和农业经营绩效的改善。随着城市化和工业化进程的加快，以及农业农村政策的实施，我国欠发达地区农地流转的市场化迅速增长，这将不可避免地影响农业生产绩效和农业生产要素的分配。尤其是在欠发达国家，熟人间农地流转的市场化是否有助于减轻贫困，增加农民收入，甚至刺激农业的整体发展，都是值得进一步分析的重要议题。

第三章 农地流转市场转型的产权逻辑

引言：本章利用 2015 年 CHFS 数据，采用拓展的线性回归模型，分析了农地产权对农地流转市场化的影响。结果显示，稳定的农地产权不仅会激励非熟人间的流转并提高农地租金，还会激励熟人间的营利性交易，并提高该类交易的农地租金；农地租金是农地产权影响农地交易对象的重要路径。这表明，稳定的农地产权有助于提高农地流转的市场化程度。在农地流转规模增长乏力的阶段，农地流转市场的发展应秉持"总量稳定，结构调整"的总体思路。

第一节 研究背景

发展农地流转市场是降低土地细碎化程度的重要举措（Tan et al., 2006）。特别是对于像中国这样的发展中国家，严重的土地细碎化已经成为抑制农业生产率提高的主要障碍之一。已有研究（Paul et al., 2004; Hornbeck et al., 2014）表明，农地经营规模与农业生产率之间存在正相关关系。因此，中国政府试图通过改革土地制度、鼓励农村劳动力非农转移、发展农村信贷市场等措施，来发展和活跃农地流转市场。

在影响农地流转的因素中，农地产权已被广泛讨论。例如，Ma 等（2015）研究发现，稳定且健全的农地产权降低了农地流转的交易成本，进而激励农户参与农地流转市场。此外，部分研究也提出，稳定的农地产权激励了农村劳动力非农转移（Janvry et al., 2015；仇童伟和罗必良，2017），进而促进了农地流转市场的发展（Mullan et al., 2011）。稳定的农地产权还能够激励农户对农地进行生产性投资，进而提高农地产出率（Gao et al., 2012）。因此，稳定农地产权对于发展农地流转市场和提高农业生产率至关重要。

然而，已有研究在分析农地产权对农地流转的影响时，并没有对熟人间流转给予足够的重视（Feng et al., 2010；程令国等，2016）。众所周知，

本章内容部分发表在《中南财经政法大学学报》。

熟人间流转在我国农村具有普遍性（洪名勇，2009）。一方面，农业部农村经济体制与经营管理司数据显示，2006年，发生在同村农户之间的农地流转面积占比为67.33%，到2016年，这一比例仍高达55.18%。另一方面，熟人间流转广泛使用口头合约方式（罗必良等，2017）。此外，Wang等（2015）的调查发现，在2000年的中国，发生在村庄内部的农地流转占总流转量的96.65%，到2008年，这一数据仍高达85.47%。有研究指出，熟人间流转不仅无益于缓解农地细碎化，甚至会导致农业生产率下降（Holden and Ghebru，2005）。实际上，熟人间流转的最大问题在于，其并不是根据市场原则进行资源再分配，价格在其中所起到的作用有限。这与Feng等（2010）所提出的农地流转有助于促进农地要素从低效率农户向高效率农户转移的逻辑是不一致的，且与通过农地流转实现农业规模经营的政策目标相悖。

不过，全国29个省（自治区、直辖市）（不含香港、澳门、台湾、新疆和西藏）调查数据的研究显示，2014年全国同村农户间的农地流转有超过50%伴随着较高的农地租金，且超过半数的流转户是出于营利性动机参与农地流转的（Qiu et al.，2018；仇童伟等，2019）。尽管在这些农地流转中依然较少签订书面合同，但流转价格的增加本身就说明市场运行状况良好。实际上，2000年之后，我国农村劳动力就开始出现大规模非农转移，这不仅有效促进了农地流转，还加大了农村经济的开放程度，并带动更多的市场因素进入农村要素市场。基于上述发现和基本事实，我国农地流转市场中的熟人交易也许正在发生深刻转型。

进一步的问题是，农地产权在其中扮演着怎样的角色？尽管各类文献都提出农地产权通过影响交易成本，进而影响农地流转。但新制度经济学主张，产权的作用在于赋予产权所有者更多的自由，使他们能够运用产权实现利润最大化，并最终减少租金耗散（Alchian，1965；Hayek，1999）。由此可以推测，稳定的农地产权可以通过改善排他性，提高农地经营权的交易价值，进而促使熟人间流转更多地向营利性交易转变。从逻辑上说，稳定的农地产权还会降低农地流转的交易费用，进而促进非熟人交易的发生。而非熟人间流转中出现的高租金对熟人交易起到了示范效应，并为其提供了参照系，进而诱致熟人交易的转变。Dixit（2004）研究发现，熟人网络内部的个体一旦获得合适的外部机会，关系型治理的基础就会被削弱，市场型交易和营利性动机都会相继出现。Hart和Moore（2008）提出的参照系理论则表明，市场中的其他交易构成了本交易的参照系，任何偏离参照系的行为，都会导致履约困难。

现有研究较少涉及中国农地流转中熟人交易的市场化问题。关于农地产权与农地流转关系的研究，着重探讨了农地流转的发生与规模，而忽视了市场转型问题。本章的目的在于，考察农地产权对农地流转市场转型的影响。同时，探讨农地产权对农户流转对象的选择是否通过农地租金发挥作用，从而揭示产权影响交易的路径。

第二节 分析线索

产权本质上是一种排他性的权利，就是只有一个主体，其他主体或团体都被排除在外（罗必良，2014）。Hayek（1999）则认为，秩序其实本质上就是赋予主体一系列的"自由权项"，即行为主体按照社会行动规则自由制定计划并实施，而不受其他主体强制性干预的行为空间影响。显然，产权是在建构一种社会行动规则，通过赋予主体一定程度的自由行动空间，使其运用自己的信息优势或禀赋优势最大化比较收益。Alchian（1994）指出，经济人只干两件事：一是获得使用价值，二是将自己拥有物品的使用价值最大化。如果缺乏行动空间，或稳定的生产或交易预期，物品使用价值会因租值耗散而下降，交易价值则由于使用价值衰减而下降，来抑制生产和交易的发生。产权通过界定和区分"权利束"，来决定行为人的自由空间。这种结构性既可以由人们的实践加以界定，又可以通过政府等权威组织加以规制。不管规则的来源如何，秩序自由的扩展都被视为产权作用发挥的基本方式，即产权作用的变化不是一个量的问题，而是一个结构性问题（仇童伟和罗必良，2018）。

但在农地产权的作用发挥方面，边际概念占据主导地位（Lin，1992）。已有研究一方面认为，农地产权的作用释放殆尽，是我国农业生产增量下降的关键；另一方面，新一轮确权的微弱作用源于前期充分的"还权松管"。换言之，当充分界定产权之后，其作用的边际贡献将消失。上述逻辑是违背产权理论基本内涵的。目前讨论农地产权对农地流转的诸多研究，均将产权明晰后的交易费用降低、产权公共域缩小等作为其基本作用的路径。按照该逻辑，可以有效解释我国农地流转率的增幅为何持续下降，却无法解释为何新一轮农地确权可以激励更多农户参与农地流转。尤其是鉴于本书所讨论的主题，没有理由认为在中国农地流转持续发展的过程中，产权在熟人交易和非熟人交易中存在差异化效果。那么问题在于，在流转总量基本维持稳定的阶段，熟人交易却呈现典型的市场化趋势（Janvry et al.，2015）。

农地产权激励熟人间流转趋于非人格化和高租金化的理论逻辑在于：

首先，我国农地产权主要包含使用、收益和处分三类权能。其中，使用权和收益权是实施家庭联产承包责任制之后被逐渐赋予的。伴随着改革的深入，国家对农作物种植类型和粮食征购的管制不断放松，加之农业税的取消，农地的使用价值得到了有效提高。但问题的关键在于，产权价值的实现很大一部分由处分权（即交易权）所决定。缺乏进入市场交易的权利，必然造成产权租值的无谓耗散。随着《中华人民共和国农村土地承包法》的实施，农户被赋予了完全的农地流转权。此时，农地经营权可以自由进入市场交易，从而有效释放了其交易价值，也由此拓宽了农户借助农地产权实现最大化利益的行为空间。然而，Dixit（2004）的研究表明，如果处于熟人网络中的主体，被赋予获利的外部机会，那么市场型交易将替代关系型交易，进而催生营利性动机的普遍出现。这表明，农地流转权的赋予在促进农地流转的同时，也会激发熟人交易的市场化和高租金化。其次，农地产权的完善具有扩大交易范围的作用，即促使农户将农地流转给外来的租户，以获得更高的农地租金。同时，由非熟人交易形成的高租金构成了熟人交易合约拟定和议价的参照系。根据 Hart 和 Moore（2008）的理论，合约为交易双方提供了一个参照系，即交易双方都会根据合约来判断自己的权益是否受损，进而决定采取违约行为还是履约。然而，参照系并不一定取决于合约本身，也取决于市场中其他主体的履约情况和交易价格，即农地租金和交易动机具有"同群效应"[1]。那么，随着农地产权强化带来了农地经营权外部交易的活跃，村庄内部的交易也会根据外部合约进行相应调整。否则，一方面农户不会选择与村庄内部的其他农户发生农地交易。另一方面，农户也可能在交易之后采取违约行为来干扰合约的实施或损害对方的经营绩效。因此，为保证合约的可执行性和稳定性，熟人交易，尤其是出于营利性动机的交易，其租金水平必然更为接近外部交易价格[2]。

综上所述，农地产权的完善和稳定通过提高农地的可交易性，增加了其交易价值，诱发熟人网络中市场交易的出现；外部交易的活跃则为熟人交易提供了参照系，进一步引致熟人间流转的市场化。然而，只有赋予农户更为自由的行为决策空间，农地的交易价值才会显现，外部交易主体才会出现，局部市场交易对熟人间流转的示范作用才会发挥。因此，农地产

---

[1] 关于农地流转市场中租金形成的参照系特性，作者的前期研究通过借鉴 Hart 和 Moore 的理论，构建了理论模型并进行了实证检验。结果表明，Hart 和 Moore（2008）的参照系理论在农地流转市场中依然成立。

[2] 这里不考虑熟人间出于非营利性动机进行的农地流转，因为那部分交易并不具备实现农地市场价值最大化的特点。

权的作用不仅在于诱发流转总量的增加，更在于通过促成人格化交易向非人格化交易的转型，进而诱导农地流转市场的内涵式发展。

第三节 数据、变量与计量模型选择

一、数据来源

本章采用 2015 年 CHFS 数据，具体数据描述与介绍参见第一章。考虑本章关注的是农地产权对农地流转的影响，因此分析对象被设定为农地转出户。本书最终使用的样本包括 1348 户农地转出户。

二、变量选择

因变量（Y 和 R）。本章的因变量为农地流转市场转型，采用流转对象（Y）和流转租金（R）共同刻画。参照现有研究，可以采用交易对象即熟人或亲戚来衡量非正式农地流转（Wang et al., 2015）。同时，本章也采用农地租金来衡量农地流转的非正式特征。与农地转出对象相比，农地租金反映了农地流转市场中价格机制是否有效运行。实际上，价格作为实现市场功能的重要手段已经被学术界普遍认可（Kreps, 2013）。从理论上讲，稳定的农地产权减少了产权管制和租值耗散，有利于提高农地的使用和交易价值，继而增加农地租金。此外，考虑熟人交易和非熟人交易可能均存在正式和非正式的交易特征，因此利用农地租金更能识别农地流转的市场化程度。关于熟人的界定，本章沿用仇童伟等（2019）的做法：在 2015 年 CHFS 问卷中，农地转入的来源被区分为本村普通农户、非本村普通农户、专业大户、家庭农场、农业/农民合作社、村集体、公司或企业，以及中介机构。本书将本村普通农户设置为熟人，其余主体设置为非熟人。其理由在于，中国农村是一个基于地缘和血缘关系构建的熟人社会，村庄内部的主体都是较为熟悉的群体。对于包括村集体、专业大户、家庭农场、农业/农民合作社等存在于本村或可能存在于本村的组织，本章将其归为非熟人。其理由在于，与普通农户不同，经济组织往往是出于营利性动机或经营性目的而转入农地的，不存在普通农户之间基于人情关系免费使用农地的情况。因此，为了区分市场交易和基于人情关系的交易，将它们归为非熟人一组是合理的。

核心自变量（X）。本章的主要自变量为农地产权，采用农地承包合同进行刻画。已有研究将农地承包合同和农地承包经营权证书作为衡量农地产权稳定性的指标（Deininger and Jin，2009；Ma et al.，2015）。但相对而言，农地承包合同的表征更为准确。其理由在于，我国农地产权的实施很大程度上依赖于地方性法规或社会安排（Ma et al.，2015），国家赋权则需要由地方行政机构或村干部来实施。换言之，土地法律的颁布并不能说明实际中的农地产权已经稳定或安全。农地承包合同表征了村集体与农户之间的农地发包关系，可以较好地识别村庄层面的农地承包关系，以及产权实施状况。此外，在 2007 年《中华人民共和国物权法》颁布后，村委会与农民签订农地承包合同就意味着农民获取农地承包经营权，无须登记即可取得物权。因此，签订农地承包合同可以较好地体现农地产权的稳定性。

控制变量（D）。参照现有文献（Feng et al.，2010；Ma et al.，2015），本章引入家庭特征、农地特征和村庄特征等控制变量。家庭特征包括从事商业、拥有汽车、活期存款、定期存款、非农劳动力、农业机械价值、宗族网络，以及家庭成员为村干部；农地特征包括家庭经营地块数和家庭承包地面积；村庄特征包括村庄农地流转状况、村庄道路状况和村庄劳动力非农转移状况。需要指出的是，村庄农地流转状况和村庄劳动力非农转移状况是根据同村其他农户参与农地流转的比例，以及村庄其他农户非农劳动力占比的均值进行的替代（仇童伟，2018）。村庄道路状况则是根据农户对本村道路交通建设的满意度进行衡量，将非常满意、满意、一般、不满意和非常不满意分别赋予非常好、比较好、一般、比较差、非常差的含义。此外，各省（自治区、直辖市）的区域虚拟变量也被引入估计模型。具体变量定义与描述见表 3.1。

表 3.1 变量定义与描述

变量	定义	均值	标准差
农地转出对象	1 = 农地转出对象为熟人，0 = 农地转出对象不是熟人	0.689	0.463
农地租金	转出户获得的农地租金/[元/（亩·a）]	256.747	308.682
农地承包合同	1 = 拥有农地承包合同，0 = 不拥有农地承包合同	0.555	0.497
从事商业	1 = 农户从事商业，0 = 农户不从事商业	0.103	0.334
拥有汽车	1 = 农户拥有汽车，0 = 农户不拥有汽车	0.130	0.336
活期存款	2014 年农户活期存款数额/元	8488.192	32370.860
定期存款	2014 年农户定期存款数额/元	5023.181	30933.390
非农劳动力	家庭非农业劳动力占比	0.430	0.393
农业机械价值	家庭农业机械设备的价值/元	2737.994	14128.660
宗族网络	1 = 2014 年家庭参与祭祖，0 = 2014 年家庭未参与祭祖	0.761	0.427

续表

变量	定义	均值	标准差
家庭成员为村干部	1=家庭成员有村干部，0=家庭成员无村干部	0.052	0.221
家庭经营地块数	家庭实际经营的地块数/块	0.745	2.807
家庭承包地面积	家庭承包地面积/亩	7.223	9.193
村庄农地流转状况	村庄其他农户参与农地流转的比例	0.298	0.197
村庄道路状况			
非常好	1=村庄道路状况非常好，0=其他	0.045	0.207
比较好	1=村庄道路状况比较好，0=其他	0.532	0.499
一般	1=村庄道路状况一般，0=其他	0.363	0.481
比较差	1=村庄道路状况比较差，0=其他	0.060	0.237
村庄劳动力非农转移状况	村庄其他农户非农劳动力占比的均值	0.682	0.157
区域虚拟变量	各省（自治区、直辖市）的区域虚拟变量	—	—

三、计量模型选择

本章的目的是分析农地产权如何影响农地流转市场转型。需要检验的内容包括三个部分。

首先，为检验农地产权对农地流转对象的独立影响，设置如下模型：

$$Y_i = \beta_0 + \beta_1 X_i + \boldsymbol{D}_i \beta_2 + \varepsilon_i \tag{3.1}$$

其次，为分析农地产权对农地租金的影响，估计如下模型：

$$R_i = \xi_0 + \xi_1 X_i + \boldsymbol{D}_i \xi_2 + \varepsilon_i \tag{3.2}$$

最后，为进一步检验农地租金是否为农地产权作用发挥的中间路径，本章也识别如下两个方程，表达式如下：

$$Y_i = \gamma_0 + \gamma_1 R_i + \boldsymbol{D}_i \gamma_2 + \varepsilon_i \tag{3.3}$$

$$Y_i = \delta_0 + \delta_1 X_i + \delta_2 R_i + \boldsymbol{D}_i \delta_3 + \varepsilon_i \tag{3.4}$$

式（3.1）~式（3.4）中，Y_i 为农地转出对象；R_i 为农地租金；X_i 为农地产权稳定性；$\boldsymbol{D}_i$ 为由控制变量组成的矩阵，包括家庭特征、农地特征和村庄特征等；β_0、ξ_0、γ_0 和 δ_0 为常数项，β_1、β_2、ξ_1、ξ_2、γ_1、γ_2、δ_1、δ_2 和 δ_3 为待估计系数；ε_i 为误差项，并假设其满足标准正态分布。

需要指出的是，农地租金与农地流转对象之间存在自选择问题。为此，本章将村庄其他农地转出户获得的平均租金作为工具变量。其理由在于，利用村庄层面的租金水平可以较好地预测农户转出农地的价格。根据 Hart 和 Moore（2008）的理论，外部价格是拟定合约的重要参照系。一旦合约双方觉得自己的权益受到损害，那么合约的稳定性将会受到破坏。因此，在村庄内部，信息传递较为充分的特点会促使农地转出价格趋同。

此外，农地产权变量的引入会引起内生性问题。需要注意的是，农地产权对农地流转的影响往往容易被遗漏变量问题所干扰，内生性问题较难避免。根据 Ma 等（2015）的研究，村庄层面的农地产权指标可以被用来充当农户个体产权特征的工具变量（即将村庄其他农户对土地调整预期的均值作为农户个体的土地调整预期的工具变量）。此外，Jacoby 等（2002）将村干部是否召开调整土地的会议作为农户是否经历农地调整的工具变量。参考他们的做法，本章将村集体农地发包情况作为农地承包合同的工具变量，即村庄其他农户获得农地承包合同的比例。

需要指出的是，农地承包合同是二轮承包时村集体与农户签订的农地发包合同，距今近 20 年。即使部分地区的农地发包时间延后，距今也能达到 10 多年。这表明，首先，反向因果关系不存在于式（3.1）～式（3.4）的估计中。其次，遗漏变量是一个并不确定的因素。从逻辑上说，当前的社会经济状况和农户特征不可能影响发生于 10 多年前的农地承包合同签订。但是，既然农地承包合同是村集体与农户签订的发包合同，那么作为农地发包方代理人的村干部和农户的关系就成为农地承包合同签订的一个关键因素。这类关系因素可能涉及农户在村庄中的关系网络、社会地位、家庭禀赋特征等，且具有较强的时间稳定性，以至于可能影响农户的农地流转行为，将村庄层面的农地承包合同签订情况作为工具变量可以解决该问题。另外，村庄一些不变特征也可能影响当年的农地承包合同签订与当前的农地流转市场发育，如村庄地形或区位特征。囿于相关村庄变量缺失，本章构建了村庄农地流转状况、村庄劳动力非农转移状况和村庄道路状况的变量。其原因在于，这些变量反映了村庄和区域某些不变因素对村庄要素市场的影响及基础设施状况。控制了这些因素，意味着村庄层面的农地承包合同签订与农户流转行为之间的自选择问题得到了一定程度的缓解。此外，村庄层面的农地发包必须通过影响农户的产权安全，才能作用于他们的生产或交易行为。总体而言，作者认为村庄的农地发包对当前农地流转的影响受到内生性干扰的可能性不大。

考虑式（3.1）、式（3.3）和式（3.4）中的因变量为二元变量，且本章的内生变量为二元变量，故参考 Blundell 和 Powell（2001）的做法，使用扩展的 probit 模型（eprobit）来估计式（3.1）、式（3.3）和式（3.4）；参考 Maitra 和 Rao（2014）的做法，使用扩展的线性回归模型（eregress）来估计式（3.2）。

四、农地产权与农地流转状况：基于宏观数据的描述

表 3.2 显示了 2006~2016 年中国农地产权发展趋势。数据显示，全国农户拥有的农地承包合同量从 2006 年的 213.849 百万份增至 2016 年的 219.277 百万份。类似地，全国农户拥有的农地承包经营权证书则从 2006 年的 199.812 百万份增至 2016 年的 203.002 百万份，这表明我国的农地产权正变得更为稳定。尽管部分研究认为，中国农地调整引发了地权的不稳定，但 Deininger 和 Jin（2009）发现，中国地区 80%以上的农户在 2004 年就已经拥有农地承包经营权证书。特别是在《中华人民共和国土地管理法》（1998 年）、《中华人民共和国农村土地承包法》（2002 年）和《中华人民共和国物权法》（2007 年）相继颁布和实施之后，我国的农地产权无论是在法律层面，还是在实施层面，都已经较为稳定。

表 3.2 2006~2016 年中国农地产权发展趋势 （单位：百万份）

指标	2006 年	2008 年	2010 年	2012 年	2014 年	2016 年
农地承包合同	213.849	214.521	221.044	221.921	221.026	219.277
农地承包经营权证书	199.812	204.061	207.387	208.549	205.976	203.002

资料来源：《中国农村经营管理统计年报》（农业部农村经济体制与经营管理司，2006~2016 年）。

表 3.3 给出了 2006~2016 年中国农地流转市场发展趋势。结果显示，我国农地流转率已从 2006 年的 4.74%上升到了 2016 年的 35.14%。这表明，我国农地流转在总量上已经达到了较高水平。同时，发生在同村农户间的农地流转比例已从 2006 年的 67.33%下降至 2016 年的 55.18%。这表明，我国农地流转的范围正在不断扩大。但应该注意的是，近年来，发生在村庄内部的流转比例几乎已经停止下降，仅从 2014 年的 55.36%降至 2016 年的 55.18%。这表明，村庄内部的农地流转仍是我国农地流转市场的主要组成部分。

表 3.3 2006~2016 年中国农地流转市场发展趋势 （单位：%）

指标	2006 年	2008 年	2010 年	2012 年	2014 年	2016 年
农地流转率	4.74	8.84	14.65	21.24	30.36	35.14
同村农户流转面积占比	67.33	64.57	61.75	59.75	55.36	55.18

资料来源：《中国农村经营管理统计年报》（农业部农村经济体制与经营管理司，2006~2016 年）。需要说明的是，农业部统计数据并未按照交易双方所处的地域区分农地流转，本书将转包、转让、互换界定为同村农户间的流转。这是因为根据《中华人民共和国农村土地承包法》，这三类土地流转方式只能发生于同一村集体农户之间，而出租、股份合作等方式指不同地域主体或农户与经济组织之间的流转关系，有别于同村农户之间的交易。

第四节 计量结果分析

一、农地产权对农地流转的影响

表 3.4 显示了式（3.1）和式（3.2）的模型估计结果。首先，杜宾-吴-豪斯曼检验显示，表 3.4 的估计面临内生性问题。其次，弱工具变量检验和识别不足检验表明，表 3.4 的估计不存在弱工具变量和识别不足的问题。

表 3.4　农地产权对农地流转的影响

变量	农地转出对象 估计 1	农地租金 估计 2	农地租金：熟人交易 估计 3
农地承包合同	−0.976*** (0.179)	2.285*** (0.632)	0.600* (0.355)
从事商业	0.072 (0.125)	0.159 (0.229)	0.087 (0.132)
拥有汽车	−0.053 (0.118)	0.064 (0.232)	0.070 (0.154)
活期存款	−0.018** (0.009)	0.028 (0.018)	0.009 (0.010)
定期存款	−0.000 (0.000)	0.000 (0.000)	0.000 (0.000)
非农劳动力	0.057 (0.095)	0.219 (0.182)	−0.023 (0.099)
农业机械价值	−0.052*** (0.015)	0.045 (0.030)	0.017 (0.018)
宗族网络	−0.230** (0.098)	−0.012 (0.187)	0.032 (0.101)
家庭成员为村干部	0.386 (0.259)	0.369 (0.465)	0.265 (0.221)
家庭经营地块数	−0.060*** (0.018)	0.041 (0.044)	0.066** (0.030)
家庭承包地面积	−0.006 (0.006)	0.020** (0.009)	−0.003 (0.005)
村庄农地流转状况	−0.968 (0.215)	2.612*** (0.401)	−0.130 (0.227)
村庄道路状况（以"比较差"为参照组）			
非常好	0.202 (0.325)	−0.464 (0.587)	0.101 (0.285)
比较好	−0.049 (0.244)	0.076 (0.418)	−0.048 (0.157)
一般	−0.085 (0.241)	0.188 (0.411)	−0.068 (0.145)
村庄劳动力非农转移状况	−1.429*** (0.355)	0.05 (0.635)	−0.567* (0.341)
区域虚拟变量	已控制	已控制	已控制
常数项	2.525*** (0.452)	0.884 (0.957)	4.697*** (0.618)
观测值	1348	1348	428
杜宾-吴-豪斯曼检验	15.8738***	10.1663***	5.1170**
识别不足检验	86.105***	72.632***	22.484***
弱工具变量检验	103.163	85.403	26.237

***、**和*分别表示在1%、5%和10%水平上显著。
注：括号内的数值为稳健标准误。

首先，估计 1 的结果显示，农地承包合同对农地转出对象具有负面影响，即稳定的农地产权会抑制熟人间流转。已有研究表明，村庄内部的交易（即熟人间交易）往往伴随着较低的租金、更不规范的流转合同和更短的流转期限（Feng et al.，2010；Ma et al.，2015）。同时，熟人间流转确实更少出于营利性动机，且伴随更低的农地租金。这些证据均说明，当熟人间流转面临较低的租金水平时，稳定的农地产权会促使农户将农地流转给非熟人，以获得更高的租金收益。

其次，估计 2 的结果表明，稳定的农地产权有助于提高农地经营权的交易价值。其原因在于，稳定的农地产权赋予了农户更多自由使用和处置农地的权利，这有助于减少因产权管制而造成的租值耗散，进而提高农地的使用价值。同时，强化农地产权的稳定性也有助于降低农地流转的交易成本和促进流转合同的有效实施（Deininger and Jin，2009；Ma et al.，2015）。估计 2 的结果还表明，强化农地产权有利于提高农地的交易价值。而且，随着农地租金水平的提高，将有更多的农户参与到农地流转市场之中。

最后，估计 3 的结果进一步表明，稳定的农地产权也会提高熟人间流转的租金水平。显然，强化地权稳定性可以有效释放农地的使用价值和交易价值，进而提高农地的生产率和交易效率。尤其是伴随着农村要素市场的开放和市场交易逐步替代传统的熟人交易，村庄内部的流转交易也会不断地向非人格化和市场化转变。这与 Dixit（2004）所表达的理论逻辑相一致。换句话说，我国农地流转市场正发生着深刻变革，而地权改革是其发生的重要推动因素。

在控制变量的影响方面，是否从事商业活动和是否拥有汽车对农地转出对象的影响不显著。原因在于，从事商业或拥有汽车表明家庭对农地经营或交易的依赖性下降，农户将农地流转给谁并不显著影响家庭收入；活期存款越多的农户越可能将农地流转给非熟人，这意味着富裕的农户更可能选择市场型交易；农业机械的投入意味着沉没成本提高，那么农户可能将农地流转给非熟人以获得更高的租金；宗族网络给予农户更大的谈判能力和提高合约执行的稳定性，使得他们更愿意与外来承租户交易以追求高收益；越细碎的农地，使得本村的农户经营成本越高，相反，外村租户由于成片租赁，更可能转入细碎的地块；越大的农地面积意味着更低的细碎化程度，有利于提高农地租金；村庄劳动力的非农转移有助于农户将农地流转给非熟人。

二、农地租金是否是农地产权作用发挥的中间路径

表 3.5 显示了式（3.3）和式（3.4）的模型估计结果。为识别农地租金对农地产权作用的中介效应，在表 3.4 中估计 1 的基础上，表 3.5 分别描述了农地租金对农地转出对象的影响，以及同时引入农地承包合同和农地租金的模型估计结果。从估计 1 的结果来看，农地租金的提高，会使得农户将农地流转给非熟人。实际上，已有研究已经表明，非熟人间流转伴随着更高的农地租金（Qiu et al.，2018，2020c）。那么很显然，农地租金的提高，尤其是村庄层面租金水平的提高，往往意味着村庄非熟人交易更为频繁。在这种情形下，农户往往会因为高租金而将农地流转给外村农户或其他主体。在估计 1 的基础上，估计 2 进一步引入了农地承包合同变量，此时农地租金变量和农地承包合同变量均在 1%水平上显著负向影响农地转出对象。结合表 3.4 中估计 1 与表 3.5 中估计 1 的结果，可以发现，农地租金是农地产权作用发挥的重要路径（部分中介效应）。进一步分析，当表 3.5 中的估计 1 仅引入农地承包合同时，其对农地转出对象的边际影响为–0.135。再引入农地租金变量后（表 3.5 中第 2 列），农地承包合同对农地转出对象的边际影响变为–0.062[①]。这表明，农地产权对农地转出对象的影响较大程度上可由农地租金进行解释。

表 3.5　农地租金对农地产权作用发挥的中介效应分析

变量		农地转出对象	
		估计 1	估计 2
核心自变量	农地承包合同		–0.566***（0.212）
	农地租金	–0.282***（0.035）	–0.026***（0.037）
控制变量		已控制	已控制
常数项		3.098***（0.492）	3.482***（0.503）
观测值		1348	1348
识别不足检验		206.282***	63.500***
弱工具变量检验		364.329	38.925

***表示在 1%水平上显著。

注：括号内的数值为稳健标准误。

在寻求流转收益最大化的前提下，农地租金水平越接近，转出户就越

---

① 这两个系数通过求边际影响得出，即利用 Stata 中的 margins 命令。

可能在熟人和非熟人之间进行无差异的选择。一旦熟人间和非熟人间流转租金趋同,那么农地产权的差异化影响也会收敛。农地产权稳定性的提高会进一步诱发熟人间流转的农地租金的增加,有理由认为农地流转市场将逐渐由原先的"二元结构",逐渐演变为一体化的市场。

三、稳健性检验1:替换样本的再估计

上文的估计将转出户作为全样本,导致无法识别农地产权是否可以有效激励熟人间流转。为此,本部分将无流转户与那些将农地流转给熟人的农户合并为新的分析样本。熟人交易又区分为三类样本:①与熟人交易的转出户;②出于营利性动机与熟人交易的转出户;③出于非营利性动机与熟人交易的转出户。在2015年CHFS问卷中,农户转出耕地的原因包括收入因素、居住地转移、其他村民带动、村集体推动、家庭不从事农业生产,以及其他。在其他选项中,存在大量农户将农地赠予亲戚或熟人免费耕种的情况,本章将这类农户的流转动机归为非营利性动机。由于居住地转移和家庭不从事农业生产难以识别农户动机,故对照租金水平,将获取接近于零租金的农户的动机归为非营利性动机,其余全部归为营利性动机。具体因变量设置见表3.6。考虑因变量和农地产权变量均为二元变量,本章使用拓展的probit模型对其进行估计。

表3.6 稳健性检验1:替换样本的再估计

变量	因变量:1=熟人交易,0=无流转 估计1	因变量:1=熟人交易且营利性动机,0=无流转 估计2	因变量:1=熟人交易且非营利性动机,0=无流转 估计3
核心自变量:农地承包合同	0.120(0.131)	0.276*(0.161)	−0.087(0.150)
控制变量	已控制	已控制	已控制
常数项	−3.143***(0.316)	−3.404***(0.366)	−3.025***(0.420)
观测值	7776	7351	7276
识别不足检验	654.388***	608.024***	624.678***
弱工具变量检验	875.287	811.740	832.477

***和*分别表示在1%和10%水平上显著。
注:括号内的数值为稳健标准误。

首先,估计1的结果显示,农地承包合同的影响不显著。这表明,农地产权并不会使得农户在不流转和将农地流转给熟人之间进行差异化选

择。正如仇童伟等（2019）研究所描述的，熟人间流转有接近 50%是出于非营利性动机，且伴随着接近于 0 的农地租金。这使得稳定的农地产权赋予农户的处置权无法得到有效利用。其次，估计 2 的结果显示，农地承包合同在 10%水平上显著影响因变量。这表明，稳定的农地产权会激励农户出于营利性动机将农地流转给熟人。最后，估计 3 显示，农地产权对无流转农户与出于非营利性动机将农地流转给熟人的农户无差异化影响。这再次表明，农地产权的作用在于激励出于营利性动机的农地流转，而对那些以馈赠或无偿赠予形式发生的农地流转无显著影响。

四、稳健性检验 2：利用 PSM 的再估计

本部分利用 PSM 重新估计农地产权对非正式农地流转的影响。PSM 建立在反事实框架之上，使用 PSM 的关键是构建合适的控制组和实验组。为此，本章使用表 3.1 中的控制变量匹配控制组和实验组，将拥有农地承包合同的农户设定为实验组，不拥有农地承包合同的农户设定为控制组。同时采用近邻匹配、核匹配和分层匹配三种匹配策略估计了农地产权的平均处理效应（average treated effect，ATT）。与村庄层面的工具变量不同，表 3.7 中的分组变量为农户是否持有农地承包合同，这有助于识别农地承包合同是否是一个内生变量。如果个体层面变量的估计系数与采用村庄层面工具变量的估计系数一致，可以说明遗漏变量问题并不严重。

表 3.7　稳健性检验 2：利用 PSM 的再估计

变量	匹配方式	ATT	t
农地转出对象	近邻匹配	−0.136***	−4.457
	核匹配	−0.136***	−5.842
	分层匹配	−0.127***	−13.769
农地租金	近邻匹配	0.684***	3.192
	核匹配	0.803***	4.333
	分层匹配	0.685***	11.756
农地租金：熟人交易	近邻匹配	0.302*	1.735
	核匹配	0.577***	2.979
	分层匹配	0.456**	2.413

***、**和*分别表示在 1%、5%和 10%水平上显著。

表 3.7 为利用 PSM 再估计结果。结果显示，拥有农地承包合同的农户在 1%的显著性水平上更可能将农地流转给非熟人，这与表 3.4 中估计 1 的

结果保持一致。同时，拥有农地承包合同的转出户获得了更高的农地租金。由上述两方面的发现可以推出，将农地流转给非熟人的农户更可能获得更高的农地租金，这一推论与表 3.4 中的统计结果保持一致。进一步分析表明，对于熟人间流转，拥有农地承包合同的农户更可能获得更高的农地租金，这与表 3.4 中估计 3 的结果一致。上述估计表明，农地承包合同对农地租金和农地流转对象的影响并未受到遗漏个体层面变量的严重影响。

五、稳健性检验 3：替换农地租金的再估计

实证检验中内生性的另一个来源为测量误差。农地租金的测量可能受到当地经济水平、农作物种植类型以及调查员计算等因素的干扰，进而产生偏差。为此，本章采用营利性动机指标给予替换。由于新古典经济学模型的基本假设为利润最大化，那么任何出于非营利性动机的交易都不应该被归为市场交易范畴。表 3.8 显示了用营利性动机替换农地租金的再估计结果。

表 3.8 稳健性检验 3：替换农地租金的再估计

变量	营利性动机 估计 1	营利性动机:熟人交易 估计 2	农地转出对象 估计 3	农地转出对象 估计 4
农地承包合同	0.839*** (0.245)	0.507* (0.307)		−0.643*** (0.191)
营利性动机			−1.931*** (0.236)	−1.791*** (0.256)
其他控制变量	已控制	已控制	已控制	已控制
常数项	−1.008** (0.521)	−1.235* (0.646)	2.564*** (0.222)	3.048*** (0.411)
观测值	1348	925	1348	1348
识别不足检验	83.022***	74.829***	125.732***	67.500***
弱工具变量检验	99.065	97.638	159.850	38.925

***、**和*分别表示在 1%、5%和 10%水平上显著。
注：括号内为稳健标准误。

表 3.8 中估计 1 的结果表明，拥有农地承包合同的农户更可能出于营利性动机而转出农地。估计 2 的结果则表明，对于那些与熟人进行流转交易的农户，农地承包合同会促使他们出于营利性动机进行流转。上述发现分别与表 3.4 中估计 1 和估计 3 的结果保持一致。此外，估计 3 显示了营利性动机对农地转出对象的影响①。结果表明，出于营利性动机转出农地的

---

① 与农地租金的处理类似，为克服内生性问题，本章也将村庄出于营利性动机转出农地的农户比例作为农户营利性动机的工具变量。

农户更可能与非熟人达成交易。进一步地,估计4在估计3的基础上引入了农地承包合同变量,结果显示,农地承包合同变量和营利性动机变量均在1%显著性水平上负向影响农地转出对象。这表明,营利性动机也是农地产权影响农地交易对象的路径。上述结果与关于农地租金的分析一致,由此说明测量误差并未严重干扰本章估计。

六、进一步分析:基于2019年广州市南沙区调查数据的证据

本章面临的另一个挑战在于,熟人间流转是用发生在同村农户之间的流转加以表征的。但是,CHFS数据中村庄是行政村,易高估亲友或朋友间流转的市场化程度。为此,本章利用一套作者于2019年调研完成的数据描述了不同流转对象对应的特征。从2018年12月到2019年7月,课题组对广州市南沙区的万顷沙镇、东涌镇、大岗镇、榄核镇、横沥镇、黄阁镇的农户进行了入户调查。最终,课题组获取了6个镇、87个行政村、1792户农户的信息。其中,农地转出户的样本量为718。统计结果见表3.9。

表3.9 农地转出对象对应的经济特征($N=718$)

农地转出对象	占样本比重/%	流转农地种植经济作物/%	农地租金/[元/(亩·a)]	农地流转合同/%	农地流转期限/%
亲友	27.09	69.94	1022.44	50.29	35.84
本村农户	48.47	79.89	1205.29	62.07	18.39
其他主体	27.44	87.31	1898.36	80.71	14.21

注:流转农地种植类型分为经济作物(赋值1)和粮食作物(赋值0);农地租金为每亩农地的年租金;农地流转合同分为书面合同(赋值1)和非书面合同(赋值0);农地流转期限分为小于等于1年或不定期(赋值1)和大于1年(赋值0)。

统计结果显示:第一,将农地流转给亲友、本村农户和其他主体的农户占比分别为27.09%、48.47%和27.44%。第二,租出给亲友的农地,69.94%被用于种植经济作物。租出给本村农户和其他主体的农地,分别有79.89%和87.31%被用于种植经济作物。这表明,农地流转"差序格局"造成了程度不断提高的农地非粮化。第三,亲友、本村农户和其他主体对应的农地租金分别为1022.44元/(亩·a)、1205.29元/(亩·a)和1898.36元/(亩·a)。这一方面表明农地流转"差序格局"依然存在,另一方面也表明熟人间流转的租金水平已处于较高水平。这与Wang等(2015)描述的约90%村庄内部流转伴随零租金的结论存在较大差异。

此外,表3.9也显示了不同流转对象对应的流转合同类型和流转期限。

已有研究普遍认为，我国农地流转具有口头合约普遍、流转期限短期化等特征。表 3.9 显示，将农地流转给亲友、本村农户和其他主体的转出户，分别有 50.29%、62.07%和 80.71%与对方签订了书面合同。这与已有研究的结论具有一致性，但熟人间流转的书面合同比例大幅增加。此外，对于亲友间流转，仅有 35.84%的流转期限小于等于 1 年或不定期。而对于本村农户或其他主体流转，分别有 18.39%和 14.21%的流转期限小于等于 1 年或不定期。这说明，农地流转合同的规范化程度在提高，"空合约"的占比正在下降。

第五节 本 章 小 结

本章利用 2015 年 CHFS 数据实证检验了农地产权对农地流转市场转型的影响。结果表明，稳定的农地产权将促进非熟人间的农地流转。其原因在于，非熟人间流转往往伴随着更高的农地租金。进一步证据显示，稳定的农地产权也会激励熟人间营利性交易的发生。此外还发现，拥有农地承包合同的转出户在农地流转中获得了更高的租金，该结论对于熟人间流转依然成立。同时，农地租金是农地产权作用发挥的重要路径。本章研究表明，我国农地流转市场已经处于结构调整的重要阶段，伴随着新一轮地权改革的实施，更多发生于熟人网络中的农地流转将呈现非人格化和市场化趋势。

这对于理解我国农地流转市场的现状和可能的发展趋势具有重要意义。它表明，农地流转市场具有典型的阶段性特征。虽然以往研究多以农地流转市场的关系型交易普遍为依据，提出应该更多地引入外部主体，以提高农地流转的市场化程度。但事实表明，当前的农地流转市场，尤其是熟人间的农地流转已经具备典型的市场化特征。熟人间交易呈现的营利性动机、较高的农地租金，正在使农地流转市场从原来的"二元结构"朝"一元结构"转型。值得注意的是，我国农地流转的规模增长在近年已经趋于平缓，试图通过新一轮地权改革持续刺激农地流转的规模增加可能难有起色。在上述背景下，农地流转市场发展更应该注重结构调整，秉持"总量稳定，结构调整"的总体思路；加大对熟人网络中交易的扶持，拓宽农地市场的发展思路；通过进一步强化农地的抵押、使用等权能，提高农地经营权的交易价值和市场的交易活力。

但是，农地流转市场结构转型的潜在风险也是明显的。其一，强化农地交易权，将关系型交易卷入市场，一定程度上意味着乡村的关系治理和德治等传统秩序将不断瓦解。与城市的依法治理不同，我国的乡村分散且凌乱，执行法律的成本和难度都相对较高。传统乡村之所以能保持稳定，很大程度上得益于村庄内部的熟人关系网络和非市场秩序。因此，如何既推进地权改革，又保留乡村的自我治理传统，是农村改革面临的一大难题。其二，地权改革推动熟人交易的租金水平提高，在一定程度上提高了农业经营成本。当前，我国已进入农业经营高成本阶段。伴随地权改革和农地交易市场的活跃，农地经营权的交易价值会不断提高，进而干扰农业经营的可持续性。这不仅会降低市场对农地资源的配置效率，还不利于农地流转市场的健康发展。其三，作者虽然认为农地产权有利于提高农地的使用价值及其可交易性，但是产权作用发挥是具有情景依赖性的。对于那些质量好、区位条件优越的地块，其经营价值会带动交易的发生，促进市场化交易和规模化经营。而对于那些禀赋条件较差的农地，其在市场化的过程中将不可避免地被撂荒或闲置，这对于耕地资源本就紧张的我国而言，可能造成农业生产能力的破坏。

综上所述，我国农地流转市场的确呈现出市场化的趋势。尤其是熟人间的交易，其租金水平和规范化程度已有较大程度的提高，农地产权改革对这一趋势的发展起到了重要作用。但正如上文所言，农地产权促进农地流转市场的转型是一把双刃剑，既可能在农地流转规模增长乏力的情况下，通过调整农地流转市场的结构，挖掘市场潜力，又可能造成农村治理秩序被市场因素所取代，而且这一趋势在目前已经相当明显。因此，如何审慎看待通过产权改革提高农村要素的可交易性和市场化特征，是农村改革决策者所面临的重要命题。需要指出的是，本书仅仅列举了农地流转市场转型可能面临的风险，尚需要更多的研究对农地流转市场转型的逻辑、特征、趋势，以及正在或将会产生的社会影响进行系统性考察。这不仅对农地流转市场的发展具有重要意义，还对我国农村正在实施的其他政策改革具有警示作用。

本章也为深化交易发展理论提供了新的证据。熟人交易作为人类社会最原始的交易形式，具有较低的交易费用，但其效率及产生的经济效益显著低于市场交易。随着产权改革的深入和人们对要素配置权利的加强，价格的决定性作用将不断显现，但这一过程是相对漫长的。中国农地流转市场发展了近 20 年，仍然保留着大量非营利性交易。很显然，规范化的市场建构和组织实施需要付出巨大成本，由此证明了经典交易发展理论的推断。但同时也应该看到事物的另一面，即非市场交易并没有彻底消失，也不会彻底消失。其原因在于，市场交易并非维系人类发展的唯一交易形式。人们需要通过熟人间的互动，维系信任关系，强化关系产权，防止由市场和政策造成的不确定性。更进一步来看，关系型交易在一定程度上也是人类情感传递和交流的媒介。因此，区分不同交易的性质及其独立性，平衡经济发展目标和文化传统诉求，以及发挥后者对前者的支持作用，将是人类追求经济增长过程中不得不解决的关键问题。

第四章 农地流转市场转型的职业分化逻辑

引言：本章利用2015年CHFS数据，并采用IV-probit模型和两阶段最小二乘法估计了农村劳动力非农转移对农地流转市场化的影响。结果显示，家庭非农就业率越高的农户，其参与土地租赁的可能性越低；非农就业率越低的农户则更可能转入农地并进行非粮化生产。同时，非农就业率越低的转入户越可能以营利性动机租入农地并支付更高的农地租金，该结论同样适用于熟人间流转。转出户样本的估计结果表明，非农就业率越高的转出户以营利性动机转出农地的概率越大，并且获得了越高的农地租金。

第一节 研究背景

农地流转市场可以有效地将土地从生产力较低的农户转移到经营能力较强的农户（Carter and Yao，2002；Deininger and Jin，2003；Feng et al.，2010）。已有研究表明，发展农地流转市场有利于减少土地细碎化（Wang et al.，2007；Gao et al.，2012；Jia and Petrick，2014），提高农地规模效益（Paul et al.，2004；Hornbeck and Naidu，2014）。显然，农地流转市场有效运行的前提是市场机制发挥作用。然而，已有研究认为，我国农地流转市场中存在大量的非市场型交易，其基本特征为熟人间流转普遍、书面合约签订率低及农地租金较低等（Deininger and Jin，2009；Feng et al.，2010；Wang et al.，2015）。然而，随着农村社会经济的快速发展，非市场型流转是否已经发生转变？相关研究表明，我国农地流转市场中已有超过50%的熟人间交易是出于营利性目的进行的，该类交易的平均农地租金已达到320.165元/（亩·a）（Qiu et al.，2018）。这意味着，与已往研究结论相比，目前的农地流转已然呈现较高的市场化水平。

那么，到底是什么因素诱发农地流转的市场化转型呢？众所周知，自2000年以来，我国城乡劳动力转移呈现大规模增长趋势（Cai and Lu，2016；Cai，2018）。在此过程中，农业收入占农村家庭总收入的比重持续下降，农地的配置和使用也在发生深刻转变。具体而言，那些从事非农就业的农户倾向于转出农地（Kimura et al.，2011；Su et al.，2018），具有较高农业生产能力的农民则通过农地租赁来实现农地规模经营（Deininger and Jin，2009；Deininger et al.，2012），由此诱发了农村地区的职业分化。显然，城乡劳动力的大规模转移是农地流转市场活跃的重要因素（Kimura et al.，2011）。

从很大程度上来讲，农村劳动力的非农转移反映了农村居民的社会化分工和职业分化（Tao and Zhou，1999；Lu et al.，2019）。在一个自给自足的社会中，每个人都可以从较少的生产活动中选取特定的生产类型，从而将有限的生产力集中在较少的活动上，但自给自足的属性依然决定了其较低的专业化经济水平（Yang and Ng，1993）。显然，低分工水平决定了农地流转市场的不活跃。其原因在于，农民的生计很大程度上取决于农地的经营状况。实际上，中国仍有大量的农村劳动力从事农业活动，这也使得封闭或非正式的农地流转依然普遍（Deininger and Jin，2009；Ma et al.，2015）。如果社会化分工程度提高，那么农村劳动力就会根据相对比较优势自动配置到不同的生产部门。显然，从事农业生产的农户倾向于投入更多的生产性投资并租入农地。而且他们也更有可能种植经济作物，以提高农业经营绩效和净利润。

基于分工逻辑之上的农地流转，需借由市场机制发挥作用。即使对于熟人间流转，营利性动机的出现仍会相应提高农地租金（Qiu et al.，2018）。根据 Li（2003）和 Dixit（2004）的研究，随着外部机会的出现，熟人网络内部的关系型治理将被削弱。专业从事农业生产的转入户的出现，意味着农地已然成为实现利润最大化的稀缺资源，这与传统的关系型交易存在显著差异。而且利润导向的大规模流转主体更倾向于非粮化生产（Chen et al.，2014；Liu et al.，2014b；Otsuka et al.，2016），转入户也会被要求支付更高的租金。由此推断，农地流转的市场化可能内生于农村劳动力的非农转移和职业分化。

尽管相关研究已探讨了农村劳动力非农转移对农地流转的影响（Feng et al.，2010；Kimura et al.，2011；Su et al.，2018），但对于农村劳动力非农就业表达的职业分化如何影响农地流转的市场化，尚无研究给予更多关注。尤其对于熟人间流转[①]，其市场化发展对农村要素配置的市场化具有重要影响。为了考察农村劳动力非农转移对农地流转市场化的影响，本章首

---

① 应该注意的是，正如 Wang 等（2015）所指出的，本章中，农地流转时双方相识之间的土地租金被定义为村庄内的土地租金。这是因为，我国的农村通常很小，并且具有紧密的社会关系网络，这意味着同一个村庄的交易伙伴比来自不同村庄或地区的交易伙伴关系更紧密。

先估计农村劳动力非农转移对农户参与农地租赁和转入农地用途的影响。农地流转市场的参与度反映了市场的活跃程度,转入农地使用状况则体现了市场价格的作用发挥。从逻辑上来说,随着农地流转的市场化,转入户将不可避免地种植具有高经济价值的农作物来抵消高昂的交易成本和农地租金。其次,本章还估计了农村劳动力非农转移对转入户流转动机和农地租金的影响。新古典经济学认为,理性人是基于营利性动机而参与市场竞争的(Friedman M and Friedman R,1980)。同时,Luenberger(1995)和Kreps(2013)认为,市场机制是通过价格发挥作用的。因此,营利性动机和农地租金将被用来衡量农地流转的市场化。

第二节 农地流转与农村劳动力转移状况

一、我国农地流转市场的发展现状

随着城镇化和农村劳动力的大规模非农转移,我国农地流转市场持续活跃。根据 Benjamin 和 Brandt(2002)的研究,1988 年,农户流转的农地面积不足承包地总面积的 1%,到 1995 年仍不到 3%,截至 2000 年,只有 7%的农地在流转市场中交易(Zhang et al.,2002)。2000 年以来,户籍管制的放松使得城乡劳动力转移加速。这与许多其他发展中国家农地流转伴随着城乡劳动力转移的现象相吻合(Kimura et al.,2011)。尽管我国农地流转市场变得更加活跃,但其市场化程度仍然较低。例如,流转市场中的熟人交易仍然普遍(Ma et al.,2015),口头合约使用率依然较高(Rozelle et al.,2008;Deininger and Jin,2009)。

表 4.1 基于 2006~2015 年全国农村固定观察点调查数据汇编,描述了农村家庭层面的农地流转状况。结果显示,农户年内经营的转包农地面积已从 2006 年的 1.03 亩/户增加到 2015 年的 1.68 亩/户,10 年间增长了 63.11%。一份基于中国五省(自治区、直辖市)调查的研究显示,2006~2013 年,

表 4.1 中国农村家庭层面的农地流转 (单位:亩/户)

农地流转	2006 年	2008 年	2010 年	2012 年	2014 年	2015 年
年内经营的转包农地面积	1.03	1.14	1.08	1.39	1.52	1.68
年内转包入农地面积	0.56	0.54	0.37	0.50	0.68	0.81
年内转包出农地面积	0.35	0.49	0.60	0.73	0.88	0.92

资料来源:《全国农村固定观察点调查数据汇编(2000~2009 年)》《全国农村固定观察点调查数据汇编(2010~2015 年)》。

每户农户农地面积平均增加了 0.03hm²（即 0.45 亩）（Ji et al., 2016）。此外，表 4.1 还显示，农户年内转包入农地面积从 2006 年的 0.56 亩/户增加到 2015 年的 0.81 亩/户，增幅为 44.64%。同期，农户年内转包出农地面积则增长了 162.86%。

为进一步分析村庄内部的农地流转市场，表 4.2 描述了我国家庭农场的发展状况①。家庭农场通常由村庄内的农户经营，且只有农地经营面积超过 50 亩的农场才能被定义为家庭农场。如表 4.2 所示，我国家庭农场数量从 2013 年的 340 559 家增加到了 2016 年的 444 885 家。其中，粮食产业家庭农场数量从 142 278 家增至 178 105 家。同时，粮食产业家庭农场中面积超过 1000 亩的同期增长了 64.18%。2013~2016 年，家庭农场经营的农地面积增长了 108.21%，转入农地面积占总经营面积的比例则从 2013 年的 48.48%增至 2016 年的 70.75%。

表 4.2 我国家庭农场的发展状况

家庭农场	2013 年	2014 年	2015 年	2016 年
家庭农场数量/家	340 559	399 135	342 626	444 885
粮食产业家庭农场数量/家	142 278	164 160	143 917	178 105
(50，200]亩/家	91 910	104 544	90 875	112 563
(200，500]亩/家	40 202	44 465	40 321	48 910
(500，1000]亩/家	7 405	11 371	9 316	12 099
>1000 亩/家	2 761	3 780	3 405	4 533
家庭农场经营的农地面积/亩	45 968 324	58 678 543	51 914 155	95 708 916
转入农地面积占总经营面积的比例/%	48.48	53.80	73.93	70.75

资料来源：《中国农村经营管理统计年报》（农业部农村经济体制与经营管理司，2013~2016 年）。

二、我国农村劳动力非农转移状况

Cai（2016）认为，农村劳动力向非农产业转移是不可逆转的。一方面，农业从劳动力密集型向技术密集型的不断转变，使其难以雇佣更多的剩余劳动力。另一方面，随着社会经济水平的提高，农业生产愈发难以满足农村居民的物质生活需求，非农就业收入已经成为大部分农村家庭的主要收入来源。自 20 世纪 90 年代以来，我国农村劳动力开始向城市大规模转移（Cai, 2018）。表 4.3 的统计结果显示，2006 年从事农业生产的劳动力占比为 43.07%，

---

① 需要强调的是，近年来中国政策文件中使用的家庭农场概念为欧美国家的舶来品。具体来说，根据农业农村部的资料，家庭农场是具有较大生产规模的农户家庭，其最小农地经营规模为 50 亩。

到 2016 年已降至 37.65%。同时，2006 年从事非农就业的劳动力仅占农村劳动力的 29.87%，但到 2016 年该数字升至 41.45%。同期，常年外出务工的劳动力占比从 23.07%升至 33.78%。这些数据表明，外出务工正在成为农村劳动力的重要选择。表 4.3 还表明，在省外从事非农就业的农村劳动力占比从 2006 年的 42.97%降至 2016 年的 37.20%，而县内乡外从事非农就业的劳动力占比从 2006 年的 26.54%升至 2016 年的 33.40%。

表 4.3　我国农村劳动力转移状况　（单位：%）

农村劳动力转移	2006 年	2008 年	2010 年	2012 年	2014 年	2016 年
从事农业生产的劳动力占比	43.07	42.52	41.64	39.94	38.69	37.65
从事非农就业的劳动力占比	29.87	34.83	37.15	39.41	40.57	41.45
常年外出务工的劳动力占比	23.07	26.99	29.63	31.53	33.11	33.78
县内乡外从事非农就业的劳动力占比	26.54	27.28	29.69	31.37	32.38	33.40
省内县外从事非农就业的劳动力占比	30.49	29.89	29.54	29.54	29.32	29.41
省外从事非农就业的劳动力占比	42.97	42.83	40.77	39.09	38.30	37.20

资料来源：《中国农村经营管理统计年报》（农业部农村经济体制与经营管理司，2006~2016 年）。

表 4.4 显示了家庭层面农户非农就业状况。结果显示，2006 年家庭非农就业劳动力占比仅为 20.76%，2015 年增至 36.23%。2006~2015 年，家庭外出劳动力平均从业时间（即家庭外出务工劳动力从事非农工作的时间）约为 269d/a。此外，外出劳动力平均年收入也从 2006 年的 7532 元增至 2015 年的 27 648 元。国家统计局数据显示，农业收入占农村家庭总收入的比重已从 1999 年的 41.55%降至 2012 年的 25.11%[①]，这表明非农收入对农村居民的重要性日益提高。

表 4.4　家庭层面农户非农就业状况

农村劳动力非农转移	2006 年	2008 年	2010 年	2012 年	2014 年	2015 年
家庭非农就业劳动力占比/%	20.76	22.56	34.04	34.38	35.98	36.23
外出劳动力平均从业时间/（d/a）	270	265	270	270	268	267
外出劳动力平均年收入/元	7 532	10 747	14 157	21 168	25 410	27 648

资料来源：《全国农村固定观察点调查数据汇编（2000~2009 年）》《全国农村固定观察点调查数据汇编（2010~2015 年）》。

表 4.5 进一步显示了粮食生产中的劳动投入状况。数据显示，粮食生

---

① 由于口径变化，国家统计局未提供 2013 年后农村居民的一致性收入信息。

产中的劳动投入量从 2006 年的 8.68 工/亩①降至 2016 年的 5.31 工/亩。这表明，农业生产中劳动节约型技术正被普遍使用，且农村劳动力非农转移已成为不可逆转的趋势。尽管 2006~2016 年，粮食生产中的劳动力投入量在下降，但劳动力成本却有所增加。尤其是粮食生产中的家庭劳动力投入，其折算价值从 2006 年的 140.10 元/亩增加到了 2016 年的 408.63 元/亩。这说明，2006~2016 年，农业生产中的劳动力成本大幅增加，这是农村劳动力非农转移的必然结果。

表 4.5　粮食生产中的劳动投入状况

农村劳动力非农转移	2006 年	2008 年	2010 年	2012 年	2014 年	2016 年
劳动投入量/（工/亩）	8.68	7.69	6.93	6.43	5.87	5.31
家庭劳动力折算价值/（元/亩）	140.10	158.33	206.27	342.33	414.18	408.63
雇佣劳动力成本/（元/亩）	11.80	16.69	20.63	29.62	32.57	33.15

资料来源：2007~2017 年《全国农产品成本收益资料汇编》。

第三节　数据、变量和估计策略

一、数据来源

本章使用的数据来自 2015 年 CHFS，具体数据介绍和抽样过程参见第一章中的相关介绍。由于部分样本的信息不完整，故本章最终使用的样本包括 11006 户农户。其中，1470 户农户转入了农地。在转入农地的农户中，有 1316 户转入了熟人的农地。本章使用转入户样本的原因在于，在我国的农地流转市场中，转入户通常比转出户更为活跃，他们的动机和行为很大程度上决定了流转合约的拟定。相反，转出户通常比较被动，他们基本上是对转入户的行为进行响应。考虑农地流转交易的对称性，本章也将使用转出户样本对相关估计结果进行稳健性检验。

二、变量定义

本章的因变量为农地流转的市场化。首先，采用是否转入农地和转入农地用途进行刻画。一方面，农民参与农地流转在一定程度上反映了农地流转市场的活跃性；另一方面，如果按照市场原则进行农地流转，那么转入户具有更强烈的动机进行非粮化生产。相反，基于亲属关系进行的农地

---

① 工为劳动时间的计量单位，指一个劳动者工作一日。

流转，很大程度上是出于人情往来和确保农地不被弃耕的目的，而非出于营利性动机，即该类型流转不会造成非粮化生产（Qiu et al., 2018）。换言之，随着农村劳动力的非农转移，从事专业化农业生产的农户会租入农地，并进行非粮化生产，这是营利动机的必然结果。

其次，农地流转动机和农地租金也被用来衡量农地流转的市场化。在 2015 年 CHFS 中，询问了转入户的流转动机。其中，以扩大农业规模或增加收入为目标的被界定为营利性动机，免费租入农地或帮助亲友避免农地抛荒则被视为非营利性动机。根据新古典经济学基本理论，理性人是以营利最大化为目的而参与的市场竞争，故那些出于营利动机的农地流转即为市场型流转。此外，市场价格是在市场上提供商品或服务的经济价格，表征了市场竞争的结果（Kreps, 2013）。尽管竞争会诱发价格下降，但市场型流转的租金要远比关系型流转的租金高（Deininger and Jin, 2009; Feng et al., 2010）。

农村劳动力非农转移是本章的主要自变量。为测量农村劳动力非农转移状况，本章计算了家庭非农就业时间占家庭总劳动时间的比例，其含义与 Feng 等（2010）的界定相似。在非农业部门投入的劳动时间越少，意味着农户非农转移的概率越小，农业就业的专业化程度就越高。此时，转入户也更可能租入农地并从事"非粮化"生产。

此外，本章还控制了家庭特征、土地特征和村庄特征等变量。家庭特征包括家庭规模、儿童占比、老年人占比、从事商业经营、拥有小汽车、活期存款、定期存款，以及农业机械价值；农地特征包括承包地面积、承包地块数、农地承包合同和农地承包证书，以及农户经历的征地状况；村庄特征则用村庄交通状况加以衡量。此外，在参数估计中还控制了省级虚拟变量。关于自变量的选择依据第一章的相关描述。具体变量定义与描述参见表 4.6。

表 4.6 变量定义与描述

变量	定义	均值	标准差
是否转入农地	1 = 转入农地，0 = 未转入农地	0.143	0.350
转入农地用途	1 = 种植经济作物，0 = 种植粮食作物	0.312	0.464
农地流转动机	1 = 营利性动机，0 = 非营利性动机	0.547	0.498
农地租金	支付给转出户的农地租金/[元/（亩·a）]（自然对数）	3.037	2.749
农村劳动力非农转移	家庭非农就业时间占家庭总劳动时间比例	0.723	0.301
家庭规模	家庭人口数	4.116	1.936
儿童占比	不满 16 周岁人口占比	0.026	0.074

续表

变量	定义	均值	标准差
老年人占比	超过70周岁人口占比	0.053	0.178
从事商业经营	1=从事商业经营，0=未从事商业经营	0.108	0.310
拥有小汽车	1=拥有小汽车，0=不拥有小汽车	0.135	0.341
活期存款	家庭活期存款额/元（自然对数）	3.613	4.443
定期存款	家庭定期存款额/元（自然对数）	1.107	3.187
农业机械价值	家庭农用机械价值/元（自然对数）	1.384	3.138
承包地面积	家庭承包地面积/亩	7.338	39.823
承包地块数	家庭承包地块数	0.627	2.587
农地承包合同	1=持有农地承包合同，0=没有	0.481	0.500
农地承包证书	1=持有农地承包证书，0=没有	0.379	0.485
征地状况	2000年以来经历的征地次数	0.104	0.411
村庄交通状况	1=非常好，2=比较好，3=一般，4=比较差	2.434	0.665

三、模型与估计策略

本章旨在分析农村劳动力非农转移对农地流转市场化的影响。考虑因变量由多种方式刻画，首先以是否转入农地或转入农地用途作为因变量进行估计。由于这两个变量均为二元变量，故选择如下线性回归模型进行估计：

$$Y_i = \beta_0 + \beta_1 D_i + \beta_2 \boldsymbol{X}_i + \varepsilon \tag{4.1}$$

式中，Y_i 为是否转入农地或转入农地用途；D_i 为农村劳动力非农转移，由家庭非农就业时间占家庭总劳动时间的比例来衡量；$\boldsymbol{X}_i$ 为由控制变量组成的向量；β_0 为常数项；β_1 和 β_2 为估计系数；ε 为随机误差项，并符合正态分布。

其次，以农地流转动机或农地租金来刻画农地流转市场。为此，识别如下模型估计农村劳动力非农转移对农地流转市场化的影响：

$$M_i = \alpha_0 + \alpha_1 D_i + \boldsymbol{X}_i \alpha_2 + \varepsilon \tag{4.2}$$

式中，M_i 为农地流转动机或农地租金；α_0 为常数项；α_1 和 α_2 为待估计系数。其余变量和参数的定义与式（4.1）中一致。

然而，式（4.1）和式（4.2）的估计面临明显的反向因果问题。众所周知，农村劳动力非农转移会激励农户进行专业化的农业生产或非农就业，这会影响农地流转的市场化。同时，扩大农地经营面积或出于营利性动机转入农地也可能反向影响农村劳动力非农转移。换言之，式（4.1）和式（4.2）的估计面临内生性问题。根据 Ma 等（2016）的研究，村庄层面的劳动力转移在一定程度上可视为外生变量。其原因在于：第一，农户的农地流转行为不会影响村庄整体的劳动力转移状况；第二，村庄劳动力市场的发育需要通过影响农户的非农就业，进而作用其农地流转行为。因此，本章计算了同村其他农户非农就业时间占总劳动时间的比例，以此作为农村劳动力非农转移变量的工具变量。

考虑是否转入农地、转入农地用途和农地流转动机均为二元变量，故采取 IV-probit 模型进行估计；由于农地租金为连续变量，故采取两阶段最小二乘法（2sls）进行估计（Ma et al.，2013）。

第四节 估计结果分析

一、农村劳动力非农转移对农地租赁和农地用途的影响

表 4.7 显示了式（4.1）中的模型估计结果。首先，杜宾-吴-豪斯曼检验表明，农村劳动力非农转移与转入农地用途间存在内生性问题，但并未影响农村劳动力非农转移与是否转入农地的关系。正如前文所言，当今中国，农民对土地的依赖程度正不断降低，这意味着转入农地并不会影响他们的非农转移决策。因此，内生性的唯一来源为自选择问题，故本章控制了家庭特征、农地特征和村庄特征等，以此消除内生性的干扰。此外，弱工具变量检验和识别不足检验显示，表 4.7 的估计不存在弱工具变量问题。

表 4.7　农村劳动力非农转移对农地租赁和农地用途的影响

变量	是否转入农地 估计1 probit	是否转入农地 估计2 IV-probit	转入农地用途 估计3 probit	转入农地用途 估计4 IV-probit
农村劳动力非农转移	−0.686*** （0.050）	−0.961*** （0.207）	−0.484*** （0.132）	−2.287*** （0.371）
家庭规模	0.040*** （0.009）	0.044*** （0.009）	−0.005（0.021）	0.058** （0.024）
儿童占比	−0.075（0.210）	−0.086（0.209）	0.910** （0.463）	0.165（0.477）
老年人占比	−0.542*** （0.138）	−0.449*** （0.155）	−0.517（0.400）	0.401（0.420）
从事商业经营	−0.045（0.055）	−0.026（0.057）	0.075（0.129）	0.233* （0.124）
拥有小汽车	−0.300（0.050）	−0.033（0.050）	0.218* （0.112）	0.151（0.106）
活期存款	0.008** （0.004）	0.008** （0.004）	0.029*** （0.009）	0.029*** （0.008）
定期存款	0.008（0.005）	0.008（0.005）	0.018* （0.011）	0.015（0.010）
农业机械价值	0.062*** （0.005）	0.058*** （0.006）	0.023** （0.009）	0.015* （0.009）

续表

变量	是否转入农地		转入农地用途	
	估计 1 probit	估计 2 IV-probit	估计 3 probit	估计 4 IV-probit
承包地面积	0.001（0.000）	0.001（0.000）	−0.000（0.000）	0.000（0.000）
承包地块数	−0.000（0.006）	−0.002（0.006）	0.005（0.014）	−0.002（0.013）
农地承包合同	0.082**（0.038）	0.072*（0.038）	−0.098（0.082）	−0.095（0.078）
农地承包证书	−0.005（0.038）	−0.015（0.039）	−0.015（0.083）	−0.082（0.079）
征地状况	0.003（0.034）	0.008（0.034）	−0.008（0.106）	−0.020（0.106）
村庄交通状况（以"比较差"为参照组）				
非常好	0.083（0.096）	0.074（0.096）	0.176（0.203）	0.191（0.190）
比较好	−0.120*（0.067）	−0.117*（0.067）	0.091（0.146）	0.087（0.135）
一般	−0.108（0.067）	−0.111*（0.066）	−0.021（0.146）	−0.048（0.134）
省级虚拟变量	已控制	已控制	已控制	已控制
常数项	−1.424***（0.149）	−1.500***（0.156）	−0.909***（0.330）	−1.750***（0.326）
观测值	11006	11006	1470	1470
伪似然对数值	−4069.553	−5379.643	−805.682	−896.435
Wald χ^2	920.71***	797.93***	192.71***	336.69***
Pseudo R^2	0.104		0.116	
杜宾-吴-豪斯曼检验		0.704		19.661***
弱工具变量检验		713.583		75.874
识别不足检验		588.402***		68.798***

***、**和*分别表示在1%、5%和10%水平上显著。
注：括号内的数值为稳健标准误。

表 4.7 中估计 1 和估计 2 的结果均显示，农村劳动力非农转移在 1%显著水平上负向影响农户的农地租赁行为。这表明，随着在农业中投入劳动时间的增加，农户更可能转入农地。该结果与 Huang 等（2012）的发现一致。实际上，劳动力非农转移属于劳动力再分配和职业分化问题，进行农业专业化生产的农户不可避免地转入农地。其原因在于，我国农地经营的细碎化和分散化问题由来已久且严重。考虑从事专业化农业生产的农户大多以农业经营为主要生计来源和营利渠道，那么他们必然出于营利性动机转入农地，从而诱发农地流转的市场化。

估计 4 的结果显示，农村劳动力非农转移在 1%显著水平上负向影响经济作物的种植。这表明，随着农业专业化生产程度的提高，农地转入户更倾向于将转入农地用来种植经济作物，从而增加农业经营性收益。随着农村劳动力的非农转移，具有较高农业经营能力的农户将出于营利性动机转入农地，并专业化地进行具有较高经济价值的农作物生产。鉴于我国谷物价格相对较低，农地转入户将更可能从事"非粮化"生产（Otsuka et al.，2016）。显然，关系型流转诱发"非粮化"生产的可能性相对较低（Qiu et al.，2018），这是因为出于非营利性动机的流转意味着对转入户生产高风险作物的激励不足。与此同时，关系型交易中的流转规模一般较小，从而限制了农地规模报酬的提高。

在其他控制变量方面，家庭规模与农地转入及"非粮化"生产具有正相关关系。其原因在于，家庭规模的扩大增加了农业劳动力，为转入农地和种植那些劳动消耗量较大的经济作物提供了条件。老年人占比降低了农地转入的概率，这是因为老年人的生产能力较低，限制了农地经营规模的进一步扩大。家庭活期存款额与农地转入及"非粮化"生产具有正相关关系，显然，存款越多，增加农业生产性投资的可能性就越大，为提高投资的规模效益，租入农地并进行高附加值作物的生产将被选择。农业机械价值也与农地转入及"非粮化"生产具有正相关关系；农业机械作为专用型资产，为提高其利用率，扩大农地规模和提高作物种植频率是必然选择。交通条件越好，越不利于农地转入。可能的原因是，交通便利意味着农户非农就业的机会增加，从而减小了转入农地的需求。其余变量无显著性影响。

二、农村劳动力非农转移对农地流转动机和农地租金的影响

表 4.8 显示了式（4.2）的模型估计结果。为区分农村劳动力非农转移对不同类型农户的影响差异性，表 4.8 区分了全样本和熟人间流转样本。杜宾-吴-豪斯曼检验显示，农村劳动力非农转移与农地流转动机或农地租金的关系面临内生性问题；弱工具变量检验和识别不足检验显示，表 4.8 的估计不存在弱工具变量问题。

表 4.8 农村劳动力非农转移对农地流转动机和农地租金的影响

变量	全样本 农地流转动机 估计 1	全样本 农地租金 估计 2	熟人间流转样本 农地流转动机 估计 3	熟人间流转样本 农地租金 估计 4
农村劳动力非农转移	−1.226** (0.512)	−2.145** (0.974)	−1.591*** (0.538)	−3.066*** (1.129)
家庭规模	0.074*** (0.027)	0.126*** (0.048)	0.098*** (0.027)	0.171*** (0.054)

续表

变量	全样本 农地流转动机 估计1	全样本 农地租金 估计2	熟人间流转样本 农地流转动机 估计3	熟人间流转样本 农地租金 估计4
儿童占比	0.083（0.524）	0.007（0.835）	−0.018（0.543）	−0.211（0.887）
老年人占比	1.208**（0.492）	1.603**（0.801）	1.482***（0.504）	2.357***（0.910）
从事商业经营	0.256*（0.137）	0.440*（0.244）	0.290**（0.145）	0.520*（0.269）
拥有小汽车	0.309***（0.118）	0.650***（0.186）	0.219*（0.124）	0.562***（0.207）
活期存款	0.004（0.009）	0.008（0.015）	0.003（0.009）	0.009（0.016）
定期存款	−0.002（0.011）	−0.005（0.018）	0.003（0.012）	0.004（0.020）
农业机械价值	0.042***（0.010）	0.071***（0.015）	0.038***（0.010）	0.068***（0.016）
承包地面积	0.005（0.003）	0.001（0.000）	0.006*（0.003）	0.001（0.000）
承包地块数	−0.003（0.015）	−0.001（0.026）	0.003（0.016）	0.002（0.028）
农地承包合同	0.189**（0.084）	0.340**（0.143）	0.213**（0.090）	0.394**（0.156）
农地承包证书	−0.160*（0.084）	−0.279*（0.146）	−0.157*（0.087）	−0.306**（0.155）
征地状况	−0.149（0.106）	−0.255（0.180）	−0.085（0.125）	−0.139（0.217）
村庄交通状况（以"比较差"为参照组）				
非常好	−0.227（0.205）	−0.400（0.338）	−0.216（0.226）	−0.414（0.392）
比较好	−0.229（0.146）	−0.406*（0.227）	−0.193（0.154）	−0.380（0.246）
一般	−0.360**（0.146）	−0.621***（0.224）	−0.314**（0.153）	−0.606**（0.240）
省级虚拟变量	已控制	已控制	已控制	已控制
常数项	−0.239（0.441）	2.199***（0.740）	−0.637（0.448）	1.406*（0.832）
观测值	1470	1470	1316	1316
伪似然对数值	−883.942		−781.311	
Wald χ^2	378.28***		367.92***	
Centered R^2		0.259		0.271
杜宾-吴-豪斯曼检验	3.544*	2.879*	5.120*	2.879*
弱工具变量检验	74.545	74.545	57.493	57.493
识别不足检验	67.336***	67.336***	53.064***	53.064***

***、**和*分别表示在1%、5%和10%水平上显著。
注：括号内的数值为稳健标准误。

估计1和估计2的结果显示，农村劳动力非农转移均在5%显著水平上负向影响农地流转动机和农地租金。这意味着，当转入户在农业中进行专业化生产，即投入更多的劳动时间时，他们的农地流转更可能出于营利性动机，并将支付更高的农地租金。如表4.7所示，随着在农业中投入时间的增加，转入户更可能进行"非粮化"生产，转入农地进行经济作物种植必然诱发农地租金的上涨。其原因在于，首先，种植经济作物对土壤结构的损害比种植粮食作物要大。其次，生产经济作物意味着承租人正在转入土地以增加家庭收入。当营利性动机主导农地流转时，价格将作为要素配置的决定性因素。尽管许多研究认为，我国农地流转的非正式特征很普遍，农地流转往往伴随零租金或低租金（Feng et al., 2010；Ma et al., 2015），但随着城镇化进程的加快和农村劳动力的大规模非农转移，农民的职业分化诱发了职业农民的产生，农业经营利润最大化成为这部分农民转入农地并从事规模经营的主要目的。当农地成为一种稀缺资源时，市场竞争将诱发农地租金上涨，并打破原来封闭的市场格局。

估计 3 和估计 4 的结果表明，即使对于熟人间流转，在农业生产过程中投入大量劳动的转入户也更可能出于营利性动机转入农地，并支付更高的农地租金。已往研究指出，我国农地流转市场充斥着大量的口头合约和低租金交易，一个重要的原因是当时的农民仍以农业经营为主要职业，且缺乏非农就业机会。显然，缺乏农村劳动力的非农转移难以有效激励农地流转市场的发育。随着外部机会的出现和农村劳动力的非农就业，传统关系型交易的基础将被削弱（Li, 2003；Dixit, 2004）。即使在熟人网络内部，分工和专业化仍然起作用，这也是提高农地流转市场化程度的关键。总体而言，农民职业分化和农村劳动力非农转移是决定熟人间流转市场化和农地租金的重要因素。

三、稳健性检验 1：基于转出户样本的证据

前文提到，采用转入户样本的原因在于，转入户往往比转出户更为活跃，他们觅价的动机也更强。但是，流转交易是由转入户和转出户共同完成的，即交易是对称的。为考察表 4.8 的结果稳健性，表 4.9 将利用转出户样本重新估计。剔除信息不完整的转出户样本后，表 4.9 最终使用的样本为 1100 户转出户，包括 791 户与熟人发生交易的转出户。表 4.9 的估计结果显示，农村劳动力非农转移正向影响了农地流转动机和农地租金。换句话说，从农地供给者的角度来看，农村劳动力非农转移也会提高农地流转的市场化程度。此外，当转出户与熟人发生流转时，尽管非农就业劳动力占比对农地租金的影响不显著，但仍然提高了转出户的营利性动机。上述结论与表 4.8 的估计结果总体一致，由此表明农村劳动力非农转移和农民职业分化是农地流转市场转型的重要决定因素。

表 4.9　稳健性检验 1：基于转出户样本的证据

变量	全样本 农地流转动机 估计 1	全样本 农地租金 估计 2	熟人间流转样本 农地流转动机 估计 3	熟人间流转样本 农地租金 估计 4
农村劳动力非农转移	3.563*** (0.544)	10.194** (4.518)	2.462* (0.146)	3.572 (3.997)
家庭规模	−0.015 (0.022)	−0.057 (0.069)	−0.022 (0.031)	−0.031 (0.068)
儿童占比	−0.736 (0.695)	−1.669 (1.995)	−1.058 (1.006)	−2.199 (1.763)
老年人占比	−0.962*** (0.150)	−2.849*** (0.905)	−1.044*** (0.245)	−1.645** (0.842)
从事商业经营	−0.176 (0.112)	−0.458 (0.421)	0.145 (0.197)	0.420 (0.348)
拥有小汽车	0.011 (0.103)	0.030 (0.310)	−0.124 (0.148)	−0.251 (0.295)
活期存款	0.006 (0.009)	0.023 (0.025)	0.007 (0.012)	0.020 (0.022)
定期存款	0.007 (0.011)	0.018 (0.030)	0.009 (0.015)	0.019 (0.029)
农业机械价值	0.132*** (0.023)	0.397*** (0.0152)	0.110** (0.052)	0.198 (0.146)
承包地面积	−0.000 (0.001)	−0.002 (0.002)	−0.001 (0.001)	−0.003*** (0.001)
承包地块数	0.034 (0.023)	0.136 (0.084)	−0.012 (0.034)	−0.007 (0.064)
农地承包合同	0.157* (0.098)	0.519** (0.248)	0.193 (0.128)	0.430** (0.217)
农地承包证书	0.027 (0.091)	0.166 (0.278)	−0.038 (0.136)	−0.109 (0.255)
征地状况	0.045 (0.057)	0.151 (0.114)	0.029 (0.058)	0.127 (0.080)
村庄交通状况（以"比较差"为参照组）				
非常好	−0.163 (0.253)	−0.404 (0.781)	−0.487 (0.306)	−0.825 (0.649)
比较好	0.028 (0.159)	0.013 (0.484)	0.064 (0.200)	0.053 (0.423)
一般	−0.084 (0.157)	−0.233 (0.488)	−0.022 (0.197)	0.009 (0.411)
省级虚拟变量	已控制	已控制	已控制	已控制
常数项	1.367*** (0.326)	7.150*** (1.297)	0.284 (0.516)	2.824** (1.153)
观测值	1100	1100	791	791
伪似然对数值	−565.923		−401.915	
Wald χ	201.37***		259.75***	
Centered R^2		−0.458		0.178
杜宾-吴-豪斯曼检验	10.001***	9.517***	1.511	0.742
弱工具变量检验	10.843	10.843	6.692	6.692
识别不足检验	10.917***	10.917***	6.876***	6.876***

***、**和*分别表示在 1%、5%和 10%水平上显著。

注：括号内的数值为稳健标准误。

四、稳健性检验 2：考虑样本选择性偏差

表 4.8 中估计 3 和估计 4 仅采用了与熟人交易的转入户样本，可能面临样本选择性偏差。为解决该问题，表 4.10 将采用赫克曼 probit 模型估计农地流转动机变量，并使用赫克曼选择模型估计农地租金变量。针对这两种模型，将村庄中转入熟人农地的农户占比作为农地流转对象的工具变量。其原因在于，村庄中与熟人交易的农户越多，那么村庄流转市场的封闭性越强，转入户也更可能与熟人发生交易。表 4.10 的结果显示，农村劳动力非农转移规模越大，转入户在农业生产中投入的劳动时间越多，他们也越可能以营利性动机转入农地并支付市场租金，从而提高农地流转的市场化程度，这与表 4.8 的估计结果一致。由此表明，样本选择性偏差并未严重干扰本章估计结果。

表 4.10 稳健性检验 2：考虑样本选择性偏差

变量	赫克曼 probit 模型 农地流转动机 估计 1	赫克曼 probit 模型 农地流转对象 估计 2	赫克曼选择模型 农地租金 估计 3	赫克曼选择模型 农地流转对象 估计 4
农村劳动力非农转移	−0.933*** (0.361)		−1.564** (0.623)	
工具变量		1.255*** (0.214)		1.288*** (0.179)
家庭规模	0.052** (0.025)	−0.034 (0.028)	0.081** (0.039)	−0.035 (0.027)
儿童占比	0.669 (0.546)	2.021** (0.980)	0.803 (0.826)	1.504** (0.743)
老年人占比	0.870** (0.441)	0.622 (0.654)	1.057 (0.389)	0.653 (0.629)
从事商业经营	0.117 (0.146)	−0.105 (0.182)	0.196 (0.247)	−0.115 (0.176)
拥有小汽车	0.193 (0.135)	0.064 (0.152)	0.545** (0.215)	0.078 (0.150)
活期存款	0.007 (0.010)	0.002 (0.012)	0.128 (0.016)	−0.003 (0.012)
定期存款	0.002 (0.013)	−0.001 (0.016)	0.001 (0.020)	0.001 (0.015)
农业机械价值	0.039*** (0.011)	0.002 (0.013)	0.066*** (0.016)	0.003 (0.013)
承包地面积	0.007* (0.004)	0.005 (0.005)	0.001*** (0.000)	0.004 (0.004)
承包地块数	0.005 (0.017)	−0.045** (0.019)	0.013 (0.025)	−0.043** (0.018)
农地承包合同	0.240** (0.094)	−0.088 (0.118)	0.384** (0.154)	−0.056 (0.116)
农地承包证书	−0.072 (0.099)	0.116 (0.131)	−0.176 (0.149)	0.148 (0.115)
征地状况	−0.124 (0.136)	−0.418*** (0.135)	−0.145 (0.211)	−0.418*** (0.131)
村庄交通状况（以"比较差"为参照组)			
非常好	−0.491** (0.234)	−0.256 (0.253)	−0.809** (0.367)	−0.284 (0.249)
比较好	−0.216 (0.155)	0.129 (0.202)	−0.399** (0.232)	0.053 (0.196)

续表

变量	赫克曼 probit 模型		赫克曼选择模型	
	农地流转动机 估计 1	农地流转对象 估计 2	农地租金 估计 3	农地流转对象 估计 4
一般	−0.286*（0.156）	0.172（0.199）	−0.550**（0.225）	0.066（0.193）
省级虚拟变量	已控制	已控制	已控制	已控制
常数项	−0.423（0.442）	−0.157（0.448）	2.213***（0.664）	−0.095（0.441）
观测值	1392		1403	
似然对数值	−1023.198		−3166.975	
Wald χ^2	2281.32***		2513.06***	
辅助参数	0.626（0.832）		0.165（0.174）	
随机误差相关系数	0.556（0.575）			
替代弹性			0.810***（0.016）	

***、**和*分别表示在 1%、5%和 10%水平上显著。
注：括号内的数值为稳健标准误。

五、稳健性检验 3：采用新的主要自变量

本章估计中，采用家庭劳动力的工作时间来衡量农村劳动力的非农转移。其理由在于，劳动时间反映了职业的分化类型，并体现了经营或生产的专业化程度。然而，已有研究也采用非农就业劳动力占比来衡量农村劳动力的非农转移（Feng et al.，2010；Ma et al.，2015）。因此，表 4.11 将采用该指标来衡量农村劳动力非农转移，以此考察本章估计结果的稳健性。与表 4.8 使用的工具变量类似，将同村其他农户的非农劳动力占比的均值作为工具变量。表 4.11 的结果显示，从事非农就业的劳动力占比越低，转入户越有可能出于营利性动机转入农地，并支付更高的农地租金。即使对于发生于熟人网络中的农地流转，该结论依然成立。由此表明，本章的估计结果稳健。

表 4.11 稳健性检验 3：采用新的主要自变量

变量	全样本		熟人间流转样本	
	农地流转动机 估计 1	农地租金 估计 2	农地流转动机 估计 3	农地租金 估计 4
非农劳动力占比	−1.837***（0.650）	−3.730***（1.912）	−2.220***（0.585）	−5.410**（2.455）
家庭规模	0.089***（0.026）	0.178**（0.074）	0.113***（0.024）	0.259***（0.099）
儿童占比	−0.264（0.576）	−0.658（1.156）	−0.371（0.565）	−1.049（1.341）

续表

变量	全样本		熟人间流转样本	
	农地流转动机 估计1	农地租金 估计2	农地流转动机 估计3	农地租金 估计4
老年人占比	0.943** (0.416)	1.416* (0.821)	1.100*** (0.404)	2.185** (1.013)
从事商业经营	0.264** (0.122)	0.533* (0.284)	0.290** (0.122)	0.674** (0.339)
拥有小汽车	0.269** (0.117)	0.652*** (0.200)	0.166 (0.117)	0.534** (0.242)
活期存款	0.004 (0.008)	0.009 (0.016)	0.003 (0.008)	0.010 (0.019)
定期存款	−0.010 (0.011)	−0.022 (0.022)	−0.009 (0.011)	−0.020 (0.026)
农业机械价值	0.044*** (0.010)	0.089*** (0.017)	0.040*** (0.010)	0.092*** (0.020)
承包地面积	0.005 (0.003)	0.001*** (0.000)	0.005* (0.003)	0.001*** (0.000)
承包地块数	−0.005 (0.014)	−0.006 (0.028)	−0.001 (0.014)	−0.008 (0.033)
农地承包合同	0.134 (0.087)	0.284* (0.161)	0.126 (0.095)	0.290 (0.194)
农地承包证书	−0.117 (0.077)	−0.239 (0.154)	−0.111 (0.079)	−0.275 (0.177)
征地状况	−0.112 (0.099)	−0.218 (0.194)	−0.020 (0.111)	−0.023 (0.249)
村庄交通状况（以"比较差"为参照组）					
非常好	−0.181 (0.196)	−0.370 (0.375)	−0.199 (0.207)	−0.479 (0.468)
比较好	−0.148 (0.144)	−0.307 (0.257)	−0.113 (0.146)	−0.283 (0.295)
一般	−0.335** (0.139)	−0.672*** (0.250)	−0.319** (0.140)	−0.775*** (0.295)
省级虚拟变量	已控制	已控制	已控制	已控制
常数项	0.051 (0.345)	2.729*** (0.658)	−0.220 (0.323)	2.098*** (0.778)
观测值	1470	1470	1316	1316
伪似然对数值	−1095.144		−972.941	
Wald χ^2	554.58***		644.07***	
Centered R^2		0.154		0.017
杜宾-吴-豪斯曼检验	5.623**	5.099**	7.283***	8.256***
弱工具变量检验	15.332	15.332	11.315	11.315
识别不足检验	15.172***	15.172***	11.273***	11.273***

***、**和*分别表示在1%、5%和10%水平上显著。

注：括号内的数值为稳健标准误。

第五节 本章小结

发展农地流转市场被广泛认为是优化农地配置的重要方式。然而，农地流转市场优化资源配置，必须以竞争为前提，以价格机制的有效运行为保障。已有研究指出，我国农地流转市场中存在大量的非正式特征和人情交易，这无疑表明，市场机制的运行并不完全。但近期研究显示，我国农地流转的市场化程度正在不断提高，尤其是熟人网络内部的交易。探究其成因，对于理解该趋势发生的深层逻辑具有重要意义。

本章利用 2015 年 CHFS 数据，分析了农村劳动力非农转移对农地流转市场化的影响。结果显示，在农业中投入更多劳动时间的农户更可能转入农地，并从事"非粮化"生产。进一步证据表明，专业化从事农业生产的转入户更可能出于营利性动机转入农地，并支付更高的农地租金。利用转出户样本的估计同样表明，职业分化和农村劳动力非农转移是农地流转市场化程度提高的重要决定因素。

2006～2016 年《中国农村经营管理统计年报》数据显示，近年来我国农地流转率的增幅正迅速下降。然而，随着农村劳动力的大规模非农转移，农地流转的市场化程度正不断提高，且价格在农地配置中的决定性作用日益凸显。尤其对于熟人间流转，其也呈现出快速市场化的趋势。这意味着，农地流转市场正在发生深刻转型。即使农地流转率的增幅出现下降，但农地流转的市场化程度提高意味着市场将主导农地要素的配置，并可能深化农地流转的作用发挥。

然而，农村劳动力的大规模非农转移需要引起重视。随着农村社会经济的开放和农村劳动力进城务工，农业中的劳动力数量将大幅下降，由此引发的农地抛荒、粮食安全问题等均应引起重视。此外，多数农村的年轻人基本习惯了城市生活，这使得他们返回农村从事农业生产的可能性下降，并将深化农村居民的职业分化，从而引发农村社区关系的深刻转变。过去农村传统的伦理关系习俗，对于维持社会稳定和约束人们的行为具有重要意义。现在社区关系从人情关系向经济关系的转变，无疑将瓦解社会传统，从而引发新的不稳定因素，需审慎对待。

第五章　农地流转市场转型的公共干预逻辑

引言：近年来，地方政府或村集体的公共干预已成为发展农地流转市场的重要手段。然而，公共干预将如何影响农地流转的市场化以及熟人间交易的转型并不清楚。本章利用2017年和2019年中国家庭调查数据对上述问题进行了分析。结果显示，公共干预提高了农地租金和书面合同签订率，并使得流转期限更加明确。进一步分析发现，即使是熟人间流转，公共干预仍会提高其市场化程度。同时，公共干预还会通过示范效应来提高未受公共干预的熟人间流转的市场化程度。本章分析表明，尽管公共干预农地流转一度因违背村民意愿而备受批评，但公共干预在引入市场因素、降低信息不对称以及诱发熟人网络内自发市场化流转中的作用不容忽视。

第一节　研究背景

发展农地流转市场被普遍认为是降低农地细碎化（Tan et al.，2006；Wang et al.，2007；Zhang et al.，2011）、增加土地的规模经济（Paul et al.，2004；Hornbeck and Naidu；2014）、改善农业经营绩效（Deininger and Jin，2003，2005；Wang et al.，2015）和优化农地要素配置的重要手段之一（Carter and Yao，2002；Deininger and Jin，2009；Feng et al.，2010）。显然，农地流转的上述作用均以运行良好的市场为前提，即以市场机制而非人情关系主导农地配置（Qiu et al.，2020e）。然而，大量研究显示，我国农地流转市场中普遍存在人格化交易（Rozelle et al.，2008；Feng et al.，2010；Ma et al.，2015，2017；Wang et al.，2015）。这或许表明，农地流转市场存在严重的价格扭曲，这在熟人网络中尤为突出（Ma，2013）。

然而，本书第一章的分析已表明，在考虑内生性的前提下，熟人间与非熟人间的流转不存在显著性差异。进一步地，有50.9%的转出户和52.5%

本章内容部分发表在 *Development Policy Review*。

的转入户是出于营利性动机与熟人进行的流转交易。其中，出于营利性动机与熟人交易的转入户平均支付了 320.165 元/（亩·a）的农地租金，与非熟人交易的转入户则平均支付了 370.37 元/（亩·a）的农地租金，这与 Wang 等（2015）和 Ma 等（2015）的发现存在显著差异。即使在非正式交易更为普遍的欠发达地区，也有证据显示亲友间流转的农地租金与其他主体间流转的农地租金不存在明显差异（Qiu et al.，2020d）。

显然，探讨农地流转市场化的决定性因素，尤其是挖掘熟人网络中流转交易转型的逻辑，对于活跃农村要素市场、识别人格化交易向非人格化交易转变的内在机制具有重要作用。现有研究主要从非熟人间市场化流转的示范效应（Qiu et al.，2020b）、市场的参照系作用（Qiu et al.，2020c）两方面剖析了人格化交易向非人格化交易的转型逻辑。此外，Tang 等（2019）还分析了公共干预农地流转市场中的价格偏离现象。尽管市场型流转对熟人间流转具有示范效应，但在假定熟人网络难以内生出市场型交易的前提下，村庄为何会出现市场型流转交易是不清楚的。因此，探讨外生冲击对封闭市场内生出非人格化交易的影响是必要的。

实际上，为进一步提高农地流转的市场化程度，2008 年和 2009 年的中央一号文件强调要推动农地流转。此后，发展农地流转市场就成为地方政府的重要考核指标。2009 年，53.3%的省（自治区、直辖市）在其政府年度工作报告中将推动农地流转作为当年工作的重要内容。到 2016 年，仍有 40%的省（自治区、直辖市）将支持农地流转作为他们的政策目标。正如 Tang 等（2019）所指出的，推动农地流转的重要举措包括来自地方政府或村集体的公共干预。他们不仅可以为村民提供农地流转信息和建立农地流转平台等服务，还可以参与流转合约的拟订和监督实施。由此可见，公共干预能够降低市场供需的信息不对称，还为封闭的市场引入了更多的市场因素或非人格化交易。

尽管公共干预能够激发市场型流转，但其一直被视为损害农民权益的做法。然而，公共干预与市场逻辑间的界限其实并不明确，这是因为公共干预也可能诱发市场机制的自我运行（Qiu et al.，2020c）。尤其考虑熟人网络内部频繁的社会互动（Becker，1974），公共干预可能通过主体间的互动机制，更为有效地推动农地流转的市场化。即使认为公共干预并非基于自愿原则，但其引致的市场型交易将作为市场中的参照系（Hart and Moore，2007，2008；Hart，2008），通过影响交易双方的损失感，进一步诱发农地流转市场的转型。已有研究认为我国农地流转市场中存在大量的非正式交易（Feng et al.，2010；Ma，2013；Ma et al.，2015），但外部机会的出现必然引致关系型治理作用的下降,并强化市场在资源配置中的作用(Li,2003;Dixit,2004)。

实际上,外村转入户和外部交易的出现已经被视为熟人网络内部流转交易市场化的重要诱因(Qiu et al.,2020b),但是尚无研究探讨公共干预对农地流转市场化的影响。而且农地流转中的公共干预在我国农村是极为普遍的,探讨其作用对于进一步完善农村要素市场改革具有重要价值。本章的主要工作包括:第一,实证检验公共干预对农地流转市场化的影响;第二,分析公共干预对熟人网络内部农地流转市场化的影响;第三,探讨公共干预诱致的市场型流转是否对熟人间流转的市场化存在示范效应。

第二节　农地流转中的公共干预状况

在《中华人民共和国农村土地承包法》(2002年)颁布实施之前,我国的农地流转是被禁止的,或者只允许发生在村庄内部的村民之间,且须经村集体同意。1984年的中央一号文件指出,鼓励土地逐步向种田能手集中。然而,1986年的《中华人民共和国民法通则》则禁止了农地流转或交易。直到1988年修订的《土地管理法》颁布,村集体才被赋权进行农地流转。到1995年,农户被允许通过转包、转让和互换的方式流转农地,但必须得到村集体同意。2002年颁布的《中华人民共和国农村土地承包法》则允许农户无须经过村集体同意就可以进行农地流转。尽管有些研究发现,在某些村庄,农户进行农地流转仍然需要得到村集体同意(邵亮亮等,2014),但是这种对农地流转权的限制随着土地相关法律的颁布实施已经逐渐减弱。

为了实施土地规模经营和提高农地产出率,我国政府从2004年开始鼓励农地经营权流转(Huang and Ding,2016)。表5.1显示了2008年以来中央一号文件中关于农地流转的说明。2008年和2009年,中央一号文件都强调加强土地流转中介服务。2010年,健全农地流转市场成为文件关注的重点。从2013年开始,建立农地流转交易平台成为发展农地流转市场的重要举措,且很多县乡政府都开始建立各类流转服务平台。考虑部分地方政府在农地流转发展过程中存在违背村民意愿的情况,文件要求必须在自愿的原则上,有序引导农地流转市场健康发展。

表5.1　中央一号文件中关于农地流转的说明

年份	定义
2008	农村土地承包合同管理部门要加强土地流转中介服务,完善土地流转合同、登记、备案等制度
2009	建立健全土地承包经营权流转市场,按照完善管理、加强服务的要求,规范土地承包经营权流转

续表

年份	定义
2010	加强土地承包经营权流转管理和服务,健全流转市场
2013	引导农村土地承包经营权有序流转,鼓励和支持承包土地向专业大户、家庭农场、农民合作社流转
2014	鼓励有条件的农户流转承包土地的经营权,加快健全土地经营权流转市场
2015	引导土地经营权规范有序流转,创新土地流转和规模经营方式
2016	依法推进土地经营权有序流转,鼓励和引导农户自愿互换承包地块实现连片耕种
2017	鼓励地方探索土地流转履约保证保险

显然,建立农地流转服务平台有助于缓解流转过程中的信息不对称,提高农地流转的市场化程度。表 5.2 显示了全国县、乡镇两个层面的农地流转服务中心数量。数据显示,全国县级层面的服务中心从 2014 年的 1324 个降至 2016 年的 1302 个,但中部地区的服务中心却从 489 个增至 530 个。相反,2014~2016 年,乡镇层面的农地流转服务中心增长了 942 个。尤其是中部地区,其乡镇层面的农地流转服务中心从 7190 个增至 7501 个。此外,西部地区的乡镇农地流转服务中心数量在三个地区中最低。

表 5.2　全国农地流转服务中心数量

层次	区域	2014 年	2015 年	2016 年
县	全国层面	1 324	1 231	1 302
	东部地区	421	342	363
	中部地区	489	491	530
	西部地区	414	398	409
乡镇	全国层面	17 268	17 826	18 210
	东部地区	5 914	5 811	5 963
	中部地区	7 190	7 593	7 501
	西部地区	4 164	4 422	4 746

资料来源:2014~2016 年《中国农村经营管理统计年报》。

在我国,公共干预曾一度被地方政府采用,以加速农地流转市场的发展。其原因在于,公共干预不仅可以减少信息不对称和引入更多的经济组织,还可以降低违约风险。Tang 等(2019)在 2014 年江苏省的分析中发现,分别有 23.64%的转入户和 86.02%的转出户是通过当地政府或村委会流转农地的。来自 2015 年 CHFS 的 29 个省(自治区、直辖市)数据显示,有 65.52%的农地流转是由村委会组织的，12.18%则是由当地政府组织的。利用贵州大学中国喀斯特地区农村经济调查数据的分析发现，有 7.89%的受访农户认为村庄的农地流转是由公共干预形成的。上述证据表明，无论是在发达地区还是在欠发达地区，公共干预都是政府推动农地流转的重要手段之一。

第三节 数据、变量与估计策略

一、数据来源

本章数据来源于 2017 年和 2019 年浙江大学发布的中国家庭大数据库（Chinese Family Database），调查区域分布在全国 29 个省（自治区、直辖市）（不含香港、澳门、台湾、新疆和西藏）。该调查的抽样过程分为三个阶段：第一，将全国的县按照人均 GDP 划分为 10 个等级，然后从各个等级的县中随机抽取样本县；第二，从每个样本县随机抽取社区或村庄；第三，从每个社区或村庄随机抽取样本户。具体而言，2017 年的样本包括分布在 1417 个社区或村庄的 40011 户家庭，其中，农村样本包括分布在 527 个村庄的 11 805 户家庭；2019 年的样本包括分布在 1303 个社区或村庄的 20 815 户家庭，其中，农村样本包括分布在 776 个村庄的 11 306 户家庭。考虑本章关注的是公共干预对农地流转的影响，故转出户样本被用来进行实证估计。最终使用的样本量为 2017 年的 1985 户转出户和 2019 年的 2029 户转出户，其中相同的样本为 1518 户。

二、变量选择

本章因变量为农地流转的市场化，利用农地租金、流转合同形式和流转合同期限共同刻画。首先，市场作用的发挥是通过价格实现的（Luenberger，1995；Kreps，2013）。由于以往发生在熟人间的农地流转往往伴随着零租金或低租金（Wang et al.，2015；Ma et al.，2016），那么农地租金在一定程度上可以反映流转的市场化程度（Qiu et al.，2020c）。其次，众多研究发现，熟人间流转往往伴随着口头合约的普遍使用（Rozelle et al.，2008；Jin and Deininger，2009；Prosterman et al.，2009；Ma et al.，2015），这是因为口头合约使得转出户能随时收回农地。显然，口头合约的使用和不确定的租赁期限都表现出农地流转的非市场化特征。

本章主要自变量为公共干预。在 Tang 等（2019）的研究中，农地流转中的公共干预被定义为土地用途管制、村集体同意和集体组织。本章关注的重点是地方政府或村集体介入能否提高农地流转的市场化程度。当农地流转是由地方政府或村集体组织实施的时候，公共干预变量赋值为 1；否则，赋值为 0。

此外，模型估计中还控制了可能同时影响公共干预和农地流转市场化的家庭特征和村庄特征变量。其中，家庭特征包括家庭规模（Deininger et al.，2012）、家庭劳动力占比、家庭非农劳动力占比（Feng et al.，2010）、家庭初中入学率、家庭党员占比、家庭总收入（Tang et al.，2019）、家庭总消费、耕牛（Holden and Ghebru，2005）、农业机械价值（Xie and Lu，2017；Sheng et al.，2019）、承包地规模（Ma et al.，2013）。村庄农地流转市场的发展也会同时影响农户的流转行为和公共干预。显然，如果农地流转市场发展良好，公共干预的必要性就相对较低。因此，模型中引入了村庄农地流转率、村庄流转农地规模、村庄专业大户、村庄家庭农场、村庄合作社、村庄农业企业等变量。此外，农地产权也是决定农地流转的重要因素（Jacoby et al.，2002；Ma，2013；Hong et al.，2020）。为此，村庄农地确权变量也被引入模型。最后，模型估计中还控制了年份虚拟变量和省级虚拟变量。具体变量定义与描述参见表 5.3。

表 5.3 变量定义与描述

变量	定义	均值	标准差
农地租金	转出户获得的农地租金/[元/（亩·a）]（对数）	3.882	2.995
流转合同形式	1 = 书面合同，0 = 非书面合同	0.355	0.479
流转合同期限	1 = 合同期限固定，0 = 无固定期限	0.354	0.478
公共干预	1 = 流转由地方政府或村集体组织，0 = 其他	0.122	0.327
家庭规模	家庭成员数量	3.107	1.379
家庭劳动力占比	家庭劳动力占总人口规模的比重	0.582	0.383
家庭非农劳动力占比	家庭非农劳动力占总劳动力的比重	0.296	0.368
家庭初中入学率	家庭学历初中及以上人口占比	0.413	0.350
家庭党员占比	家庭成员中党员的占比	0.062	0.172
家庭总收入	家庭总收入/元（对数）	10.035	1.734
家庭总消费	家庭总消费/元（对数）	10.318	0.932
耕牛	1 = 家庭有耕牛，0 = 没有	0.035	0.183
农业机械价值	家庭农机价值/元（对数）	0.618	2.108
承包地规模	家庭承包地规模/亩	6.441	9.901

续表

变量	定义	均值	标准差
村庄人均收入	村庄人均收入/元（对数）	8.897	1.293
村庄农地确权	1＝村庄已实施农地确权，0＝其他	0.837	0.370
村庄农地流转率	村庄流转农地占总耕地的比重	0.345	0.318
村庄流转农地规模	村庄流转农地总规模/亩（对数）	5.440	2.678
村庄专业大户	1＝村庄存在专业大户，0＝其他	0.430	0.495
村庄家庭农场	1＝村庄存在家庭农场，0＝其他	0.285	0.452
村庄合作社	1＝村庄存在合作社，0＝其他	0.499	0.500
村庄农业企业	1＝村庄存在农业企业，0＝其他	0.112	0.315
年份虚拟变量	2017年的虚拟变量	0.500	0.500
省级虚拟变量	28个省（自治区、直辖市）的虚拟变量	—	—

三、估计策略

本章的主要目的是考察公共干预对农地流转市场化的影响。为此，首先检验公共干预变量对农地流转市场化的整体影响，并识别如下方程：

$$Y_i = \beta_0 + \beta_1 C_i + X_i \beta_2 + \varepsilon_i \quad (5.1)$$

$$Y_{it} = \beta_0 + \beta_1 C_{it} + X_{it} \beta_2 + u_i + \varepsilon_{it} \quad (5.2)$$

式（5.1）采用混合截面数据进行估计，式（5.2）采用面板数据进行估计。式中，Y_i 和 Y_{it} 为农地流转的市场化程度，同时利用农地租金、流转合同形式和流转合同期限进行刻画；C_i 和 C_{it} 为公共干预；X_i 和 X_{it} 为由家庭特征和村庄特征变量构成的向量；β_0 为常数项；β_1 和 β_2 为待估计系数；ε_i 为误差项，并符合正态分布；u_i 为个体异质性的截距项；ε_{it} 为随个体和时间而变化的扰动项，且与 u_i 不相关。

其次，考虑熟人间流转是非市场型流转的重要组成部分，本章还将考察公共干预是否对熟人间流转的市场化产生影响。为此，识别如下两个方程：

$$Y_{1i} = \alpha_0 + \alpha_1 C_i + X_i \alpha_2 + \varepsilon_{1i} \quad (5.3)$$

$$Y_{1it} = \alpha_0 + \alpha_1 C_{it} + X_{it} \alpha_2 + u_i + \varepsilon_{1it} \quad (5.4)$$

式（5.3）和式（5.4）采用与熟人交易的转出户样本进行估计。式中，Y_{1i} 和 Y_{1it} 为农地流转的市场化程度；α_0 为常数项；α_1 和 α_2 为待估计系数。其余变量定义与式（5.1）和式（5.2）中的一致。

最后，本章还检验了公共干预的示范效应，并识别如下方程：

$$Y_{2i} = \gamma_0 + \gamma_1 CV_i + \boldsymbol{X}_{2i}\gamma_2 + \varepsilon_{2i} \tag{5.5}$$

$$Y_{2it} = \gamma_0 + \gamma_1 CV_{it} + \boldsymbol{X}_{2it}\gamma_2 + \mu_{2i} + \varepsilon_{2it} \tag{5.6}$$

式（5.5）和式（5.6）利用没有经历农地流转公共干预的转出户样本进行估计。式中，CV_i 和 CV_{it} 为村庄层面是否存在农地流转的公共干预；Y_{2i} 和 Y_{2it} 为农地流转的市场化程度；γ_0 为常数项；γ_1 和 γ_2 为待估计系数。其余变量或系数的定义与式（5.1）和式（5.2）中的一致。

然而，式（5.1）～式（5.6）的估计可能面临内生性问题。首先，反向因果问题并不会干扰本章估计。其原因在于，公共干预属于政策变量，外生于农户行为。这意味着，农地流转中的公共干预是由行政命令决定的，不会受到农户流转行为的影响。其次，自选择问题（即遗漏变量）可能是本章估计面临的主要挑战。例如，区域经济、农地流转市场发展状况和其他的社会经济因素可能同时影响公共干预的实施和农地流转的市场化。为此，模型估计控制了村庄特征变量。而且，利用面板数据的估计也能够缓解遗漏变量问题。因此，内生性问题并非本章估计面临的主要问题。此外，当农地租金作为因变量时，采用普通最小二乘法（ols）和固定效应模型进行估计；当因变量为流转合同形式和流转合同期限时，使用 probit 模型进行估计。

第四节 估计结果分析

一、公共干预对农地流转市场化的影响

表 5.4 显示了式（5.1）和式（5.2）的模型估计结果。估计 1 和估计 2 的结果显示，公共干预在 1% 显著水平上正向影响农地租金。而且利用混合数据和面板数据的估计结果类似，这表明遗漏变量并未严重影响模型估计结果。该发现意味着，受公共干预的农地流转伴随着更高的农地租金，即农地的交易价值被提升了。正如前文所述，公共干预具有降低信息不对称和匹配市场供需的作用，由此诱发市场价格在要素配置中起决定性作用。显然，以市场配置要素依靠的是价格，依赖人情关系交易农地则以信任关系或社会资本作为媒介，前者更有利于农地经济价值的实现。而且借助公共干预，价格在熟人流转中的作用也可能逐渐增强，这也是农地流转能够将农地配置给更高效率主体的原因（Deininger and Jin，2009；Wang et al.，2015）。

表 5.4　公共干预对农地流转市场化的影响

变量	估计 1 ols	估计 2 xtreg	估计 3 probit	估计 4 xtprobit	估计 5 probit	估计 6 xtprobit
	农地租金	农地租金	流转合同形式	流转合同形式	流转合同期限	流转合同期限
公共干预	0.882*** (0.126)	0.729*** (0.187)	0.774*** (0.070)	1.380*** (0.213)	0.617*** (0.068)	0.867*** (0.153)
家庭规模	0.061* (0.032)	0.108** (0.053)	0.047*** (0.017)	0.112** (0.049)	0.052*** (0.016)	0.088** (0.038)
家庭劳动力占比	0.274** (0.131)	0.363* (0.224)	0.158** (0.070)	0.453** (0.198)	0.228*** (0.068)	0.370** (0.152)
家庭非农劳动力占比	−0.205 (0.138)	−0.319 (0.227)	−0.188*** (0.072)	−0.760*** (0.212)	−0.082 (0.070)	−0.277* (0.153)
家庭初中入学率	0.074 (0.167)	0.146 (0.247)	0.054 (0.077)	0.141 (0.227)	0.094 (0.075)	0.078 (0.174)
家庭党员占比	0.164 (0.259)	0.148 (0.403)	0.104 (0.140)	−0.294 (0.374)	0.043 (0.132)	−0.293 (0.290)
家庭总收入	0.113*** (0.031)	0.110** (0.045)	0.022 (0.016)	0.073* (0.043)	0.004 (0.016)	−0.001 (0.034)
家庭总消费	−0.047 (0.057)	−0.026 (0.095)	0.014 (0.030)	0.002 (0.084)	−0.052* (0.030)	0.004 (0.071)
耕牛	0.233 (0.253)	0.490 (0.437)	0.090 (0.129)	0.197 (0.347)	0.248** (0.124)	0.396 (0.273)
农业机械价值	0.059*** (0.021)	0.070** (0.035)	0.048*** (0.015)	0.078** (0.032)	0.066*** (0.011)	0.065** (0.026)
承包地规模	−0.002 (0.005)	−0.007 (0.009)	0.004 (0.003)	0.009 (0.008)	0.007** (0.003)	0.018*** (0.007)
村庄人均收入	0.147*** (0.032)	0.133** (0.055)	0.059*** (0.019)	0.082 (0.057)	0.017 (0.018)	0.017 (0.044)
村庄农地确权	−0.041 (0.124)	−0.134 (0.197)	−0.079 (0.063)	−0.051 (0.185)	−0.174*** (0.063)	−0.270* (0.148)
村庄农地流转率	0.959*** (0.154)	0.557** (0.256)	0.392*** (0.082)	0.518** (0.220)	0.241*** (0.079)	0.137 (0.172)
村庄流转农地规模	0.200*** (0.020)	0.243*** (0.033)	0.107*** (0.011)	0.150*** (0.032)	0.088*** (0.010)	0.113*** (0.026)
村庄专业大户	0.062 (0.095)	−0.017 (0.146)	−0.021 (0.048)	0.173 (0.126)	−0.062 (0.047)	−0.034 (0.100)
村庄家庭农场	−0.033 (0.106)	−0.331** (0.164)	−0.103* (0.056)	−0.179 (0.159)	−0.050 (0.055)	−0.142 (0.121)
村庄合作社	0.442*** (0.093)	0.404*** (0.147)	0.158*** (0.048)	0.316** (0.135)	0.035 (0.047)	0.029 (0.105)
村庄农业企业	0.320** (0.150)	0.060 (0.267)	0.421*** (0.074)	0.338* (0.218)	0.265*** (0.073)	0.445** (0.179)
年份虚拟变量	−0.443*** (0.098)	−0.710*** (0.137)	−0.152*** (0.051)	−0.235* (0.125)	−0.182*** (0.050)	−0.295*** (0.103)

续表

变量	农地租金		流转合同形式		流转合同期限	
	估计1 ols	估计2 xtreg	估计3 probit	估计4 xtprobit	估计5 probit	估计6 xtprobit
省级虚拟变量	已控制	已控制	已控制	已控制	已控制	已控制
常数项	0.057 (0.725)	0.176 (1.197)	−2.604*** (0.383)	−4.534*** (1.119)	−1.037*** (0.372)	−2.160** (0.901)
观测值	3968	1501	3953	1494	3968	1501
R^2	0.224	—	—	—	—	—
均方根误差	2.654	—	—	—	—	—
伪似然对数值	—	—	−2147.34	−764.93	−2271.78	−842.57
Wald 检验	—	723.58***	686.97***	96.42***	521.30***	115.33***

***、**和*分别表示在1%、5%和10%水平上显著。
注：括号内的数值为稳健标准误；ols、xtreg、probit和xtprobit为Stata16中的命令。

众所周知，在封闭的市场中，社会关系网络具有主导性，由此造成价格机制无法有效配置生产要素。然而，不以市场机制作为农地配置准则的人格化交易普遍存在于我国农地流转市场之中（Deininger and Jin，2005；Rozelle et al.，2008；Ma et al.，2015，2017）。例如，Wang 等（2015）调查发现，有58.95%的转出户是免费流转的农地，且85.48%的流转交易发生在村庄内部。Luo（2018）就指出，农地并不仅仅是经济资产，还是关系型资产。通过农地的流转交易，农民能够积累社会信任和声誉，这对于他们抵御社会风险或自然风险具有重要意义。在此过程中，熟人网络自然就主导了农地流转。随着公共干预的出现，更多的市场因素被引入封闭的农地市场中，并诱致封闭市场的开放。一方面，与非熟人进行交易，流转价格决定了农地的配置方式。另一方面，市场上其他的交易价格也会诱导熟人间流转市场化程度的提高（Qiu et al.，2020c）。总体而言，公共干预提高了价格在农地流转中的作用。

估计3到估计6的结果显示，公共干预均在1%显著水平上正向影响流转合同形式和流转合同期限。该发现意味着，随着农地流转中公共干预的出现，交易双方将更可能签订书面合同。已有研究认为，我国农地流转市场化程度不高的一个标志是非正式合约或口头合约的普遍存在（Feng，2008；Jin and Deininger，2009；Wang et al.，2015），而且口头合约往往不存在明确的流转期限。可能的原因是，熟人关系网络降低了违约风险，不确定的合约期限给予了转出户随时收回农地的便利性。然而，对于市场交易来说，明晰的合约结构和确定的流转期限是保证交易稳定性的关键。由于未来存在不确定性，市场中的交易双方倾向于签订正式合同以规避潜在风险。显然，随着公共干预的出现，转入户将以利润最大化作为流转的目的，这会激发他们对书面合同的偏好，也会通过示范效应对熟人间流转产生影响。

在其他变量的影响方面，家庭规模和家庭劳动力占比与农地流转市场化程度呈正相关关系。其原因在于，家庭规模和家庭劳动力占比的提高会激励农户在非农行业配置劳动力，这会诱发他们对市场型农地流转的需求。同时，家庭总收入与农地租金也呈现正相关关系。可能的原因是，当农户对农业生产的依赖性下降后，他们更可能将农业生产要素以市场化的方式进行配置。此外，农业机械价值也与农地流转市场化程度呈正相关。这是因为，农业机械属于专用型资产，这会提高农地交易价值并激励农户进行市场化流转。估计结果还显示，村庄农地流转率和村庄流转农地规模与农地流转市场化程度呈正相关。其原因是，随着村庄农地流转市场的发育，内生出市场型交易的概率就会增加。同时，当村庄存在合作社或农业企业时，转出户更可能通过市场交易的方式转出农地，即村庄农业经济组织的发展有助于优化农地的配置效率和经济效率。此外，其他控制变量未呈现显著影响。

二、公共干预对熟人间农地流转市场化的影响

表5.5显示了式（5.3）和式（5.4）的模型估计结果。正如上文所言，公共干预能够降低信息不对称并引入外部经济主体或转入户，从而强化价格在流转市场中的作用。然而，对于熟人间流转，流转信息一般是相对透明的。在这种情况下，公共干预的作用在于打开封闭的流转市场，并激励市场参与主体追求利润。实际上，公共干预旨在建立一个流转交易平台，强化市场在农地配置中的决定性作用。显然，借助公共干预政策的便利性实施的流转交易，即使发生在熟人之间，其呈现的市场化程度也会更高。

表5.5　公共干预对熟人间农地流转市场化的影响

变量	农地租金		流转合同形式		流转合同期限	
	估计1 ols	估计2 xtreg	估计3 probit	估计4 xtprobit	估计5 probit	估计6 xtprobit
公共干预	0.646*** (0.229)	0.355 (0.355)	0.549*** (0.126)	2.366** (0.956)	0.439*** (0.120)	0.706*** (0.260)
其余控制变量	已控制	已控制	已控制	已控制	已控制	已控制

续表

变量	农地租金 估计1 ols	农地租金 估计2 xtreg	流转合同形式 估计3 probit	流转合同形式 估计4 xtprobit	流转合同期限 估计5 probit	流转合同期限 估计6 xtprobit
常数项	0.726 (0.917)	1.450 (1.595)	−1.933*** (0.561)	−3.044 (2.289)	−0.947* (0.530)	−1.117 (1.068)
观测值	2317	868	2305	839	2309	854
R^2	0.285	—	—	—	—	—
均方根误差	2.539	—	—	—	—	—
伪似然对数值	—	—	−878.980	−313.90	−1023.65	−395.546
Wald 检验	—	785.45***	292.76***	13.63	243.40***	47.16

***、**和*分别表示在1%、5%和10%水平上显著。

注：括号内的数值为稳健标准误；ols、xtreg、probit 和 xtprobit 为 Stata16 中的命令。

表 5.5 的估计结果显示，在使用固定效应模型时（估计 2），公共干预对农地租金未呈现显著影响，但在估计 1 中，公共干预仍在 1%显著水平上正向影响农地租金。进一步证据表明，即使农地流转发生在熟人之间，公共干预依然能够提高交易中的书面合同签订率，并使得流转合同期限更为明确（估计 3 到估计 6）。当农地流转的属性由人格化转向非人格化时，交易的动机就变为了营利性动机。此时，以关系逻辑决定要素配置将面临预期的不稳定。一方面，价格是市场功能发挥的媒介，市场交易以关系逻辑指导必然造成资源配置不当。另一方面，流转合同是规范交易的文本，具有明晰权责、界定权利边界的作用，对于市场型交易尤为重要。因此，当农地流转由地方政府或村集体组织实施时，外部获利机会就出现了，关系型交易将被弱化，并导致市场机制在利益导向型交易中发挥主导作用（Dixit，2004）。

三、公共干预对其他流转交易的示范效应

表 5.6 显示了式（5.5）和式（5.6）的模型估计结果。尽管村庄中存在的很多流转交易并非由地方政府或村集体组织，但公共干预诱发的市场型流转依然会通过社会互动或示范效应对其他流转交易产生影响（Qiu et al.，2020b）。为此，表 5.6 引入了村庄公共干预变量。当村庄存在公共干预时，该变量赋值为 1；否则，赋值为 0。此时，估计中使用的样本为那些未经公共干预的转出户样本。

表 5.6　公共干预对其他流转交易的示范效应

变量	农地租金 估计 1 ols	农地租金 估计 2 xtreg	流转合同形式 估计 3 probit	流转合同形式 估计 4 xtprobit	流转合同期限 估计 5 probit	流转合同期限 估计 6 xtprobit
村庄公共干预	0.579*** (0.107)	0.536*** (0.170)	0.219*** (0.054)	0.213 (0.154)	0.177*** (0.054)	0.330*** (0.127)
其余控制变量	已控制	已控制	已控制	已控制	已控制	已控制
常数项	0.162 (0.760)	0.525 (1.266)	−2.542*** (0.406)	−4.238*** (1.240)	−0.855** (0.392)	−1.517 (0.937)
观测值	3484	1296	3469	1289	3484	1296
R^2	0.220					
均方根误差	2.672					
伪似然对数值			−1856.99	−655.24	−1951.35	−717.33
Wald 检验		688.43***	496.73***	70.51**	408.03***	80.62***

***、**分别表示在 1%、5%水平上显著。
注：括号内的数值为稳健标准误；ols、xtreg、probit 和 xtprobit 为 Stata16 中的命令。

估计 1 和估计 2 的结果显示，村庄公共干预在 1%显著水平上正向影响农地租金。该发现意味着，即便是未经公共干预的农地流转，它们也会受到村庄中其他受公共干预的农地流转的影响，呈现出市场化程度提高的趋势，这与 Qiu 等（2020c）的发现一致。其原因在于，公共干预可以引入更多的市场因素，并提高非熟人间流转的租金水平。在此过程中，其呈现的高租金为村庄流转市场设立了参照系。正如 Hart 和 Moore（2007，2008）、Hart（2008）所指出的，偏离参照系会诱发交易对象的损失感，从而造成合约实施过程中的道德风险。因此，即便流转交易发生在熟人之间，其农地租金也会对标市场中已存在的价格。

此外，村庄公共干预还对流转合同形式和流转合同期限存在显著正向影响。显然，随着农地流转的市场化，人格化交易将向非人格化交易转型。此时，降低交易的不确定性并提高合约的稳定性是保证预期收益稳定的前提。通过签订书面合同的方式，明晰交易双方的权责，是规避事后纠纷和"敲竹杠"的重要手段。此外，明确合同期限也是保证农地经营稳定和相关投资不受侵害的必要途径。综上所述，公共干预的效应是可传递的和可渗透的，会对农地流转的市场化产生深远影响。

四、稳健性检验 1：使用新的因变量

本部分以流转农地利用方式来替代农地流转市场化变量，以考察表 5.4~

表 5.6 的估计结果是否仍然成立。显然，随着农地流转市场化程度的提高，流转农地更可能被用于"非粮化"种植。其原因在于，市场化流转伴随的租金水平更高，由此降低了从粮食生产中获得的利润。当转入户出于营利性动机转入农地时，他们就会种植经济附加值更高的农作物品种。2005 年和 2017 年《全国农产品成本收益资料汇编》数据显示，粮食生产的亩均利润已从 2004 年的 196.5 元/亩降至 2016 年的 116.2 元/亩。这表明，以营利为目的的农业经营更可能导致非粮化生产。表 5.7 中的因变量为流转农地利用方式，当流转农地被用于种植经济作物时，赋值为 1；当流转农地被用于种植粮食作物时，赋值为 0。

估计 1 和估计 2 显示了公共干预对流转农地利用方式的影响，结果显示，公共干预在 1% 显著水平上正向影响流转农地利用方式。换言之，由地方政府或村集体组织实施的农地流转更可能造成"非粮化"生产。实际上，农地流转的市场化意味着，经营利润最大化将决定流转农地利用方式。进一步地，估计 3 和估计 4 分析了公共干预对熟人间流转农地利用方式的影响。结果显示，即使流转发生于熟人之间，公共干预依然造成流转农地的"非粮化"种植。估计 5 和估计 6 则验证了公共干预的示范效应。结果显示，当村庄存在公共干预的农地流转时，那些未经公共干预的流转交易也可能伴随着流转农地的"非粮化"种植，即村庄层面的公共干预具有影响农地流转市场化和流转农地"非粮化"种植的示范效应。综上所述，表 5.7 的估计结果与表 5.4～表 5.6 的估计具有逻辑一致性，即本章估计结果具有稳健性。

表 5.7 稳健性检验 1：使用新的因变量

变量	表 5.4 的稳健性检验		表 5.5 的稳健性检验		表 5.6 的稳健性检验	
	估计 1 ols	估计 2 xtreg	估计 3 probit	估计 4 xtprobit	估计 5 probit	估计 6 xtprobit
公共干预	0.369*** (0.068)	0.815*** (0.207)	0.140 (0.125)	0.660* (0.400)	—	—
村庄公共干预	—	—	—	—	0.230*** (0.054)	0.442*** (0.162)
其余控制变量	已控制	已控制	已控制	已控制	已控制	已控制
常数项	−2.741*** (0.401)	−4.219*** (1.225)	−2.695*** (0.625)	−4.121** (1.856)	−2.890*** (0.431)	−4.204*** (1.299)
观测值	3873	1436	2246	820	3399	1238
伪似然对数值	−2232.17	−757.22	−1105.95	−380.65	−1938.47	−656.85
Wald 检验	563.73***	84.78***	236.51***	33.87	448.02***	68.94**

***、**和*分别表示在 1%、5%和 10%水平上显著。

注：括号内的数值为稳健标准误；ols、xtreg、probit 和 xtprobit 为 Stata16 中的命令。

五、稳健性检验 2：公共干预对农户退出农业生产的影响

农地流转的市场化转型意味着，农村地区的职业分工开始形成。那些具有非农就业能力的农民将离开农村，进入非农行业生产。而那些具有较高农业生产能力的农民，则会转入农地从事农业专业化生产。因此，随着公共干预诱发的市场型流转增强，农民将持续退出农业生产，这将进一步深化农地流转的市场化转型。表 5.8 显示了公共干预对农户退出农业生产的影响。其中，农户退出农业生产为一个二元变量，当农户不再从事农业生产时，赋值为 1；否则，赋值为 0。

表 5.8 稳健性检验 2：公共干预对农户退出农业生产的影响

变量	全样本 估计 1 probit	全样本 估计 2 xtprobit	转出户样本 估计 3 probit	转出户样本 估计 4 xtprobit
村庄公共干预	0.326*** (0.031)	0.423*** (0.078)	0.131** (0.052)	0.101 (0.123)
其余控制变量	已控制	已控制	已控制	已控制
常数项	−1.661*** (0.226)	−1.551*** (0.533)	−0.582* (0.362)	2.155** (0.904)
观测值	13586	5338	3499	1328
伪似然对数值	−6293.270	−2196.374	−2143.497	−788.971
Wald 检验	1970.24***	432.20***	371.26***	87.70***

***、**和*分别表示在 1%、5%和 10%水平上显著。
注：括号内的数值为稳健标准误；probit 和 xtprobit 为 Stata16 中的命令。

估计 1 和估计 2 利用了全样本进行估计，结果显示，村庄公共干预在 1%显著水平上正向影响农户退出农业生产。这表明，农地流转市场化程度的提高会激励农户离农，这与 Feng 等（2010）的发现一致。考虑经营传统农业的机会成本在增加，小农户更倾向于前往大城市进行非农就业。而且，农地租金水平越高，小农户越可能转出农地，这进一步推动了农村职业分化。估计 3 和估计 4 表明，村庄公共干预会激励转出户转出所有农地。实际上，当前，由于高生产成本和高机会成本，农业生产在某种程度上已经成为我国小农户的负担。公共干预介入农地流转则为小农户的退出提供了契机，使得他们能在非农就业过程中获得较高的农地租金。

六、稳健性检验 3：公共干预对农地流转发生与否的影响

尽管本章关注的是公共干预对农地流转市场化的影响，但它是否会影

响农户转出农地以及如何影响熟人间流转也是值得关注的话题。一定程度上来说，农地流转数量的增长也是市场化程度提高的表现。为此，表 5.9 引入了两个因变量——农户是否转出农地、农户是否将农地流转给熟人。其中，农户转出农地，赋值为 1；否则赋值为 0。农户将农地流转给熟人，赋值为 1；农户将农地流转给非熟人，赋值为 0。

表 5.9 稳健性检验 3：公共干预对农地流转发生与否的影响

变量	农户是否转出农地		农户是否将农地流转给熟人	
	估计 1 probit	估计 2 xtprobit	估计 3 probit	估计 4 xtprobit
村庄公共干预	0.489*** (0.027)	0.624*** (0.065)	−0.455*** (0.049)	−0.505*** (0.109)
其余控制变量	已控制	已控制	已控制	已控制
常数项	−2.028*** (0.196)	−2.859*** (0.469)	2.032*** (0.362)	2.486*** (0.809)
观测值	17374	6804	3905	1481
伪似然对数值	−7932.04	−2867.58	−2300.51	−841.68
Wald 检验	2248.07***	583.53***	610.60***	132.60***

***表示在 1%水平上显著。

注：括号内的数值为稳健标准误；probit 和 xtprobit 为 Stata16 中的命令。

估计 1 和估计 2 显示，村庄公共干预在 1%显著水平上正向影响农户转出农地。这表明，随着地方政府或村集体介入农地流转，更多的农户将转出农地。显然，公共干预通过引入外来流转主体，可以提高对农地的流转需求。随着流转需求的增加，农地租金将进一步提高，由此吸引更多的农户转出农地并进行非农转移。估计 3 和估计 4 进一步表明，村庄公共干预降低了农户将农地流转给熟人的概率。正如表 5.4 中所展示的，公共干预会提高农地流转的租金，这是由非熟人间市场型交易所诱发的。考虑熟人间流转仍然具有较低的平均流转租金，公共干预诱发的高租金将抑制熟人间流转。

第五节 本章小结

农地流转的市场化，尤其是发生在熟人间流转的市场化已然成为当前农业农村的重要发展趋势。探究该趋势的诱因，对于深化农村要素市场改革具有重要意义。以往研究普遍认为，我国农地流转市场中充斥着大量的非正式交易特征，以至于价格机制失灵，但对正在发生的流转市场转型缺乏足够重视。实际上，始于 2004 年的中国农地流转推动政策对于打破封闭的流转市场起到了重要作用。在很长一段时间内，由地方政府或村集体组织的农地流转成为农村要素流动的重要方式，并成为考核地方官员政绩的重要内容。

本章利用 2017 年和 2019 年的中国家庭调查数据，实证检验了公共干预对农地流转市场化的影响。估计结果显示，公共干预提高了农地租金和书面合同签订率，并使得流转合同期限更为明确。进一步证据表明，即使分析对象为熟人间流转，公共干预依然会提高市场化程度。此外，对于那些未经公共干预的农地流转，只要村庄存在公共干预，他们的市场化程度同样会提高。稳健性检验还表明，公共干预会诱发流转农地"非粮化"种植和农户退出农业经营。

由于部分地方政府存在违背村民意愿，强行推动农地流转的行为，公共干预一度被认为损害了农民利益。这也引起了中央人民政府的高度关注，并且出台相关政策文件，以防止地方政府枉顾农民需求的不法行径出现。然而，如果按照熟人间非正式流转来配置农地要素，不仅难以实现规模经营，还对改善农业经营绩效不利。但引入外部流转主体或经济组织，则可以为封闭的农地流转市场带来更多的资金，并强化价格在农地流转中的决定性作用。尤其考虑城市化和工业化导致大量农村劳动力外出务工，公共干预提供的流转交易平台为这部分农户提供了一个实现土地交易价值的渠道。换言之，公共干预是符合当前农业农村发展趋势的。当然，公共干预必须以尊重农民意愿为前提，通过提供基本公共服务的方式，减少流转交易的信息不对称，从而达到市场供需匹配的目的。在引入市场化因素的同时，借助市场主体的自发交易和示范效应深化要素市场改革，即尽管公共干预在部分地区存在异化的可能，但总体上仍为活跃农村要素市场提供了重要动力。

第六章　农地流转市场转型的社会互动逻辑

引言：过去10年中，引入外部流转主体一直是提高农地流转市场化程度的重要途径。然而，这一举措是否有利于村庄内部流转的市场化尚不明确。本章利用2015年CHFS数据来分析非熟人间流转对村庄熟人间流转的示范效应。结果显示，外部流转主体的出现提高了熟人间流转的营利性动机和农地租金。进一步的证据表明，营利性动机是外部流转主体影响农地租金的重要途径。本章研究表明，示范效应存在于农地流转市场之中，且为促进熟人间流转的市场化提供了途径。

第一节　研究背景

发展农地流转市场被普遍认为是提高农业生产率的有效方法（Deininger and Jin，2009；Wang et al.，2015）。相关研究表明，农地经营规模与农地生产率存在正相关关系（Hornbeck and Naidu，2014）。Feng等（2010）进一步指出，农地流转市场还能够提高农地的配置效率。然而，基于熟人关系网络的流转通常被认为是非正式或市场化程度较低的交易（Feng et al.，2010；Wang et al.，2015），并可能造成农业生产率的下降（Holden and Ghebru，2005）。

为提高农地流转的市场化程度，我国政府自2004年起开始推动农地流转（Huang and Ding，2016）。其中，鼓励或引入外部流转主体是各地政府采取的重要举措。其原因在于，这些流转主体以营利为主要动机，有利于改善农业经营绩效。2006~2016年《中国农村经营管理统计年报》数据显示，外来流转主体租入的农地占比已从2006年的32.67%增至2016年的44.82%。显然，外部主体的出现为村庄农地流转市场带来了更多的市场信息，有助于提高农地租金和增强流转的规范性。

尽管前文从农地产权和农民职业分化的角度探讨了农地流转市场转型

本章内容部分发表在 *Applied Economics*。

的机制，但如果缺乏农地租入的需求，抛荒将不可避免。实际上，外来流转主体的出现对熟人间流转的转型造成了外生冲击。相关研究显示，社会互动中存在示范效应（Cox and Stark，2005）。Becker（1974）也认为，人们的效用在很大程度上取决于他人的特征。交易效率和合同执行也都受到外部参考点的影响（Hart and Moore，2007，2008）。当外来流转主体支付较高的农地租金时，与熟人交易的转出户可能会改变他们的流转动机，从而诱发农地流转市场转型。

然而，现有研究较少关注农地流转市场中存在的示范效应。本章将首先分析外来流转主体出现对熟人间流转的农地租金的影响。其次，还将考察示范效应作用发挥的途径，重点探讨营利性动机在其中的作用。

第二节 分 析 框 架

本部分给出了一个分析框架，以分析非熟人间流转对熟人间流转的示范效应，尤其是外来流转主体的出现对熟人间流转的农地租金的影响。根据 Turner（1988）的观点，人们可能会评估社会互动中的行为一致性，并遵守一致性原则。这是因为，其他人的行为和态度也会影响选择和效用函数。此外，Becker（1974）指出，人们的总收入在一定程度上也取决于其他人的相关特征。换句话说，社会互动在很大程度上决定着人们效用函数的弹性。

在农地流转市场中，交易达成的关键是价格的确定。然而，价格的确定并不完全取决于交易双方的讨价还价，在某种程度上也取决于市场中其他交易所达成的价格。Hart 和 Moore（2008）认为，合约通过影响交易双方的满足感，从而为交易关系设置了参照系。任何一方事后的表现（即履约或违约）取决于他是否获得了合约赋予的权利。市场中其他交易的合约拟定和价格也为该交易提供了参照系。一旦外来流转主体进入村庄流转农地，并支付较高的农地租金，那么村庄中的其他流转主体就可能锚定市场中的交易价格。为分析农地流转市场中的示范效应，参照 Becker（1974）的做法，设置如下效用函数：

$$U_i = Z_i(x, E, \varphi) \qquad (6.1)$$

式中，U_i 为转出户 i 的效用；Z_i 为转出农地的产出，如农产品或农地租金；x 为经营农地的产出；E 为影响农地流转市场中转出农地收益的其他主体的特征；φ 为影响转出户 i 效用的其他因素。为描述转出户 i 在农地流转市场中模仿其他流转户行为的努力，设置如下方程：

$$E = e_i + h_i \tag{6.2}$$

式中，e_i 为转出户 i 所处的社会环境（即农地流转市场的发展状况）；h_i 衡量的是转出户 i 为与他人保持行为的一致性而做出的努力。由此，转出户 i 的总收益可以设置如下：

$$p_x x + p_E h_i = I_i \tag{6.3}$$

式中，p_x 为 x 的价格；p_E 为 E 的价格。将 E 和 e_i 代入式（6.2）可得

$$p_x x + p_E E = I_i + p_E e_i = S_i \tag{6.4}$$

式中，S_i 为转出户 i 的社会总收入，部分取决于转出户 i 对耕地的使用，部分取决于农地流转市场中其他转出户的特征。在式（6.4）的约束下求式（6.1）的最大化值，可得

$$\frac{\partial U}{\partial x} \Big/ \frac{\partial U}{\partial Z} = \frac{p_x}{p_E} \tag{6.5}$$

式（6.5）表明，随着农地租金的增加，模仿其他转出户对转出户 i 效用的边际贡献也在增加。如果假定农地流转市场的环境是恒定的，那么 p_E 决定了转出户 i 的努力程度（即 h_i）。换句话说，外来流转主体诱发的局部高租金，将通过增加 p_E，进而激励更多的转出户以营利性动机流转农地。对于那些与熟人进行流转交易的转出户，未获得合同规定收益的不满足感会降低他们的主观效用并弱化合约的可执行性。为最大化自身的总效用，他们将倾向于以营利性动机流转农地，从而获取更高的农地租金。

图 6.1 描述了农地转出户的效用与示范效应。它表明，在没有任何努力（即 $h_i = 0$）的情况下，转出户 i 的效用为 U_0。[①] 如果转出户 i 付出 h_0 的努力，那么他的效用是 U_1。类似地，h_1 的努力对应的效用为 U_2。η_0、η_1 和 η_2 是由效用函数和预算约束（即 S_0 和 S_1）确定的均衡点。由于熟人间的农地租金往往较低（Ghebru and Holden，2015；Wang et al.，2015），外来流转主体的出现及其诱发的高租金会提高转出户 i 的 E，流转租金 p_E 的增加会使得 h_i 更有价值。当转出户在村庄内部互动时，流转租金的信息会迅速披露，从而诱发价格趋同，即非熟人间流转对熟人间流转存在示范效应。

然而，外部流转主体的出现可能意味着村庄农地流转的需求较高，从而推动农地租金的提高，这将对示范效应的作用产生挑战。但该质疑的前提是，农地供小于求，这与我国农地流转市场的基本状况并不相符。随着城市化和工业化进程的加快，大量农村劳动力进行了非农转移，从而导致农业中劳动力缺乏（Xu et al.，2017）。如果农地流转供小于求，就不会出现农地抛荒的普遍现象（Xu et al.，2019）。此外，Ji 等（2016）对我国五

---

① 在本章的分析框架中，假定 E 对 Z_i 具有正的边际贡献效应。

省（自治区、直辖市）的调查显示，2006～2013 年，我国农户的平均耕地面积平均增加了 0.03hm²，这意味着农地流转市场对大农场的塑造效果欠佳，更别说供小于求的预期了。

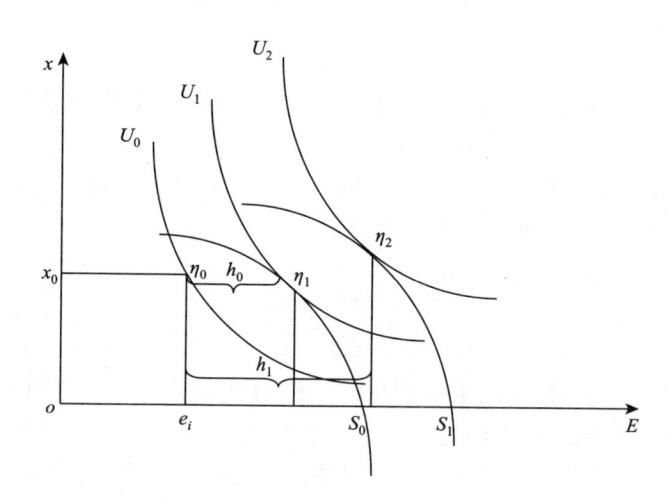

图 6.1　农地转出户的效用与示范效应

目前，已经出现部分公司、合作社和大农场退出农地流转的情况。由于农地租金过高，一些经营者无法从农地流转中获益。在 2015 年 CHFS 数据中，仅有 11.71% 的农户转出农地，14.31% 的农户转入农地。同时，转入户平均转入的农地面积为 2.208 亩，这并不会诱发对农地流转的过度需求。而且，特定区域内的农地特征（如农地肥力和地形）往往是相似的。如果转入主体无法在某个村庄转入农地，那么他完全可以在附近村庄进行流转。考虑到我国农地流转市场中的需求相对较弱，外来流转主体诱发熟人间流转市场化的唯一可能的解释是，随着外来流转主体支付较高的农地租金，转出户越发不愿意免费转出农地。示范效应的出现意味着，外来流转主体的出现使得转出户越发关注市场价格而非社会关系，即使他们在与熟人进行流转交易。

第三节　数据、变量与估计策略

一、数据来源

本章使用的数据来自 2015 年 CHFS，具体数据描述参见第一章的介绍。由于本章主要探讨示范效应对熟人间农地流转的影响，使用了与熟人交易的转出户样本。使用转出户样本的理由在于,转出户更易受到市场中其他流转交易的影响。这是因为,他们是农地的承包人,且转入户的行为也因转出户的动机发生相应调整。考虑农地流转的对称性,下文也将使用转入户的样本进行稳健性检验。在剔除信息不全的样本后,本章最终使用的样本为 841 户与熟人发生交易的转出户样本。此外,本章还对所有转出户的交易对象进行了梳理,从而构建了外来流转主体的虚拟变量。

二、变量选择

本章因变量是熟人间流转的市场化,并用农地租金来衡量。其原因在于,农地租金为经营权的交易价格,反映了市场机制运行的有效性。Luenberger(1995)和 Kreps(2013)指出,价格是市场运行的主要机制,它比合约形式和交易对象更能反映市场化程度。尽管有研究认为,口头合约和熟人交易是封闭流转市场的重要特征(Deininger and Jin,2009;Ma et al.,2013),但没有证据表明市场交易是通过书面合约签订而不是直接通过价格机制发生的(Cheung,1983)。Qiu 等(2018)就使用了农地租金来表征熟人间流转的市场化程度,因为价格的作用发挥与关系型交易是显著不同的,且熟人间交易也可能伴随着书面合同和高租金(Asanuma,1988)。

本章主要自变量是村庄是否出现外来流转主体。如果村庄中有转出户与外来流转主体交易,则赋值为 1,否则为赋值为 0[①]。根据 Dixit(2004)的研究,熟人网络外部的交易可以为内部交易提供机会,从而强化市场或价格的作用,并弱化社会关系的重要性。

本章还利用了转出户的农地流转动机来考察示范效应作用发挥的途径。新古典经济学假设,经济人是基于利润最大化的目标参与市场竞争的,即营利性动机决定了市场交易的发生。换言之,外来流转主体通过影响转出户的营利性动机,从而作用于其与熟人发生的流转交易[②]。在 2015 年

[①] 除了村庄的外来流转主体外,附近村庄的流转交易也会影响熟人间的流转。然而,本章数据无法识别两个村庄是否相邻。但是,根据社会互动理论,小社区内的互动比大社区内的互动对人们的影响更大(Dixit,2004)。此外,本章也考虑了是否采用乡镇或县内村庄的示范效应,但仍不能确保这些村庄是否彼此靠近。相反,使用乡镇或县内的样本来识别示范效应可能会导致严重的偏差。基于上述原因,本章分析将集中在村庄内部的示范效应,这样不会引起任何混淆。

[②] Locke 和 Latham(2004)认为,动机是推动行动的内部因素,以及可以诱使行动的外部因素。Maslow(1943)指出,生理需要和与之相关的消费行为可作为满足各种其他需求的渠道。Pearl(2009)则认为,动机可以预测行为,且可以作为行为者的动机和激励的证据。换句话说,动机决定行为,人的行为只是动机作用的途径。

CHFS 问卷中，转出户流转目的的问项被包括在内。那些为获得农地租金而转出农地的转出户被界定为出于营利性动机的主体；将农地免费出租给熟人的则视为非营利性流转。

此外，模型估计还控制了农户的社会资本。这是因为，社会资本可能会影响农户是否与外来流转主体进行交易和农地租金的高低。农户职业类型和家庭经济水平被用来衡量社会资本（Lin，1982，2001；Lin and Dumin，1986）。其中，农户是否从事商业经营被用来测度其职业类型，家庭经济水平则由活期存款、定期存款和是否拥有小汽车加以测度。Glaeser 等（2002）还认为，社会组织的参与也可以反映社会资本。为此，引入祭祖活动和家庭成员是否担任村干部来反映农户在非正式组织和政府组织的参与状况。

本章估计还控制了农地特征。其中，产权被认为是交易实施的前提，且赋权能够提高农地的交易价值（Alchian，1994）。正式的产权制度则为降低流转中的风险提供了保障。参考已有的研究，农地承包合同、农地承包证书和征地状况被用来衡量农地产权（Feng et al.，2010；Ma et al.，2013）。同时，还控制了转出农地用途和转出农地期限。其理由在于，转出户农地用途决定了农地的使用价值，从而影响其交易价值；转出农地期限则会影响经营的预期稳定性，从而影响农地的交易价值。此外，村庄特征不仅影响农地流转市场的发展（Feng et al.，2010），还会影响社区规范和经济水平。本章的村庄特征包括村庄劳动力非农转移、村庄收入来源和村庄交通状况等。此外，实证估计中还控制了省级虚拟变量。具体变量定义与描述参见表 6.1。

表 6.1　变量定义与描述

变量	定义	均值	标准差
农地租金	转出户获得的农地租金/[元/（亩·a）]	170.019	26.219
外来流转主体	1＝村庄存在外来流转主体，0＝其他	0.348	0.477
农地流转动机	1＝以营利性动机转出农地，0＝其他	0.542	0.499
从事商业经营	1＝从事商业经营，0＝其他	0.151	0.358
拥有小汽车	1＝拥有小汽车，0＝其他	0.150	0.357
活期存款	家庭活期存款额/元	9483	30907
定期存款	家庭定期存款额/元	5184	22616
祭祖活动	1＝家庭参与祭祖活动，0＝其他	0.748	0.434
家庭成员为村干部	1＝家庭成员为村干部，0＝其他	0.027	0.161
农地承包合同	1＝持有农地承包合同，0＝其他	0.590	0.492

续表

变量	定义	均值	标准差
农地承包证书	1 = 持有农地承包证书，0 = 其他	0.478	0.500
征地状况	2000 年以来经历的征地次数	0.107	0.601
转出农地用途	1 = 种植经济作物，0 = 种植粮食作物	0.287	0.453
转出农地期限	转出农地约定的出租时间/年	6.512	10.261
村庄劳动力非农转移	村庄非农就业劳动力占总劳动力的比例	0.470	0.189
村庄收入来源	村庄居民工资性收入占总收入的比例	0.718	0.159
村庄交通状况	1 = 非常好，2 = 较好，3 = 一般，4 = 较差	2.419	0.673
省级虚拟变量	各省份的虚拟变量	—	—

表 6.2 显示了外来流转主体的熟人间流转特征。结果显示，如果村庄存在外来流转主体，那么熟人间流转的平均租金为 356.251 元/（亩·a），且以营利性动机转出农地的农户占比为 78.4%。如果村庄不存在外来流转主体，那么熟人间流转的平均租金仅为 140.133 元/（亩·a），且以营利性动机转出农地的农户占比为 48.7%。这表明，外来流转主体的出现确实对熟人间流转的市场化存在某种激励作用。

表 6.2 外来流转主体的熟人间流转特征

项目	农地租金/[元/（亩·年）]	营利性动机/%
外来流转主体 = 1	356.251	78.4
外来流转主体 = 0	140.133	48.7

三、估计策略

为分析外来流转主体的出现对熟人间流转市场化的影响，首先识别如下模型：

$$Y_i = \beta_1 D_i + X\beta_2 + \varepsilon \tag{6.6}$$

式中，Y_i 为转出户获得的农地租金；D_i 为外来流转主体，如果村庄存在外来流转主体，则赋值为 1，否则赋值为 0；X 为控制变量组成的向量，包括社会资本和农地特征等；β_1 和 β_2 为待估计系数，如果 β_1 显著异于 0，则表示示范效应存在；ε 为误差项，并符合正态分布。

其次，为检验农地流转动机是否为示范效应作用发挥的途径，识别如下三组模型：

$$M_i = \beta_1 D_i + X\beta_2 + \varepsilon \tag{6.7}$$

$$Y_i = \beta_1 M_i + X\beta_2 + \varepsilon \qquad (6.8)$$
$$Y_i = \beta_1 M_i + X\beta_2 + \beta_3 D_i + \varepsilon \qquad (6.9)$$

式中，M_i 为农地流转动机，且为二元变量；β_3 为待估计系数。如果转出户 i 出于营利性动机转出农地，则赋值为 1，否则为 0。其余变量和参数的定义与式（6.6）中的一致。

然而，上述估计可能面临内生性问题。首先，本章不考虑式（6.6）和式（6.7）的内生性。其原因在于，熟人间的农地租金不太可能影响外来流转主体的出现，且外来流转主体往往支付更高的农地租金（Bryan et al.，2015）。此外，由于熟人间流转往往是基于社会关系网络发生的，外来流转主体不太可能参照该类交易的租金或缔约方式；相反，非熟人间流转是基于市场原则展开的。但存在另一种可能，即转出户故意提高熟人间流转的农地租金，从而在与外来流转主体交易时有理由提高农地租金。但该假设难以成立，因为外来流转主体的出现是不确定的，村民也不太可能同意这种安排。由此，式（6.6）和式（6.7）的可能内生性来源为遗漏村庄等特征变量。为此，本章估计控制多个村庄特征变量，以缓解内生性干扰。

式（6.8）和式（6.9）的估计则面临内生性问题。尽管流转动机是农地租金的前定变量，但如果市场中存在流转信息或价格信息，那么转出户很可能改变他们的流转动机。为此，本章构建了一个农地流转动机的工具变量。众所周知，农户的行为具有同伴效应，如果村庄中其他转出户基于营利性动机转出农地，则该转出户也更可能基于营利性动机流转农地。而且，其他村民的营利性动机只能通过影响转出户的动机来影响他们的行为。因为动机决定行动，而不是反过来。此外，其他转出户的流转动机也反映了村庄农地流转的市场化程度，也会对转出户的动机和行为产生影响。

由于式（6.6）和式（6.7）中的因变量分别为连续变量和二元变量，故采用普通最小二乘法（ols）和 probit 模型进行估计。式（6.8）和式（6.9）面临内生性问题，故采用两阶段最小二乘法（2sls）进行估计。

第四节　估计结果分析

一、示范效应的存在及其作用路径分析

表 6.3 显示了外来流转主体对熟人间流转的农地租金的影响及其作用路径。估计 1 的结果显示，外来流转主体在 1% 显著性水平上正向影响熟人间流转的农地租金。这表明，如果村庄存在外来流转主体，那么熟人间流

转的农地租金也会随之增加。很显然，与免费流转农地相比，出于营利性动机转出农地的转出户将获得更高的农地租金。而且，在外来流转主体支付的高租金确定后，类似的流转交易就会锚定该价格，即不能低于现行价格，否则转出户与转入户可能发生争执，并造成履约困难。显然，违约对转入户造成的损失远大于转出户，这意味着示范效应与合约执行的稳定性密切相关。

表 6.3　外来流转主体对熟人间流转的农地租金的影响及其作用路径

变量	农地租金 估计 1 ols	农地流转动机 估计 2 probit	农地租金 估计 3 2sls	农地流转动机 估计 4 2sls
外来流转主体	0.822*** (0.218)	0.374*** (0.112)	—	0.065 (0.069)
农地流转动机	—	—	5.777*** (0.169)	5.728*** (0.177)
从事商业经营	0.578** (0.271)	0.282* (0.146)	0.005 (0.082)	0.010 (0.081)
拥有小汽车	−0.265 (0.282)	−0.120 (0.147)	0.030 (0.089)	0.025 (0.087)
活期存款	0.022 (0.021)	0.005 (0.011)	0.000 (0.006)	−0.000 (0.006)
定期存款	−0.000 (0.028)	−0.002 (0.015)	0.001 (0.009)	0.001 (0.008)
祭祖活动	0.022 (0.210)	0.050 (0.113)	−0.033 (0.066)	−0.033 (0.066)
家庭成员为村干部	0.718 (0.523)	0.162 (0.280)	0.150 (0.009)	0.158 (0.186)
农地承包合同	0.339* (0.193)	0.267** (0.107)	−0.023 (0.060)	−0.028 (0.059)
农地承包证书	−0.205 (0.192)	−0.137 (0.104)	0.040 (0.062)	0.042 (0.061)
征地状况	0.095 (0.077)	0.030 (0.075)	0.087** (0.044)	0.088** (0.043)
转出农地用途	0.585*** (0207)	0.304*** (0.109)	−0.014 (0.062)	−0.013 (0.062)
转出农地期限	−0.016* (0.009)	−0.007 (0.005)	0.001 (0.003)	0.001 (0.003)
村庄劳动力非农转移	−0.052 (0.748)	0.019 (0.411)	0.090 (0.246)	0.061 (0.247)
村庄收入来源	−1.422* (0.816)	−0.523 (0.448)	−0.275 (0.244)	−0.303 (0.241)
村庄交通状况（以"较差"为参照组）				
非常好	−0.793 (0.611)	−0.550* (0.324)	0.270 (0.205)	0.256 (0.203)
较好	−0.166 (0.416)	−0.059 (0.224)	0.010 (0.133)	−0.005 (0.134)
一般	0.106 (0.406)	0.043 (0.219)	0.045 (0.136)	0.043 (0.135)
省级虚拟变量	已控制	已控制	已控制	已控制
常数项	1.094 (0.725)	0.175 (0.584)	−0.386 (0.397)	−0.332 (0.398)
观测值	804	841	802	802

续表

变量	农地租金 估计 1 ols	农地流转动机 估计 2 probit	农地租金 估计 3 2sls	农地流转动机 估计 4 2sls
R^2/Pseudo R^2	0.269	0.164	0.929	0.931
杜宾-吴-豪斯曼检验	—	—	16.128***	12.560***
弱工具变量检验	—	—	87.435	76.011
识别不足检验	—	—	71.094***	63.678***

***、**和*分别表示在1%、5%和10%水平上显著。
注：括号内的数值为稳健标准误。

正如理论分析所指出的，与熟人交易的转出户也会模仿村庄其他转出户的行为，即他们的效用在某种程度上取决于同村其他转出户的交易特征。Dixit（2004）认为，当熟人网络中出现外部机会时，关系治理的基础会被削弱，营利性行为也将取代传统的关系型交易。引入外部流转主体，深化农地流转市场改革，活跃农村要素市场，是目前农业农村政策的重要方向。这无疑会加大市场型交易对关系型交易的冲击，并激励更多转出户以市场规则参与农地流转市场，从而呈现熟人间流转的农地租金上升的趋势。

估计 2 到估计 4 分别显示了式（6.7）～式（6.9）的模型估计结果。首先，杜宾-吴-豪斯曼检验显示，式（6.8）和式（6.9）的估计面临内生性问题。其次，弱工具变量检验和识别不足检验表明，表 6.3 的估计不存在弱工具变量问题。

估计 2 的结果显示，外来流转主体变量在 1%的显著水平正向影响农地流转动机变量；估计 3 结果显示，农地流转动机变量在 1%显著水平正向影响农地租金。Qiu 等（2018）研究发现，营利性动机对农地租金具有正向激励作用。本章分析表明，即使对于熟人间流转，该结论依然成立。营利性动机的出现意味着转出户能够获得更高的租金或其他补偿，这无疑会进一步弱化关系型交易。而且，营利性动机的出现也会使"价高者得"的市场规律在农地流转市场中变得更为普遍。

估计 4 同时引入了外来流转主体变量和农地流转动机变量。估计结果显示，外来流转主体变量不再显著，但估计 1 中的外来流转主体变量对农地租金具有显著影响。其区别在于，估计 4 中引入了农地流转动机变量，即农地流转动机是外来流转主体影响农地租金的关键途径。当外来流转主体将农地租金提高后，村庄内其他转出户将会对低租金流转进行调整。一旦他们拒绝将农地以零租金或低租金流转给其他主体时，营利性动机就出现了。换句话说，外来流转主体的示范效应是通过诱发营利性动机而发挥作用的。

在其他控制变量的影响方面，如果转出户从事商业经营，那么他们更可能获得高租金。其原因在于，经营商业降低了对农业的依赖，也会促使转出户追求农地流转的经济利益最大化。此外，农地承包合同对农地租金具有正向影响。Deininger 和 Jin（2009）认为，安全的农地产权有助于降低交易成本，从而提高农地经营权的交易价值。如果转出农地被用于种植经济作物，那么农地租金也会随之增加。同时，转出农地期限越短，农地租金就越高。此外还发现，村庄农户的工资性收入占比越高，农地租金也越高。显然，农村劳动力的非农转移有助于流转市场的发育（Feng et al., 2010；Janvry et al., 2015），这有利于提高农地流转的市场化程度。最后，其他控制变量未呈现显著影响。

二、稳健性检验1：利用 PSM 的再估计

尽管本章强调，外来流转主体的出现与熟人间流转的农地租金不存在反向因果关系，但遗漏变量问题依然可能干扰本章估计。为此，表6.4采用PSM重新估计了外来流转主体出现对熟人间流转的影响。使用PSM的关键在于构建实验组和控制组，为此，使用表6.1中的控制变量来构建两个组别。表6.4中显示了PSM分析的平衡性检验。总体而言，在匹配前，控制组与实验组之间存在显著性差异。但是，在进行匹配之后，两个组不存在特征差异[①]。

表 6.4 PSM 分析的平衡性检验

样本	Pseudo R^2	LR chi^2	$P>$chi^2
匹配前	0.107	111.65	0.000
匹配后	0.017	13.24	0.655

表6.5的结果显示，在存在外来流转主体的村庄中，与熟人交易的转出户更可能获得高租金，且农地流转动机更可能是营利性动机，即第3列第1行和第2行中的平均处理效应（average treatment effect，ATE）显著。该发现与表6.3的结果一致，表明本章估计受遗漏变量的影响较小。第3列第3行在控制农地流转动机的前提下，估计了外来流转主体出现对熟人

[①] 为简化起见，未报告每个控制变量的平衡性检验结果。

间流转的农地租金的影响。结果显示,外来流转主体的出现对农地租金的影响不再显著。这表明,外来流转主体实施农地流转的示范效应是通过影响其他转出户的农地流转动机发挥作用的,这与表 6.3 中的估计结果一致。总而言之,使用 PSM 的估计结果强化了本章估计结果的稳健性。

表 6.5　稳健性检验 1:利用 PSM 的再估计

因变量	控制组和实验组	ATE	AI 稳健标准误
农地租金	实验组:村庄存在外来流转主体 控制组:村庄不存在外来流转主体	0.934***	0.241
农地流转动机	实验组:村庄存在外来流转主体 控制组:村庄不存在外来流转主体	0.141***	0.044
农地租金(控制农地流转动机变量)	实验组:村庄存在外来流转主体 控制组:村庄不存在外来流转主体	0.182	0.146

***表示在 1%水平上显著。

三、稳健性检验 2:替换主要自变量

表 6.3 中,将村庄是否出现外来流转主体作为主要自变量。然而,二元变量无法准确捕捉示范效应程度的大小,从而遗漏了一些重要的信息。为此,本章还计算了村庄中与外来流转主体交易的转出户占村庄转出户的比例,然后估计其对农地租金和农地流转动机的影响,结果见表 6.6。

表 6.6　稳健性检验 2:替换主要自变量

变量	农地租金 ols	农地流转动机 probit
与外来流转主体交易的转出户比例	5.027*** (1.342)	1.696** (0.796)
控制变量	已控制	已控制
常数项	1.016 (0.738)	0.111 (0.596)
观测值	804	841
R^2/Pseudo R^2	0.270	0.159

***、**分别表示在 1%、5%水平上显著。
注:括号内的数值为稳健标准误。

估计结果显示,与外来流转主体交易的转出户比例分别在 1%和 5%显著水平上正向影响农地租金和农地流转动机。这表明,随着村庄中与外来流转主体交易的转出户比例的增加,那些与熟人交易的转出户的营利性动机也会随之出现,并由此提高了农地租金。实际上,随着我国农村劳动力的大规模非农转移,越来越多的市场因素进入村庄,并促进了农村要素市

场的发育。外来流转主体的出现正是劳动力大规模非农转移过程中出现的职业分化，其在推动农地流转市场化的过程中，也会瓦解传统的流转"差序格局"，导致人格化交易向非人格化交易转型。

四、稳健性检验 3：基于转入户样本的估计

本章使用转出户样本进行了实证分析，这是因为转出户受到外来流转主体实施的市场型交易的影响更大。但正如前文所提到的，流转是对称的，转出户和转入户在逻辑上可以识别类似的交易特征。为此，表 6.7 利用转入户样本重新估计了外来流转主体出现对熟人间流转的影响。

表 6.7 稳健性检验 3：基于转入户样本的估计

变量	农地租金 ols	农地流转动机 probit
外来流转主体	0.317** (0.162)	0.179* (0.095)
控制变量	已控制	已控制
常数项	1.208* (0.622)	1.878*** (0.402)
观测值	1327	1381
R^2/Pseudo R^2	0.351	0.246

***、**和*分别表示在 1%、5%和 10%水平上显著。
注：括号内的数值为稳健标准误。

估计结果显示，随着外来流转主体的出现，那些转入熟人农地的农户支付了更高的农地租金。同时，外来流转主体的出现对那些与熟人交易的转入户的营利性动机也存在正向激励。这表明，外来流转主体实施的交易对村庄内转入户的农地流转动机也存在示范效应。显然，当转出户拒绝免费或低价转出农地时，转入户将不可避免地支付更高的农地租金。在农地流转市场中，转入户是更为积极的行动者。因此，对转入户的示范效应意味着，外部流转主体的出现是农地流转市场化的重要途径。

五、稳健性检验 4：控制县级虚拟变量

尽管表 6.5 使用 PSM 重新估计了表 6.3 的内容，但区域的农地肥力、经济和气候等因素可能会影响外来流转主体的出现和农地经营权的交易价值。这表明，表 6.3 中所控制的省级虚拟变量显得较为粗糙。为此，表 6.8 引入了县级虚拟变量来缓解变量遗漏。从逻辑上来说，村庄虚拟变量是更好的选择，但在本章使用的样本中，村庄数量达到 585 个，转出户的样本

量仅为 841，由此造成控制村庄虚拟变量将严重降低自由度的局面，并使得估计结果无法收敛。一般来说，县内的经济、气候和土壤大致类似，而且县是我国的基本行政单位，中央人民政府的相关政策均在县一级执行，故同县的农民面临类似的政策环境。

表 6.8　稳健性检验 4：控制县级虚拟变量

变量	农地租金估计 1 ols	农地流转动机估计 2 probit	农地租金估计 3 2sls	农地租金估计 4 2sls
外来流转主体	0.640** (0.271)	0.292* (0.156)	—	0.136 (0.085)
农地流转动机	—	—	6.142*** (0.440)	5.979*** (0.457)
控制变量	已控制	已控制	已控制	已控制
县级虚拟变量	已控制	已控制	已控制	已控制
常数项	7.558*** (1.218)	−1.042* (0.629)	−0.054 (0.352)	−0.003 (0.343)
观测值	804	692	802	802
R^2/Pseudo R^2	0.447	0.197	0.931	0.938
杜宾-吴-豪斯曼检验	—	—	10.05***	6.36**
弱工具变量检验	—	—	13.10	11.25
识别不足检验	—	—	14.878***	13.125***

***、**和*分别表示在 1%、5%和 10%水平上显著。
注：括号内的数值为稳健标准误。

估计 1 的结果显示，外来流转主体变量在 5%显著水平上正向影响熟人间流转的农地租金；估计 2 的结果显示，外来流转主体变量在 10%显著水平上正向影响农地流转动机。这些发现与表 6.3 中的结果具有相似的含义。估计 3 和估计 4 的结果则表明，农地流转动机是外来流转主体影响农地租金的重要途径。上述发现与表 6.3 的结果保持一致，由此表明遗漏区域特征并未严重干扰本章估计。

六、稳健性检验 5：考虑样本选择性偏差

本章估计面临的另一个潜在问题为样本选择性偏差。本章使用的样本包含所有的转出户，但由于对熟人间流转的市场化更感兴趣，故本章的最终样本仅为那些与熟人进行交易的转出户。很显然，这样的样本选择存在选择性偏差的问题，容易遗漏部分重要信息。

为此，表 6.9 采用赫克曼两阶段模型重新估计了外来流转主体对熟人

间流转的影响。使用赫克曼两阶段模型需要构建一个工具变量。由于选择模型中的因变量为农地流转对象，本章选择村庄劳动力非农转移作为工具变量。首先，如表 6.3 所示，村庄劳动力非农转移对农地租金没有直接影响。其次，村庄劳动力非农转移会降低农户对农业的依赖性，从而激励他们与非熟人进行交易。使用赫克曼两阶段模型的估计结果表明，随着外来流转主体的出现，那些与熟人交易的转出户获得了更高的农地租金，这与表 6.3 的估计结果一致。换言之，样本选择性偏差并未干扰本章估计结果的稳健性。

表 6.9　稳健性检验 5：考虑样本选择性偏差

变量	农地租金赫克曼回归模型	农地流转对象赫克曼选择模型
外来流转主体	0.828*** (0.204)	—
工具变量	—	−1.364*** (0.368)
控制变量	已控制	已控制
常数项	3.191*** (1.056)	1.983*** (0.478)
观测值	1175	
似然对数值	−2421.977	
Wald 检验	280.23***	
辅助参数	−0.084 (0.257)	
替代弹性	0.867*** (0.026)	

***表示在 1%水平上显著。

第五节　本章小结

发展农地流转市场是提高农业经营效率的重要途径。然而，农村普遍存在的人格化交易严重干扰了农地市场作用的发挥。最近研究发现，熟人间农地流转的市场化程度正在提高，越来越多的主体开始以营利性动机参与农地流转。然而，尚缺乏从社会互动或示范效应角度剖析熟人间流转市场化的研究。过去 10 年中，地方政府或村集体通过引入外来流转主体以活跃农村要素市场，这当然也有政策绩效考核的原因。外来流转主体实施的交易是否会对传统的人格化交易产生示范效应，这对于评估相关政策的绩效具有重要意义。本章使用 2015 年 CHFS 数据分析，结果表明，随着外来流转主体的出现，那些与熟人交易的转出户获得了更高的农地租金，且他们的营利性动机也在提高。利用 PSM 的再估计、替换主要自变量、基于转入户样本的估计、控制县级虚拟变量和考虑样本选择性偏差的估计均表明，本章估计结果稳健。

尽管我国农地流转率在 2018 年已经超过 35%，但熟人间流转的农地占比仍在 50%以上，且农地流转的增幅已然快速下跌。然而，本章分析表明，在农地流转增速下缓的阶段，熟人间流转的市场化程度正不断提高，这为进一步深化农地流转市场的机制发挥作用提供了重要启示。同时，引入外来流转主体的做法为熟人交易市场化提供了有力帮助，这无疑强化了地方政府做法的有效性。此外，本章分析还为 Dixit（2004）的论断提供了经验证据。随着熟人网络内部营利性动机的出现，价格将成为农地流转配置的关键性因素，这将打破原来关系型治理的村庄传统。与此同时，本章分析还为 Hart 和 Moore（2008）的参照系理论提供了经验证据。外部价格为合同执行设定了参照系，交易中的任何一方都无法偏离参照系设置价格，否则会降低对方的满足感，从而加大履约难度并提高违约风险。总体而言，外来流转主体实施交易的示范效应为我国农地流转市场改革提供了重要思路，也为深化农村要素市场改革提供了一定的启示。

第七章　农地流转市场转型的参照系逻辑

引言：本章利用参照系理论分析了农地流转市场转型的内在机制。研究认为，局部市场交易形成的农地租金，通过改变村庄其他流转合约的参照系，使得事先签订的空合约或价格区间与市场价格区间有重叠的合约，都会因为交易双方存在损失厌恶而显著提高违约损失或交易费用，从而诱发合约价格向市场价格收敛。在重复博弈的过程中，只要外部参照系变动造成的物理损失小于因损失厌恶所造成的交易损失，双方将重新拟约，并向市场价格逼近。引入熟人网络后发现，熟人间流转具有放宽合约价格区间的作用，但偏离外部参照系仍造成违约成本和交易费用的增加，即熟人间流转具有市场化的内在动力。本章表明，外部参照系是农地流转市场自发市场化的重要诱因，中国特殊的流转市场转型为参照系理论的运用及拓展提供了现实案例。

第一节　研究背景

如果从一个封闭的经济体出发，村庄是难以内生出市场型交易的。只有当熟人网络中出现外来承租人，并以市场价格主导农地流转时，才有可能打破原有的封闭格局。外生冲击诱发的局部交易市场化，具有形成个体对群体、"差序格局"外沿交易对内沿交易的参照系作用，进而诱发农地流转的市场化范围扩大和交易格局的市场化。Hart 和 Moore（2007，2008）以及 Hart（2008）发现，合约为交易双方提供了参照系，并通过影响交易双方是否得到合约规定的权益的获得感，进而决定合约的稳定性和可执行性。同时，市场上的其他交易也会成为买卖双方的参照系，偏离市场价格将导致道德风险和"敲竹杠"问题。随着局部市场交易的出现，农地流转的价格信号将在小范围内迅速传递，并引导人们从合约执行角度实施交易。一方面，转出户的"眼红"和"吃亏"心态会使得他们无法接受低于外部

本章内容部分发表在 *China & World Economy*。

市场价格的租金。另一方面，转入户又难以接受明显高于市场价格的租金，但其又不会明显压低租金，以免造成"敲竹杠"问题。尽管熟人网络会使得市场交易形成的参照系更具弹性，但外部获利机会无疑降低了熟人网络对市场交易的抑制性，从而在根本上改变了农地流转的交易格局。

必须承认的是，参照系理论自提出至今，仍未关注现实世界，且理论拓展主要集中在约束条件的放宽方面。该理论认为，合约为交易关系提供了一个参照系。准确地说，合约为交易双方的获得感提供了参照。拟约一方的事后表现依赖于他是否获得了合约所规定的收益，一旦被欺骗，他将采取报复性违约行为（Hart and Moore，2007，2008；Hart，2008）。参照系理论可以追溯至社会心理学和行为经济学（Fehr et al.，2008）。例如，Kahneman 和 Tversky（1979）提出的预期理论认为，损失比收益对人们效用函数的边际影响更大，即损失厌恶。该理论又称为"参照依赖偏好"（Köszegi and Rabin，2006），表现在交易决策中，人们往往倾向于对自己拥有的物品赋予更高的价值，从而使得意愿出售价格高于购买相同物品的价格。Camerer 和 Thaler（1995）将该现象称为"禀赋效应"。显然，当主体因未获得合约规定的收益而出现损失感时，他们采取违约行为所造成的损失将高于给予他们相同收益所带来的绩效改善。Babcock 和 Loewenstein（1997）则提出了"自利性偏见"的概念，他们认为，人们往往将有利于自己与公平混为一谈。损失将造成不公平感，进而诱发报复性行为。

在参照系理论的模型构建中，事前完全竞争市场和事后双边垄断市场被假设。同时，专用性资产投资、结果导向等均被做了严格界定（Hart and Moore，2007）。Fehr 等（2008）采用实验经济学方法验证了参照系理论的假设，即在合约不完全和存在事前不确定性的环境中，固定合约和非固定合约都能达到均衡状态。他们还发现，事前竞争可使合约合法化，而损害和违约也主要是针对合约内容的。Fehr 等（2009）通过放松竞争性合约签订的假设发现，以非竞争方式签订合约会导致合约的参照系作用消失。由此表明，从竞争市场向双边垄断市场的转变是合约成为参照系的关键。Fehr 等（2011）进一步从非正式协议和事后重新谈判考察了交易关系，并发现合约的参照系功能对非正式协议和事后重新谈判的存在是稳健的。他们还发现，非正式协议和事后重新谈判可以改变交易双方对合约执行结果的评估。从整体上看，参照系理论的形成为交易中的合约实施问题提供了解释，其后续发展主要集中在假设检验和约束条件拓展等方面，但仍缺乏在经验研究中的应用和在社会网络中的拓展。

上述分析表明，农地流转市场中熟人交易转型的特殊性为参照系理论的验证和拓展提供了重要素材，参照系理论又有益于探讨农地流转市场转型的发生逻辑。参照系理论从被提出伊始，就围绕理论中的几个约束条件进行拓展，缺乏对现实世界的关注。同时，西方经济理论最大的特点莫过于遵循市场逻辑，将理论的演绎置于竞争与逐利的范畴之下。这样的设置契合发达国家的发展状态，但在仍以熟人社会网络为互动和交往媒介的中国农村则难以适用。中国农地流转交易的特殊性，恰好为参照系理论的拓展提供了机遇。农地流转市场的转型，尤其是在中国农村特殊的信任"差序格局"背景下，具有创新农业发展理论的可能。同时，将奥利弗·哈特提出的参照系理论首次运用至农地流转研究领域，对其有效性和可拓展性均存在有益补充。

第二节　基于重复博弈的参照系理论演绎

为运用及拓展参照系理论，其基本假设描述如下。首先，考虑消费者 B 和出售者 S，他们处于一种长期的关系中。双方在时期 0 相遇，在时期 1 交易。在时期 0，双方处在完全竞争市场，但在时期 1 随即进入双边垄断状态。其次，假设时期 0 的不确定性在时期 1 被解决，信息完全对称，交易双方风险中性且无预算约束。最后，假设事后交易部分可拟约，履约所消耗的成本不显著高于敷衍了事（即一方在履约和违约上是完全无差异的），一方的履约状况以时期 0 的合约为参照系（如果被友好对待将履约），交易双方存在"自利性偏见"，未获得合约规定的收益将造成违约。

给定一个农地流转合约 $[\underline{p}, \overline{p}]$（后文将定义另一个外生的价格区间，以识别外部参照系的作用），且转入户和转出户都认为他们从合约中获得的最大化收益具有合法性。但是，他们又意识到，并不能从合约中获得交易 100% 的利润。由此，$p = \min(v, \overline{p})$ 为转出户认为自己应该获得的流转价格，其中 v 表示转入户从租入农地中可以获得的收益。转入户则认为自己应该支付 $p = \max(c, \underline{p})$ 的流转租金，其中，c 表示转出户转出农地的机会成本。因此，累计损害为 $[\min(v, \overline{p}) - \max(c, \underline{p})]$。最优的安排如下：

$$\max_{\underline{p}, \overline{p}} \int_{\substack{v \geq c \\ v \geq \underline{p} \\ c \leq \overline{p}}} \{v - c - \theta[\min(v, \overline{p}) - \max(c, \underline{p})]\} dF(v, c) \tag{7.1}$$

式中，θ 为由合约对双方的损害所造成的实际损失的比例。换言之，交易双方在合约中由于不能够完全得到合约规定的最大收益，必然存在心理上的落差，这种落差会反映为不履约或敷衍了事，进而造成交易的直接损失。很显然，只要存在 $v \geq c$，那么 $[\underline{p}, \overline{p}]$ 越大，流转交易就越可能完成。当然，这也意味着违约造成的损失会随之增加。实际上，式（7.1）隐含的假设还包括 $v \geq \underline{p}$ 和 $c \leq \overline{p}$。

在式（7.1）的基础上，进一步假定原先封闭的村庄农地流转市场出现了外来流转主体，他们与村庄少部分农户发生了市场交易。由于是以完全竞争的方式达成的流转价格，故具有天然的合法性（Fehr et al., 2009）。本书所要阐述的，正是外来流转主体与村民所达成的局部市场交易是如何发挥其外部参照系作用，进而影响村庄中其他流转交易的市场化或合约执行的。

假定村庄存在农地流转的市场交易价格为 $[p_{\min}, p_{\max}]$，该价格区间外生且被认为是合理的。同时，存在 $v \geq c$、$v \geq p_{\min}$ 和 $c \leq p_{\max}$。外部参照系的作用在于，不仅能够影响交易双方从现有合约收益中得到的满足感，还会在没有合约的情况下影响交易双方的讨价还价。例如，现实中存在这样的情形，由于村庄内部出现了大型企业承租土地，且租金水平较高，以至于原来将农地流转给村庄其他主体的转出户，违约收回农地。而且，现实中很多流转合同采取的是空合约，市场价格的出现也会使得讨价还价和流转纠纷更为普遍。假定在时期 0 的流转合约确定了价格区间 $[\underline{p}, \overline{p}]$，且转出户和转入户分别认为自己应该获得和支付 $p = \min(v, \overline{p})$ 和 $p = \max(c, \underline{p})$。显然，市场租金区间 $[p_{\min}, p_{\max}]$ 具备外部参照系作用的前提是，$p_{\min} > \min(v, \overline{p})$ 或 $p_{\max} < \max(c, \underline{p})$。换言之，如果存在 $[p_{\min}, p_{\max}] \supseteq [\underline{p}, \overline{p}]$，那么市场上的农地租金不具有外部参照系作用。此外，当市场价格区间低于 $\max(c, \underline{p})$ 时，转入户愿意支付的农地租金将低于 $\max(c, \underline{p})$；当市场价格区间高于 $\min(v, \overline{p})$ 时，那么转出户愿意接受的农地租金也会相应高于 $\min(v, \overline{p})$。

基于上述分析，转入户感觉合理的支付价格为 $\min(\max(c, \underline{p}), p_{\max})$，转出户感觉合理的出租价格则为 $\max(\min(v, \overline{p}), p_{\min})$。此时，式（7.1）将变为

$$W = \int_{\substack{v \geq c \\ v \geq \underline{p} \\ c \leq \overline{p}}} \{v - c - \theta[\max(\min(v, \overline{p}), p_{\min}) - \min(\max(c, \underline{p}), p_{\max})]\} dF(v, c, p_{\min}, p_{\max})$$

（7.2）

式（7.2）隐含的一个基本假设是，时期 0 存在 $[\underline{p}, \overline{p}]$ 的初始合约。显然，如果存在 $p_{\min} > \overline{p}$ 或者 $p_{\max} < \underline{p}$，那么违约或敷衍的可能性会显著增加。直观的解释是，如果市场中的最低交易价格高于时期 0 的合约价格，转出

户对合约合法性的认同下降。类似地，如果市场中的最高交易价格低于时期 0 的合约价格，转入户对合约合法性的认同下降。而且，$[\underline{p}, \overline{p}]$ 区间越大，那么交易越可能发生，但随之违约损失也会增加。

在中国农村，村庄内部的农地交易往往发生在熟人之间，且空合约盛行。这类合约的典型特征是，无合约结构和合约内容，即租金、权责关系、期限等均不做商议。这样造成的后果是，时期 0 不存在流转价格。此时，式（7.2）将转换为

$$W = \int_{\substack{v \geq c \\ v \geq \underline{p} \\ c \leq \overline{p}}} \{v - c - \theta[\min(v, p_{\max}) - \max(c, p_{\min})]\} \mathrm{d}F(v, c, p_{\max}, p_{\min}) \quad (7.3)$$

式（7.3）中，假定了 $p_{\max} \geq c$，$p_{\min} \leq v$，$v \geq c$，否则交易不会发生。可以发现，在时期 0 不存在流转合约时，外部参照系的出现将改变农户的行为模式。尤其考虑 $p_{\min} = -\infty$ 和 $p_{\max} = \infty$ 的情形，事先设置 $p_{\min} = \underline{p}$ 及 $p_{\max} = \overline{p}$ 的价格区间与事先不拟约具有类似效果。此外，当价格区间 $[p_{\min}, p_{\max}]$ 很小，甚至存在 $p_{\min} = p_{\max} = p$ 时，违约或敷衍造成的预期损失将显著降低或基本为 0。因此，当存在外部参照系，尤其是单一市场价格时，农地流转的净收益将达到最大值。显然，这也是封闭村庄中农地流转市场化的一个重要原因。

然而，小社区的典型特征是存在重复博弈。尤其是涉及多年期的流转交易，合约执行面临事后调整的可能。从逻辑上说，当交易一方提出重新谈判并涉及价格变动时，双方就会意识到，价格的任何调整都是可能的。只有当重新谈判能使双方都实现帕累托改进时，重新拟约才会成为可能。现考虑如下情形：

情形 1：农地流转双方在时期 0 确定了 $[\underline{p}, \overline{p}]$ 的初始合约，那么当 v 和 c 的不确定性在时期 1 消除后，$v > c$ 以及 $v < \underline{p}$ 或 $c > \overline{p}$ 的成立将使得交易有效，但交易并不会发生。

情形 2：假定一方提出存在价格变化，并希望再商议合约内容。此时，唯一可能的合约调整是存在 $(v-c)(1-\theta) \geq v - c - \Delta + \delta$。其中，$\Delta$ 和 δ 分别表示流转农地不确定性（即产品的不确定性）所导致的转入户流转收益的减少和转出户机会成本的减少，这实际上是流转农地特性所造成的直接交易损失。当 $\Delta \cong \delta$ 时，流转合约不会再进行重新协定。换句话说，如果由农地流转本身造成的物理性损失小于交易双方心理损失时，那么重新拟约是有益的。直观地看，在流转交易中，当出现新的价格时，流转双方的收益或机会成本都会出现不同程度的变化。如果双方的直接经济损失小于由经济损失造成的心理损失（即由未获得外部参照系所规定的最大收益而采

取的违约或敷衍所造成的交易损失）时，那么改变合约结构或合约内容，将显著改善交易双方的收益。

此外，还可以考虑由外部参照系出现所导致的重新拟约情形。罗必良（2017）提出中国农地流转市场普遍存在空合约，即交易双方不对流转合约的结构或内容做任何界定，完全依赖信任和声誉来保证交易实施。基于信任和声誉进行的农地流转虽然具有积累社会资本的功用，但无可否认的是，外部获利机会的出现会降低传统治理方式或交易形式的效力（Li，2003；Dixit，2004）。如上文所述，空合约即在时期 0 交易双方未签订合约，但在重复博弈的过程中并不必然保持稳定。一种特殊的情形是，外部参照系的价格区间在无穷小和无穷大之间，此时空合约能持续下去。但是，随着外部市场价格的区间缩小，空合约所造成的交易损失将不断增加。尤其考虑零租金的存在，转出户的损失厌恶感将持续增加，进而增加交易损失，直至超过市场价格变动带来的物理损失。此时，重新拟约将不可避免。Becker（1974）的社会互动模型提供了类似的洞见。他指出，人们的效用函数不仅取决于自身所获得的，还取决于周围人所获得的。由此，他将其他主体的所获引入目标主体的效用函数中，从而发现，人们与周围主体保持一致的倾向会使得交易或行为具有收敛趋势。从"自利性偏见"的角度来看，与他人不一致（主要指自己所获低于别人）将造成不公平感，由此诱发报复性行为，在威胁合约稳定时会催生重新谈判。

第三节　基于熟人网络的参照系理论拓展

为进一步探讨熟人网络对参照系作用发挥的影响，假设在时期 1，转入户从租入农地中可以获得 v 的收益，转出农地则会给转出户带来 c 的机会成本。$v \geq c$ 被假设以保证交易的有效性。假设在时期 0，v 和 c 作为变量被交易双方以一定的概率知晓。同时假定，a 和 b 分别为熟人网络内部和外部的违约参数，且外生，并满足 $0 < a < b \leq 1$。同时，假定转入户和转出户能对称地采取欺骗行为。考虑熟人网络对价格变化的敏感性较低，以及关系型投资存在于交易之中，故有 $a < b$（Hart and Moore，2008）。此外，p 为合约价格，并设置 $c \leq p \leq v$ 以保证交易能够发生。假设存在交易价格区间 $[\underline{p}, \overline{p}]$，且只有当转入户能在该区间内找到一个合适价格时，流转才可能发生。考虑交易双方都认为自己应该获得合约规定的最高收益，以及自己不能获得交易中的全部收益，因此，转出户将认为自己应该获得 $p = \min(v, \overline{p})$，转入户则认为自己应支付 $p = \max(c, \underline{p})$。故累计损失值为

$[\min(v,\bar{p}) - \max(c,\underline{p})]$。由此,排除额外损失后,熟人网络内部和外部的最优合约安排所能带来的总盈余分别为

$$R_1 = \max_{\underline{p},\bar{p}} \int_{\substack{v \geq c \\ v \geq p \\ c \leq \bar{p}}} \{v - c - a[\min(v,\bar{p}) - \max(c,\underline{p})]\} dF(v,c) \qquad (7.4)$$

$$R_2 = \max_{\underline{p},\bar{p}} \int_{\substack{v \geq c \\ v \geq p \\ c \leq \bar{p}}} \{v - c - b[\min(v,\bar{p}) - \max(c,\underline{p})]\} dF(v,c) \qquad (7.5)$$

其中,$R_1 \geq R_2$ 成立。如果有 $\bar{p} = \infty$ 和 $\underline{p} = -\infty$,那么 $v - c$ 决定了预期的欺骗损失。但无论满足哪个条件,只要存在 $[\min(v,\bar{p}) - \max(c,\underline{p})] \geq 0$,$R_1 \geq R_2$ 就成立。这表明,欺骗系数越小,亏损就越小,农地租金的波动性就越大。实际上,a 和 b 可以用农地流转过程中关于细节的争论进行表征,如讨价还价和其他会导致额外损失的事件。由于违约行为无法确证,故也难以合约化(Hart and Moore,2008)。然而,考虑小社区内信息的对称性,较小的违约风险有利于降低额外损失并提高交易盈余。

此外,市场中其他交易也会影响交易价格,并发挥参照系作用。之前的交易价格也会被新的合约拟定所参考。参考上文,假定存在合理的价格区间 $[p_{\min}, p_{\max}]$,且有 $v \geq p_{\min}$ 和 $c \leq p_{\max}$ 成立,以保证外部参照系和内在价值与成本不会差距过大。由此,农地流转的盈余可表达为

$$R_1 = \max_{\underline{p},\bar{p}} \int_{\substack{v \geq c \\ v \geq p \\ c \leq \bar{p}}} \{v - c - a[\max(\min(v,\bar{p}), p_{\min}) - \min(\max(c,\underline{p}), p_{\max})]\} \\ dF(v,c,p_{\min},p_{\max}) \qquad (7.6)$$

$$R_2 = \max_{\underline{p},\bar{p}} \int_{\substack{v \geq c \\ v \geq p \\ c \leq \bar{p}}} \{v - c - b[\max(\min(v,\bar{p}), p_{\min}) - \min(\max(c,\underline{p}), p_{\max})]\} \\ dF(v,c,p_{\min},p_{\max}) \qquad (7.7)$$

其中,假设 $p_{\min} = -\infty$ 和 $p_{\max} = \infty$,那么式(7.4)和式(7.5)分别变换为式(7.6)和式(7.7)。然而,熟人间流转会表现出更多的盈余和更高的价格波动概率。如果在时期 0 不存在合约(即 $\underline{p} = -\infty$ 和 $\bar{p} = \infty$),那么外部参照价格区间 $[p_{\min}, p_{\max}]$ 将成立。此时,式(7.6)和式(7.7)将分别转换为式(7.8)和式(7.9):

$$R_1 = \max_{\underline{p},\bar{p}} \int_{v \geq c} \{v - c - a[\min(v, p_{\max}) - \max(c, p_{\min})]\} dF(v,c,p_{\min},p_{\max}) \qquad (7.8)$$

$$R_2 = \max_{\underline{p},\bar{p}} \int_{v \geq c} \{v - c - b[\min(v, p_{\max}) - \max(c, p_{\min})]\} dF(v,c,p_{\min},p_{\max}) \qquad (7.9)$$

其中，转出户认为自己应该获得 $\min(v, p_{max})$，而转入户认为自己应该付出 $\max(c, p_{min})$。然而，由于已经假定 $v \geqslant p_{min}$ 和 $c \leqslant p_{max}$ 成立，那么当 $v \geqslant c$ 被设定时交易才可能发生。很显然，假设决定了 $\min(v, p_{max}) \geqslant \max(c, p_{min})$。当 $\min(v, p_{max}) \neq \max(c, p_{min})$ 时，$a > b$ 造成 $R_1 > R_2$。这一发现意味着，当农地流转发生在熟人之间时，农地租金更可能偏离参照系。

需要指出的是，参照系理论假设买卖双方在时期 0 具有完全的市场信息，该假设仅在小社区范围内成立。此外，Hart 和 Moore（2008）并未提及之前的违约表现会被作为社会关系网络中其他交易的参照，这将使得那些违约的交易主体在未来面临更多的额外损失。如果考虑熟人网络或声誉机制对主体行为的约束，那么 a 将显著小于 b，而熟人间农地租金的方差也会相应提高。但是还发现，随着熟人间流转的农地租金区间的扩大，熟人交易的额外损失将超越其他交易。换言之，在非熟人网络中，参照系在合约执行中将被严格遵守。而在熟人网络中，偏离合理价格区间的程度越大，转入双方的损失厌恶感也会越大，由此导致的讨价还价成本和其他损失也越多。

第四节 本 章 小 结

农地流转市场转型，尤其是熟人交易从人格化向非人格化的转变，意味着中国农村要素市场正在发生深刻变革，其内含的农村社区关系的经济性也在增强。本章基于参照系理论对该趋势进行了机理性分析。研究表明，村庄局部市场型流转中的农地租金容易成为其他流转合约的参照系，这会造成事先签订的空合约或价格区间与市场价格区间有重叠的合约，都会因为交易双方存在损失厌恶而可能导致违约或敷衍，进而诱发合约价格向市场价格调整。在重复博弈的过程中，只要外部参照系变动造成的物理损失小于因损失厌恶所造成的交易损失，流转双方就将重新拟约，并使得交易价格向市场价格逼近。基于熟人交易的特性，本章还设置了熟人网络和非熟人网络的差异化损失厌恶系数，研究发现，尽管熟人网络由于信任和声誉等的存在会使得农地租金的分散化程度更高，但偏离外部参照系仍会显著提高违约损失和交易费用，进而促使熟人交易价格向外部参照系收敛。

实际上，目前学术界在讨论熟人间流转的人格化特征，或强调"空合约"时，都会忽略他们应加以强调的一点，即社区熟人网络未被打破。其实，从参照系理论的视角出发，可以将封闭流转市场中的"空合约"视为市场参照系。当大家都基于社会网络配置要素时，小社区内的声誉机制会约束其他流转合约偏离"空合约"这个均衡点。然而,"空合约"的均衡是极不稳定的。当出现外生冲击时,原有的交易模式会因为经济利益而受到破坏。最为显著的是,目前农村的社会关系已经由"情感"联结向"情感+利益"联结转变(于光君,2006)。农村居民越发向"经济人"转变,社区关系也越发具有市场关系的味道。尽管并不能单纯地认为农地流转已经完全由市场主导,但农业生产要素的配置向经济利益诉求方向转变的趋势并没有结束。一方面,市场需求使得农地交易价值不断增加;另一方面,农村居民对农业收入的依赖性下降,使得试图以流转农地来获得社会资本的可能性越来越低。这两方面的原因无疑将压缩"空合约"的生存空间。

此外,参照系作用的发挥为农村要素市场,甚至其他要素市场的发育提供了重要借鉴,并为公共治理提供了重要思路。它表明,"看得见的手"并非一定要去干预"看不见的手"才能发挥作用。通过为"看不见的手"提供内生动力,使其诱发新的价格形成机制,可以实现比"看得见的手"更佳的效果,即以市场治理市场,而非政府治理市场,重要的是发挥政府的引导和服务功能,强化市场合约之间的互动和信息的披露。

然而,必须对本章研究思路可能面临的质疑做出回应。从逻辑上说,当出现外来流转主体时,也就意味着农地经营权的需求在增加,那么是否可以认为其他交易中的价格增加是由供求关系紧张造成的呢?对于该质疑,笔者认为存在的唯一可能性是村庄出现大企业将全村农地全部租赁,或者村庄所有农地均进入流转交易平台,否则不会出现因供不应求造成的价格普遍提高。在中国农村,普遍存在的情形是仅村庄部分农地被外来主体租赁。由于缺乏租赁主体,其他农地实际上并不存在可明确兑现的市场交易价值,那么何来供求关系紧张一说呢?唯一可以解释从部分市场交易到熟人间市场化流转的逻辑在于,市场交易通过某种方式改变了熟人间的流转形式,从而将"差序格局"所依赖的社会网络打破。显然,参照系理论所依赖的损失厌恶的心理特征为此提供了解释。当农地转出户认为农地的市场交易价值高于流转所积累的社会资本时,他们会参考市场交易价格,从而将流转合约置于市场经济范畴内。此时,即使熟人网络会降低交易费用,也无法抵消偏离参照系所造成的违约成本。

必须承认的是,参照系理论的运用只是一次尝试,对农地流转市场转型的探讨也只处于起步阶段。本章之所以将两类新生事物放在一起,是因为合约的存在依赖于相关合约的支持,而情景的转变则会改变合约稳定所依赖的外围条件。合约的调整完全由交易双方的动机和认知所决定,忽略来自心理和行为的不理性和"自利性偏见"是难以理解合约的拟定和实施的。正是基于"外生冲击—参照系调整—心理干预—重新拟约"的分析思路，本章为理解中国农地流转市场转型提供了待验证的分析视角。

中国传统农村的封闭性和聚村而居的自然特性，加之血缘和地缘关系的传统使得信任"差序格局"内生于乡村传统。在农地流转市场中，信任"差序格局"诱发的交易"差序格局"，造成市场价格机制的失灵。从逻辑上说，农村不签订合约的农地流转属于"空合约"范畴，其既没有合约结构，又缺乏合约内容。那么问题在于：该类型合约的形成机制为何？曹正汉和罗必良（2003）曾指出，一套低效率的制度之所以能够长期存在，是因为存在来自其他制度的支持，"中心-外围"的制度或合约治理模式是关键。正是由于存在传统的信任、熟人网络、声誉等社会契约，农地流转的"空合约"才能够存在。目前，学术界坚持的主要观点仍是中国农地流转市场存在大量的非正式交易，尤其是发生于熟人之间的农地流转。然而，无论是"空合约"，还是合约治理，均属于静态比较分析范畴，并未从动态博弈或重复博弈视角观察合约的演变。如果在理论层面缺乏探讨，那么表现在经验中的就是，信任"差序格局"扎根于学术研究，阻碍学者们对农地流转市场化，尤其是对熟人间流转市场化的有效观察。

对趋势观察的滞后当然有理论拓展不足的原因，另一个基本的事实是，交易的发展也有其阶段性特征，且演变具有多重均衡的可能。Dixit（2004）指出，人格化交易和市场交易是交易的两种均衡状态或极端形式。从人格化交易向市场交易转变，将经历一个效率更低的阶段。由于市场交易往往借助组织发挥作用，在市场容量较小、组织效率无法发挥时，交易费用将显著大于交易剩余。在现实中，可以观察到这样的情形，一个村庄出现大企业租地，整村的农地流转都实现市场交易。一旦企业离开，又进入人格化交易的状态。有些村庄则呈现人格化交易与非人格化交易并存的情形。这种反复的、多状态的合约形式转变早已被 Fehr 等（2011）论证。他们发现，交易双方的拟约并不排斥根据外界环境来重新做出。即使存在损失厌恶的心理，市场价格的消失或熟人网络也是拟约必须考虑的。当然，农地的不可移动性是其交易状态反复的根源。很显然，局部空合约的均衡和整体交易形式的反复，要求将捕捉动态变化的、锚定不同参照系的理论体系进行引入与拓展。

参照系理论的优势在于，将人类损失厌恶的心理特征引入合约理论，通过多阶段的动态博弈，考察合约的拟定和实施。从心理状态出发的理念完全契合农村居民普遍存在的"眼红""嫉妒"等心理特征，且符合中国传统文化中"不患寡而患不均"的思路。然而，参照系理论运用的最大挑战在于，缺乏对现实世界的关注，以及约束条件的苛刻。实际上，无论是哪种理论，其适用范围都是有限的。关键在于，如何根据所处情景进行相应的调整和转换。毫无疑问，即使将参照系理论置于熟人网络之中，其效力也依然存在。尤其考虑小社区中重复博弈的可能性，参照系的调整和对市场价格的锚定都成为运用该理论的有利条件。参照系理论为讨论中国农地流转市场转型提供了一种思路，中国实践则为该理论的运用和拓展提供了肥沃的土壤。合约的多样性、市场化程度的差异、熟人网络、多样化的租金类型都是合约理论需要关注的内容。这些因素既可以改变合约的形式，又可以干扰合约的自我执行，甚至可以影响交易的达成，并最终决定要素的配置和使用效率。

第八章 农地流转市场转型的劳动力配置效应

引言：本章利用2015年CHFS数据分析了农地流转市场化对农村劳动力配置的影响。研究结果显示，农地转入提高了农户在农业生产中的劳动力配置。同时，农地租金和营利性动机均会激励转入户在农业中投入更多的劳动力。进一步的分析表明，与熟人交易的转入户和与非熟人交易的转入户在劳动力配置上不存在显著差异，这是由当前熟人间流转市场化程度不断提高造成的。本章表明，提高农地流转的市场化程度，对于引导农业可持续性发展和避免农地抛荒具有重要意义。

第一节 研 究 背 景

城市化和农村劳动力快速转移已经成为全球性现象（Liu et al., 2014a; Liu Y S et al., 2017）。但在许多发展中国家，农村劳动力非农转移已经造成耕地抛荒和空心村的出现（Liu et al., 2010; Liu, 2018），由此阻碍了农业农村的发展（Zhang et al., 2011）。很多国家，农村劳动力剩余的时代已经过去，青壮年劳动力的大量流失使得农业生产中的劳动成本居高不下（Luo, 2018）。在此过程中，耕地抛荒、农地低效率使用等问题不断恶化。

改革开放以来，我国经历了全球规模最大的农村劳动力非农转移（Zhao, 1999）。尤其伴随着户籍制度的改革，2000年以来的城乡人口迁移更为活跃（Cai and Lu, 2016; Cai, 2018）。相关研究表明，由于农村劳动力流出第一产业（Deininger and Jin, 2005），我国农村劳动力从事农业经营的比例从1978年的70%以上降至2000年的50%以下（Johnson, 2002）。《中国农村经营管理统计年报（2016年）》数据显示，2016年我国农村劳动力从事农业生产的比例不足37.65%。此外，农闲阶段劳动力非农就业工资

本章内容部分发表在 *Land Use Policy*。

的快速上升，意味着我国已经进入劳动力短缺阶段，这将影响农村土地利用效率和农业的可持续发展（Zhang et al.，2011）。加之农村常住人口减少、农村衰落（Liu et al.，2014b；Liu，2018）和贫困（Liu Y S et al.，2017）等，农地抛荒和低效率使用变得越发普遍。因此，规避大面积农地抛荒，诱导农村劳动力从事农业生产，是下一步农业农村政策改革的重点。

已有研究分析了农地流转对农村劳动力非农转移的影响（Feng and Heerink，2008；Mullan et al.，2011；Chernina et al.，2014），但大多数文献关注的是转出户，并发现农地转出有助于加速农村劳动力非农转移。从理论上来讲，如果转入户是出于营利性动机转入的农地，那么竞争性交易将激励更多的劳动力从事农业生产，促进农地可持续利用。

然而，由于我国农地流转市场的价格机制缺乏效力，农地流转不满足市场型交易的基本假设（Deininger and Jin，2005，2009；Feng and Heerink，2008；Wang et al.，2015；Ma et al.，2015）。如果农地流转伴随着较低的农地利用效率，那么必然同时伴随不断减少的劳动投入。Holden 和 Ghebru（2005）发现，熟人间流转往往伴随着更低的农地利用效率。虽然 Jin 和 Jayne（2013）指出，农地流转提高了农地利用效率，但由此带来的收入增加并不足以提供更多的劳动就业机会。上述讨论意味着，我国农地流转市场中的人格化交易可能诱发更多的农业劳动力转移，从而加剧农地抛荒和低效率使用。

但本书前面章节已经表明，当前的熟人间流转已呈现较高的市场化程度[①]。具体而言，熟人间流转的农地租金和营利性动机与非熟人间流转具有一致性。对于那些出于营利性动机转入农地的农户，尤其在支付了高租金之后，只有提高农地利用效率，增加经营性利润，才能获益。显然，调整种植业结构或提高单位净利润是关键，这需要提高劳动及相关要素的投入。随着农地产出率和劳动生产率的提高，农地抛荒会自发受到抑制，农地也会得到可持续利用。

本章主要内容包括三方面：第一，研究农地转入与劳动力配置的关系；第二，探讨农地流转市场化对劳动力配置的影响；第三，剖析农地流转市场化对种植业结构的影响，从而确定农地流转市场化影响劳动力配置的路径。

---

① 本章将农地流转的市场化定义为从关系型交易向市场型交易的转变。伴随着低租金或非营利性动机的农地流转，基于营利性动机和高租金的农地流转表征了市场在农地配置中的主导作用。市场型流转意味着农地使用绩效将受到产品市场的检验。正如 Cheung（1983）指出的，与不需要经过市场检验的经营活动相比，面临市场检验压力的组织往往具有更高的效率。其原因在于，市场会自发清理那些利润率不足或经营不善的企业。

第二节　农地流转与农村劳动力非农转移现状

一、农地流转状况

众所周知,我国面临严重的农地细碎化问题(Tan et al.,2006;Chen et al.,2009;Jia and Petrick,2014)。活跃农地流转市场有利于扩大农地经营规模,降低分散化经营的弊端(Zhang et al.,2004;Feng and Heerink,2008)。自1998年官方认可农户的流转自主权以来,2002年和2008年又相继通过法律对农户的土地财产权益进行强化,由此农户具有了一定的农地交易权(Deininger and Jin,2009;Wang et al.,2011)。

相关数据显示,1988年和1995年,流转农地占总耕地的比例均不足3%(Benjamin and Brandt,2002),2000年则达到了7%(Zhang et al.,2002)。进入21世纪以来,随着农村劳动力大规模非农转移(Cai and Lu,2016;Cai,2018),农地流转市场变得越发活跃(Kung,2002)。2008年和2009年中央一号文件更是明确提出要推进农地流转,这两年的农地流转增速随即高达70.31%和37.61%。随着中央政策的出台,各省(自治区、直辖市)在其政府工作报告中也明确将推进农地流转作为工作重点,江苏等省更是以直接补贴或间接补贴的方式推动农地流转。2006~2016年《中国农村经营管理统计年报》数据显示,我国农地流转率已从2006年的4.57%升至2016年的35.14%。

考虑到部分地方政府违背农民意愿强行推动农地流转,2010年以来,中央相关政策文件宣称要鼓励和引导农地流转,而不提倡强制流转。特别是随着农业社会化服务的发展,农地规模经营的部分功能已经被取代(Luo,2018)。部分研究指出,农地规模经营受制于农地细碎化和经营权分散化等因素,服务规模经营可以引导小农户参与社会化分工(罗必良等,2018;Zhang,2020)。近年来,农业农村部发布了大力培育家庭农场的相关政策文件。其中,家庭农场的最低规模要求50亩。考虑到我国农地经营权具有的分散化特征,这仍然需要一个完善且健全的农地流转市场作为依托。

虽然我国农地流转市场近10年取得了长足发展,但非市场特征依然占据重要地位,如非正式合约广泛使用(Feng,2008;Wang et al.,2015)、熟人间流转大量存在(Ma et al.,2015;Deininger and Jin,2009)。Wang等(2015)调查发现,村内流转的比例从2000年的96.65%降至2008年的85.47%。但是,2000年亲属间流转的比例为46.64%,2008年基本不变。

Ma 等（2015）则发现，江西省在 2010 年的农地流转中有 94%采取了口头合约，甘肃省 2009 年的流转中有 58%采取了口头合约。此外，江西省和甘肃省的农地流转中分别有 95%和 85%发生在亲友之间。2006~2016 年《中国农村经营管理统计年报》数据显示，村庄内部农地流转占比已从 2006 年的 67.33%降至 2016 年的 55.18%。

Qiu 等（2018）发现，熟人间流转与非熟人间流转的农地租金并不存在显著差异。这表明，农地流转市场中的非正式特征正在不断消失。此外，2015 年 CHFS 数据中转入户样本的分析显示，转入户平均转入农地 2.208 亩，支付的农地租金平均为 117.237 元/（亩·a），且 31.2%的转入户将转入农地用于种植经济作物。此外，与熟人交易的转入户占总转入户数量的 89.37%。其中，52.5%是出于营利性动机流转的农地，其平均支付的农地租金为 320.165 元/（亩·a）。

二、农村劳动力非农转移状况

Cai（2018）认为，农村劳动力非农转移在当今中国是不可逆转的趋势，而且许多随父母迁移的孩子，已经习惯在城市生活，且缺乏农业生产的基本技能，这将导致农村劳动力持续退出农业经营（Ma et al., 2018）。许多研究对农村劳动力退出农业经营的原因进行了探究（Chang and Brada, 2002；Chang, 2003），发现个人、家庭、社区和制度等特征对农户离农具有显著影响（Hare and Zhao, 1999；Zhao, 1999）。

2006~2016 年《中国农村经营管理统计年报》数据显示，我国农村劳动力从事农业经营的比例从 2006 年的 43.07%降至 2016 年的 37.65%。进城务工的农村劳动力占比则从 2006 年的 29.87%增至 2016 年的 41.45%。正如 Cai（2018）所说的，农村劳动力的非农转移和从低效率农业经营中的退出，使得资源配置效率得到了大幅改善。可以预见，农村人口向城镇转移的数量将持续增加，由此造成的农业劳动力短缺或许在未来将成为制约我国农业绩效改善的关键。

众所周知，农业生产率相对低下是决定农村人口向城市流动的重要因素（Cai and Lu, 2016）。随着农业 GDP 的下降，农业就业人数也相应减少。2006~2016 年《中国农村经营管理统计年报》数据显示，2006 年农业 GDP 占 GDP 总量的比重为 10.6%，2016 年则仅占 8.1%，而 1999 年为 16.1%。此外，农业收入占农村居民人均纯收入的比例由 1999 年的 41.55%和 2006 年的 31.08%下降到 2012 年的 25.11%。而且，目前老年人和妇女在经营农业生产的劳动力中占有很大比例。2010 年第六次全国人口普查数据显示，从事农业经营的劳动力中，60 岁以上的人口占 13.78%，女性则占 49.05%。随着人口老龄化和青壮年男性劳动力的加速流出，农业劳动力短缺问题将变得更加严峻。

第三节 数据、变量和估计策略

一、数据来源

本章采用的数据来自 2015 年 CHFS，具体数据介绍参见第一章。由于 504 户农户缺失了部分重要信息，故本章最终使用的样本包括 11131 户农户。在样本农户中，2014 年有 1665 户农户转入了农地。其中，1488 户转入户是与熟人发生的流转交易，占总转入户数量的 89.37%。

二、变量选择

因变量。本章因变量为家庭劳动力配置，以农户在农业中的劳动力投入进行衡量（Feng et al.，2010；Huang et al.，2012；Ma et al.，2015）。为进一步确定农地转入影响农业劳动力的路径，本章还识别了转入农地的用途。如果转入户将转入的农地用于种植经济作物，则赋值为 1；如果转入户将转入的农地用于种植粮食作物，则赋值为 0。

主要自变量。农地转入为本章主要自变量。参照已有研究（Feng and Heerink，2008；Wang et al.，2018），本章采用农地转入的虚拟变量加以衡量。此外，农地租金和农地流转动机均反映了农地流转的市场化程度。这是因为，首先，价格是市场作用发挥的主要路径（Kreps，2013）。已有研究之所以将熟人间流转视为非正式流转，一个重要原因就是零租金或低租金的普遍存在（Macours et al.，2010；Ma et al.，2015；Wang et al.，2015）。其次，新古典经济学主张，理性经济人是为了实现利润最大化而参与的市场竞争。这意味着，缺乏营利性动机的流转不能被界定为市场型流转。

其余控制变量。参考已有研究（Mullan et al.，2011；Liu Z et al.，2017；Xiao and Zhao，2018），本章还控制了户主特征、家庭特征、农地特征和村庄特征等变量。其中，户主特征包括户主性别、户主年龄和户主受教育年限；家庭特征包括家庭规模、未成年人占比（Ma et al.，2015）和老年人口占比。由于农村地区 65 岁以上的老年人口大多还在从事农业生产或其他行业，因此本章将 70 岁以上而非 65 岁以上的人视为老年人口。从事商业经营和拥有小汽车、活期存款和定期存款额则表征了家庭特征，可能同时影响农户职业选择和农地流转。农业机械价值则表征了农户的农业专用型投资；农地特征包括承包地面积（Xiao and Zhao，2018）、承包地块数和是否转出农地。参考 Wang 等（2011）、Abdulai 和 Goetz（2014）的研究，农地承包证书和征地状况被用来衡量农地产权。此外，还引入了村庄交通状况、村庄农地产权和村庄农机服务发展状况变量，并控制了省级虚拟变量。具体变量定义与描述见表 8.1。

表 8.1 变量定义与描述

变量	定义	均值	标准差
农业劳动力占比	家庭从事农业的劳动力占比	0.400	0.384
转入农地用途	1 = 种植经济作物，0 = 种植粮食作物	0.312	—
是否转入农地	1 = 转入农地，0 = 其他	0.143	—
农地租金	支付给转出户的农地租金/（元/hm²）（自然对数）	4.582	4.042
农地流转动机	1 = 营利性动机流转农地，0 = 其他	0.547	—
户主性别	1 = 男性，0 = 女性	0.878	—
户主年龄	户主的实际年龄/周岁	55.687	12.542
户主受教育年限	户主受正规教育的年限/年	6.096	3.212
家庭规模	家庭总人口规模	4.116	1.936
未成年人占比	16 岁以下人口占比	0.026	0.074
老年人口占比	70 岁以上人口占比	0.053	0.178
从事商业经营	1 = 从事商业经营，0 = 其他	0.108	—
拥有小汽车	1 = 拥有小汽车，0 = 其他	0.135	—
活期存款	家庭活期存款额度/元（自然对数）	3.613	4.443
定期存款	家庭定期存款额度/元（自然对数）	1.107	3.187
农业机械价值	家庭农业机械的价值/元（自然对数）	1.384	3.138
承包地面积	承包耕地总面积/亩	7.338	39.823
承包地块数	承包耕地的块数/块	0.627	2.587
是否转出农地	1 = 转出农地，0 = 其他	0.117	—
农地承包证书	1 = 持有农地承包证书，0 = 其他	0.379	—
征地状况	2000 年以来经历的征地次数	0.104	0.411
村庄交通状况	1 = 很好，2 = 较好，3 = 一般，4 = 较差	2.434	0.665
村庄农地产权	村庄持有农地承包经营权证书的农户占比	0.368	0.266
村庄农机服务发展状况	村庄采用农机服务的农户占比	0.296	0.249
省级虚拟变量	各省份的虚拟变量	—	—

三、估计策略

本章的目的是考察农地流转市场化对家庭劳动力配置的影响，需要检验农地转入的虚拟变量及流转市场化对农业劳动力的影响。为此，识别如下两组方程：

$$L_i = \beta_0 + \beta_1 R_i + X\beta_2 + \varepsilon \quad (8.1)$$
$$L_i = \alpha_0 + \alpha_1 M_i + X\alpha_2 + \varepsilon \quad (8.2)$$

式中，L_i 为农业劳动力占比；R_i 为转入农地的虚拟变量；M_i 为农地流转的市场化程度，用农地租金和农地流转动机加以衡量；X 为由户主特征、家庭特征、农地特征等控制变量构成的向量；β_0 和 α_0 为常数项；β_1、β_2、α_1 和 α_2 为待估计系数；ε 为随机误差项，并符合正态分布。

然而，式（8.1）和式（8.2）的估计面临内生性问题，这是因为农村劳动力非农转移会对农地流转产生反向影响（Kung, 2002; Feng et al., 2010），即存在反向因果关系。与此同时，转入户可能本来就具有较低的非农就业率，即存在自选择问题。Angrist 和 Pischke（2009）认为，工具变量法已经被广泛用于处理内生性问题。考虑农业劳动力占比为连续变量，故采用 2sls 来估计式（8.1）和式（8.2）。相关研究指出，村庄农地流转市场的发展可以作为农户流转行为的工具变量（Qiu et al., 2020b）。而且，农地流转市场的发展仅能够通过影响农户是否参与农地流转，进而影响其劳动力配置。具体而言，采用村庄其他转入农地的农户占村庄农户总数的比重作为是否转入农地变量的工具变量；采用村庄其他转入户支付的平均农地租金作为农地租金的工具变量；采用村庄其他转入户营利性动机的均值作为农地流转动机的工具变量。

根据工具变量的排他性要求，农地流转市场的发展只能够通过影响农户的农地流转行为影响其劳动力配置。虽然目前还没有官方的标准检验只存在一个工具变量时的排他性问题，但中介变量原理在一定程度上可以作为替代性选择。理论上来说，如果工具变量仅通过内生变量来影响劳动力配置，那么控制内生变量后，工具变量对因变量的影响应该不显著，即内生变量阻断了工具变量的作用路径。下文将给出排他性检验的结果。

为考察农地转入影响劳动力配置的机制，本章进一步分析了农地流转市场化对转入农地种植类型的影响。从理论上讲，如果转入户以营利性动机转入农地，并为此支付了较高的农地租金，那么他们很可能种植经济作物。其原因在于，种植经济作物的高收益可以抵消高租金和交易费用，并可能由此激励更多的劳动力投入农业生产。为此，识别如下模型：

$$K_i = \chi_0 + \chi_1 M_i + X\chi_2 + \varepsilon \quad (8.3)$$

式中，K_i 为转入农地用途，如果农户将转入农地用于种植经济作物，则赋值为 1；如果农户将转入农地用于种植粮食作物，则赋值为 0。其他变量和参数的定义与式（8.2）中的一致。式（8.3）的估计可能面临内生性问题，这是因为其他因素，如当地经济或种植传统等，可能会影响农地流转的市场化程度，并决定转入农地的用途，即存在自选择问题。为此，本章再次利用式（8.2）中的工具变量估计式（8.3）。考虑式（8.3）中的因变量为二元变量，故采取 IV-probit 进行估计。需要指出的是，本章已经控制了村庄交通状况、村庄农地产权和村庄农机服务发展状况，以及家庭经济状况等变量，有利于缓解自选择问题。后文将检验式（8.3）是否仍面临内生性问题。

第四节 估计结果分析

一、农地转入对农业劳动力的影响

表 8.2 显示了式（8.1）和式（8.2）的模型估计结果。首先，杜宾-吴-豪斯曼检验表明，表 8.2 的估计面临内生性问题。其次，弱工具变量检验和识别不足检验表明，式（8.1）和式（8.2）的估计不存在弱工具变量问题。此外，在表 8.2 的估计 1、估计 3 和估计 5 中，内生变量的影响显著。但在表 8.3 中的估计 1 到估计 3，同时引入内生变量和工具变量，所有工具变量均不显著。弱工具变量检验表明，工具变量与内生变量存在较强的相关性，即在不控制内生变量的情况下，工具变量与因变量也存在显著关系。由此表明，本章的工具变量满足排他性假设。

表 8.2 农地转入对农业劳动力的影响

变量	估计 1 ols	估计 2 2sls	估计 3 ols	估计 4 2sls	估计 5 ols	估计 6 2sls
是否转入农地	0.108*** (0.010)	0.291*** (0.067)	—	—	—	—
农地租金	—	—	0.012*** (0.004)	0.020*** (0.005)	—	—
农地流转动机	—	—	—	—	0.058*** (0.019)	0.192** (0.079)
户主性别	0.062*** (0.011)	0.054*** (0.011)	0.030 (0.033)	0.030 (0.033)	0.012 (0.033)	0.014 (0.032)
户主年龄	−0.001 (0.000)	−0.001*** (0.000)	−0.001 (0.001)	−0.001 (0.010)	−0.001 (0.001)	−0.014 (0.032)
户主受教育年限	−0.006*** (0.001)	−0.005*** (0.001)	−0.003 (0.003)	−0.003 (0.003)	−0.001 (0.003)	−0.001 (0.001)

续表

变量	估计1 ols	估计2 2sls	估计3 ols	估计4 2sls	估计5 ols	估计6 2sls
家庭规模	−0.019*** (0.002)	−0.019*** (0.002)	−0.041*** (0.005)	−0.042*** (0.005)	−0.043*** (0.005)	−0.045*** (0.005)
未成年人占比	0.058 (0.048)	0.062 (0.048)	0.436*** (0.005)	0.432*** (0.110)	0.397*** (0.115)	0.379*** (0.113)
老年人口占比	−0.414*** (0.017)	−0.405*** (0.018)	−0.605*** (0.093)	−0.612*** (0.093)	−0.632*** (0.092)	−0.660*** (0.097)
从事商业经营	−0.080*** (0.011)	−0.077*** (0.011)	−0.073** (0.029)	−0.075*** (0.029)	−0.067** (0.031)	−0.072** (0.031)
拥有小汽车	0.010 (0.011)	0.010 (0.011)	0.012 (0.026)	0.006 (0.002)	0.000 (0.027)	−0.013 (0.027)
活期存款	0.001 (0.001)	0.000 (0.001)	−0.003* (0.002)	−0.003* (0.002)	−0.003 (0.002)	−0.003 (0.002)
定期存款	−0.002 (0.001)	−0.002* (0.001)	−0.001 (0.003)	−0.000 (0.003)	−0.002 (0.003)	−0.002 (0.003)
农业机械价值	0.017*** (0.001)	0.013*** (0.002)	0.006*** (0.002)	0.005** (0.002)	0.007*** (0.002)	0.005** (0.002)
承包地面积	0.000 (0.000)	0.000 (0.000)	−0.000 (0.000)	−0.000 (0.000)	−0.000 (0.000)	−0.000 (0.000)
承包地块数	0.006*** (0.002)	0.006*** (0.002)	0.004 (0.003)	0.003 (0.003)	0.003 (0.003)	0.003 (0.003)
是否转出农地	−0.173*** (0.010)	−0.154*** (0.012)	−0.027 (0.053)	−0.028 (0.052)	0.025 (0.051)	0.028 (0.051)
农地承包证书	0.078*** (0.008)	0.076*** (0.008)	0.052*** (0.020)	0.053*** (0.020)	0.054*** (0.020)	0.057*** (0.020)
征地状况	−0.029*** (0.007)	−0.029*** (0.007)	0.006 (0.023)	0.008 (0.023)	0.015 (0.023)	0.021 (0.024)
村庄交通状况（以"较差"为参照组）						
很好	0.012 (0.022)	0.007 (0.023)	−0.036 (0.049)	−0.033 (0.048)	−0.048 (0.048)	−0.037 (0.048)
较好	−0.005 (0.015)	−0.001 (0.015)	0.010 (0.032)	0.012 (0.031)	0.011 (0.030)	0.016 (0.031)
一般	0.020 (0.015)	0.023 (0.016)	0.018 (0.032)	0.022 (0.032)	0.005 (0.031)	0.011 (0.031)
村庄农地产权	0.056*** (0.017)	0.053*** (0.017)	0.037 (0.043)	0.038 (0.043)	0.060 (0.043)	0.062 (0.043)
村庄农机服务发展状况	0.075*** (0.018)	0.055*** (0.020)	−0.094** (0.047)	−0.104** (0.047)	−0.091* (0.168)	−0.126** (0.051)
省级虚拟变量	已控制	已控制	已控制	已控制	已控制	已控制
常数项	0.367 (0.061)	0.476*** (0.042)	0.969*** (0.132)	0.827*** (0.097)	0.632*** (0.154)	0.755*** (0.107)
观测值	11131	11131	1512	1512	1515	1515

续表

变量	估计1 ols	估计2 2sls	估计3 ols	估计4 2sls	估计5 ols	估计6 2sls
VIF	1.52	—	1.38	—	1.37	—
R^2	0.186	0.160	0.133	0.130	0.135	0.106
杜宾-吴-豪斯曼检验	7.832***		4.064**		3.174*	
弱工具变量检验	218.768		2252.450		74.358	
识别不足检验	201.086***		406.816***		68.258***	

***、**和*分别表示在1%、5%和10%水平上显著。
注：括号内的数值为稳健标准误。

表8.3　工具变量的排他性检验

变量	估计1 ols	估计2 ols	估计3 ols
是否转入农地	0.095*** (0.009)	—	—
农地租金	—	0.004 (0.004)	—
农地流转动机	—	—	0.033** (0.016)
工具变量	−0.015 (0.020)	0.008 (0.006)	0.026 (0.024)
控制变量	已控制	已控制	已控制
常数项	0.457*** (0.059)	0.902*** (0.132)	0.556*** (0.151)
观测值	11131	1512	1515
R^2	0.237	0.176	0.187

***、**分别表示在1%、5%水平上显著。
注：括号内的数值为稳健标准误。

表8.2中的估计2显示，是否转入农地在1%显著水平上正向影响农业劳动力占比。同时，估计2中农地转入变量的估计系数要显著大于估计1中的，这说明忽视内生性问题将低估农地转入对农业劳动力的吸纳作用。具体而言，估计2中的结果显示，与未转入农地的农户相比，转入农地的农户在农业中投入的劳动力增加了29.1个百分点。此外，2015年CHFS数据显示，未转入农地的农户的农业劳动力占比平均为37.1%，而转入户的达到了57.3%。

虽然还没有研究直接估计农地转入与农业劳动力配置的关系，但多篇论文论述了农地转出与农村劳动力非农转移存在显著相关性（Shi et al.，2007；Yan et al.，2014）。然而，现有研究并未考虑农地流转与农村劳动力非农转移的反向因果关系（Liu Z et al.，2017；Xiao and Zhao，2018）。此外，Xiao和Zhao（2018）发现，农地经营面积的增加与家庭劳动力从事农业生产活动之间存在负相关关系，且估计系数为0.013，即农地经营面积每增加1个百分点，劳动力非农就业的概率就增加1.3个百分点。他们认为，造成这一反常现象的原因是农地收入效应在非农转移的机会成本中起主导作用。但是，转入农地显然会增加劳动力需求。此外，Qiu等（2018）还发现，随着农地流转市场化程度的提高，转入户可能会从事"非粮化"生产。在此过程中，农地经营利润将会增加，并会吸引更多的劳动力从事农业生产。

众所周知，我国农村存在大量的关系型流转（Deininger and Jin, 2009; Ma et al., 2015），这些交易往往伴随着口头合约或低租金。从理论上来讲，价格信号失灵会造成农地和劳动力要素的错配。那些出于非营利性动机帮助亲友邻居耕作农地的转入户，并不会在农业生产中投入更多的劳动力。然而，近年来我国农地流转市场已经发生显著转变。虽然根据2015年CHFS数据，仍有89.37%的转入户是与熟人发生的流转交易，但其中已有超过50%的转入户是出于营利性动机流转的农地。随着农地流转市场化程度的提高，追求农业经营利润最大化的转入户将更倾向于种植经济作物，并在农业中投入更多的劳动力。换句话说，熟人间流转的市场化将促使市场在要素配置中起决定性作用。在此过程中，农业中的劳动力短缺和农地抛荒问题均会得到缓解。

估计4和估计6的结果显示，农地流转市场化程度的提高有利于农业吸附更多的劳动力。具体而言，农地租金和农地流转动机分别在1%和5%显著水平上正向影响农业劳动力占比。此外还发现，估计4中农地租金的系数大于估计3中的，估计6中农地流转动机的系数大于估计5中的。这表明，忽视内生性问题将严重低估农地流转市场化对农业劳动力的吸纳作用。具体而言，农地租金每增加1元/hm^2，农业劳动力占比就增加2个百分点。类似地，与出于非营利性动机转入农地的农户相比，出于营利性动机转入农地的农户的农业劳动力占比高出19.2个百分点。

Qiu等（2018，2020b）指出，农地租金和农地流转动机可以用来衡量农地流转的市场化程度。支付高租金的转入户一般都是追求农业经营利润最大化的，更大可能地种植高经济附加值的农作物。显然，种植经济作物比种植粮食作物需要更多的劳动投入。同样，以营利为目的的转入户也倾向于种植经济作物。换句话说，营利性动机和价格决定了要素的配置和使用。随着农地流转市场化程度的提高，农地将流转到农业经营能力更强的主体手中。考虑我国粮食价格相对较低，以营利为目的的转入户不太可能种植粮食作物。随着农地价值的提高和转入户经营动机的转变，农业生产中的劳动力短缺问题将因为农民的职业分化而得到缓解，农地抛荒也会随之得到抑制。

在其他控制变量的影响方面，如果户主是男性，则家庭从事农业的劳动力更多。同时，户主年龄和户主受教育年限对农业劳动力具有负向影响。其原因在于，年龄越大，劳动能力越弱，由此减少了农业中的劳动投入；户主受教育年限越长，越可能从事非农就业，这也将减少在农业中的劳动投入。家庭规模对农业劳动力存在负向影响，这是因为农业难以保证大家庭的生计，故家庭劳动力更倾向于外出务工。老年人口占比越高，农业生产中的劳动投入越少。此外，农业机械价值与农业劳动力占比呈正相关，这是因为农业机械属于专用型资产，这会激励农户投入更多的要素在农业生产中。同时，承包地规模增加了农业劳动投入。其原因在于，较大的经营规模提高了劳动生产率，有助于吸附更多的劳动力就业。与已有研究的发现一致，转出农地的农户更可能从事非农就业（Feng et al.，2010；Liu Z et al.，2017）。此外，拥有农地承包经营权证书的农户更倾向于增加农业劳动力，征地则会导致农业劳动力的下降（Ma et al.，2015）。村庄农地产权和村庄农机服务发展状况有利于提高农业劳动力占比。可能的解释是，虽然采用农机服务降低了对农业劳动力的需求，但农机服务的发展也会激励农地租赁，进而诱发更多的劳动力参与农业生产。其余控制变量的影响不显著。

二、进一步分析 1：转入农地是如何被利用的

表 8.4 显示了式（8.3）的模型估计结果。虽然弱工具变量检验和识别不足检验表明式（8.3）的估计不存在弱工具变量问题，但杜宾-吴-豪斯曼检验显示表 8.4 的估计并不存在内生性问题。其原因在于，农地租金和农地流转动机均为转入农地用途的前定变量，即不存在反向因果关系。由此，内生性的唯一来源即自选择问题。本章进一步控制了户主、家庭、土地和村庄等可能影响农地流转动机、农地租金和转入农地用途的特征变量，以此缓解自选择问题。

表 8.4　农地流转市场化对转入农地用途的影响

变量	估计 1 probit	估计 2 IV-probit	估计 3 probit	估计 4 IV-probit
农地租金	0.107*** (0.016)	0.131*** (0.022)	—	—
农地流转动机	—	—	0.481*** (0.084)	0.779** (0.215)
控制变量	已控制	已控制	已控制	已控制
常数项	−1.134*** (0.413)	−1.199*** (0.414)	−0.985** (0.413)	−1.151*** (0.446)

续表

变量	估计 1 probit	估计 2 IV-probit	估计 3 probit	估计 4 IV-probit
观测值	1486	1486	1493	1493
伪似然对数值	−781.909	−3660.276	−800.867	−1603.254
Wald 值	219.37***	217.97***	231.53***	228.12***
杜宾-吴-豪斯曼检验	0.590		0.009	
弱工具变量检验		2178.239		75.147
识别不足检验		398.096***		68.840***

***、**分别表示在 1%、5%水平上显著。

注：括号内的数值为稳健标准误。

估计 1 和估计 3 的结果显示，农地租金和农地流转动机变量均在 1%显著水平上正向影响转入农地用途变量。该发现表明，那些出于营利性动机流转农地或支付高租金的转入户，更可能进行"非粮化"种植。根据 2016 年《全国农产品成本收益资料汇编》，劳动成本占粮食生产总成本的 41.03%，该数据在经济作物中则为 54.75%。随着农地流转市场化程度的提高，转入户将把更多的流转农地用于种植经济作物，这会极大地提高农业对劳动力的吸纳能力，即发展竞争性的农地流转市场，有助于优化劳动力和农地的配置效率。

尽管许多研究认为农地流转将导致"非粮化"生产（Chen et al., 2014；Liu et al., 2014a），但 Liu 等（2008）和 Qiu 等（2020b, 2020c）发现，农地流转具有激励粮食生产的功能。事实上，如果转入主体是企业、合作社等具有营利性动机的主体，那么转入的农地被用于种植经济作物的可能性增加；反之，如果农地流转交易发生于熟人之间，且农业经营目的为务农成本最小化，那么转入户将会采用农业机械，这有利于粮食的生产。但正如 Qiu 等（2018）指出的，熟人间流转的市场化会提高熟人交易的利润率，这会激励转入户更多地从事"非粮化"生产，实现农业经营利润最大化。本部分内容在第九章中做了系统分析。

但是，农地流转的市场化受制于我国农地用途管制和农产品价格管制。在我国，基本农田只能用于种植主要粮食作物和部分限制性经济作物。尤其是在粮食主产区，农民种植粮食作物受到政策和地方政府的约束。同时，我国的粮食价格以收购价为基础，这说明价格管制的存在。虽然已有超过 50%熟人间流转是基于营利性动机发生的，但市场型流转的发展仍面临很大挑战。从表 8.2 的结果可以看出，农地流转的市场化可能诱发"非粮化"

生产。同样，由于农地用途管制的存在，农地流转的预期收益将降低，这也会限制农地流转的市场化进程，进而导致农地抛荒和低效率使用的长期存在。

三、进一步分析 2：农地流转对象对农业劳动力配置的影响

如前所述，我国大量的农地流转发生于具有紧密社会关系的主体之间，且熟人间流转的市场化程度正在持续提高。理论上来讲，如果熟人间流转与非熟人间流转的农地租金或营利性动机趋同，那么两种类型的农地流转将具有类似的劳动配置效应。表 8.5 显示了农地流转对象对农业劳动力配置的影响。

表 8.5　农地流转对象对农业劳动力配置的影响

变量	估计 1 ols	估计 2 2sls
农地流转对象	0.047（0.030）	0.064（0.120）
控制变量	已控制	已控制
常数项	0.630***（0.155）	0.815***（0.155）
观测值	1518	1518
R^2	0.133	0.133
杜宾-吴-豪斯曼检验		0.612
弱工具变量检验		40.671
识别不足检验		36.432***

***表示在 1%水平上显著。

注：括号内的数值为稳健标准误。

农地流转对象为二元变量，如果转入户转入熟人的农地，则赋值为 1；如果转入户转入非熟人的农地，则赋值为 0。由于农地流转对象与农业劳动力占比的关系可能存在自选择问题，故本章构建了一个工具变量（即村庄其他与熟人交易的转入户数量占总转入户数量的比重），并采用 2sls 进行估计。杜宾-吴-豪斯曼检验显示，表 8.5 的估计不存在内生性问题。其原因在于，随着农地流转市场化程度的提高，熟人间流转与非熟人间流转的差异正在缩小。

估计 1 的结果显示，无论是与熟人交易的转入户，还是与非熟人交易的转入户，他们在农业劳动力的配置上不存在显著差异。考虑熟人间流转与非熟人间流转的营利性动机和农地租金相近，那么转入户也会做出类似

的农地使用决策，由此形成一致性的农业劳动力配置。此外，随着农地流转市场化的发展，更多的农村劳动力将从事农业经营或从非农产业回流。尤其考虑我国存在大量的熟人间流转，其市场化潜力是巨大的，这对于提高农地利用效率、缓解农业劳动力短缺等均具有重要作用。

四、稳健性检验 1：替换农业劳动力变量

尽管一些研究利用非农就业劳动力数量占家庭劳动力总规模的比重衡量农村劳动力非农转移状况（Feng et al.，2010；Huang et al.，2012；Ma et al.，2015），但从事农业经营的劳动时间是衡量农业活动中劳动投入的一个更为准确的指标。在农村地区，农民往往在农闲时进行非农就业，在农忙时又回到农业经营中来。为此，表 8.6 以农业劳动时间占家庭总劳动时间的比例来衡量农业中劳动力配置状况。采用的估计策略和工具变量构建方法与表 8.2 中的一致。

表 8.6　稳健性检验 1：替换农业劳动力变量

变量	估计 1 2sls	估计 2 2sls	估计 3 2sls
是否转入农地	0.160*** (0.051)	—	—
农地租金	—	0.018*** (0.004)	—
农地流转动机	—	—	0.156** (0.066)
控制变量	已控制	已控制	已控制
常数项	0.281*** (0.030)	0.490*** (0.073)	0.453*** (0.083)
观测值	11131	1512	1515
Centered R^2	0.141	0.150	0.150
杜宾-吴-豪斯曼检验	12.317***	2.700*	7.227***
弱工具变量检验	218.768	406.816	68.258
识别不足检验	201.086***	2252.450***	74.358***

***、**和*分别表示在 1%、5%和 10%水平上显著。
注：括号内的数值为稳健标准误。

首先，杜宾-吴-豪斯曼检验表明，表 8.6 的估计面临内生性问题；其次，弱工具变量检验和识别不足检验表明，表 8.6 的估计不存在弱工具变量问题。估计 1 的结果显示，是否转入农地在 1%显著水平上正向影响农业中的劳动投入，这与表 8.2 中估计 2 的结果一致。估计 2 和估计 3 的结果表明，那些支付高租金或出于营利性动机转入农地的农户，将在农业经营

中配置更多的劳动力,这与表 8.2 中的估计结果一致。总的来说,即使替换了因变量,农地流转的市场化对劳动力的配置效应依然存在。

五、稳健性检验 2:基于省级面板数据的估计

本章利用家庭层面的数据探讨了农地流转对劳动力的配置效应。其结果是否与宏观证据保持一致,在相当程度上决定了本章估计结果是否稳健。表 8.7 中,采用 2006~2016 年中国省级面板数据估计了农地流转对农业劳动力占比的影响。研究样本覆盖中国 26 个省(自治区)和 4 个直辖市(西藏、港澳台除外),共计 330 个观测值。数据主要来源于三个方面:第一,农业部发布的《中国农村经营管理统计年报》,其主要涵盖了农地流转面积、农户承包地面积、同村农户间流转农地面积等指标;第二,《中国统计年鉴》,主要涵盖各省(自治区、直辖市)的 GDP 和农业 GDP;第三,《中国农村统计年鉴》,主要涵盖耕地相关数据。

表 8.7 稳健性检验 2:基于省级面板数据的估计

变量	农业劳动力占比
农地流转率(滞后一期)	0.136*** (0.043)
户均承包地规模(滞后一期)	−0.006 (0.006)
农地承包合同数量(滞后一期)	−0.120* (0.071)
农地承包经营权证书数量(滞后一期)	0.004 (0.010)
农业 GDP(滞后一期)	−0.661*** (0.188)
GDP(滞后一期)	0.010** (0.004)
常数项	2.229** (1.012)
观测值	300
F-value	32.23***

***、**和*分别表示在 1%、5%和 10%水平上显著。
注:省级固定效应已控制;括号内的数值为稳健标准误。

表 8.7 中的因变量为农业劳动力占比。由于无法在省级数据中识别农地租金和农地流转动机变量,故仅使用农地流转率表征农地流转状况。需要注意的是,在宏观层面上,转入农地规模等于转出农地规模,因此农地流转率对农业劳动力的影响实际上是农地流转的净效应(转入与转出的效应差)。此外,表 8.7 还控制了户均承包地规模、农地承包合同数量、农地承包经营权证书数量、农业 GDP 和 GDP 等变量。同时,采用固定效应模型进行估计。为了缓解内生性问题,所有自变量均采用滞后一期。

估计结果显示，农地流转率在 1%显著水平上正向影响农业劳动力占比。这说明，随着农地流转率的提高，越来越多的农村劳动力将从事农业经营，这与表 8.2 中估计 2 的结果一致。这意味着，尽管许多研究发现农地转出会激励农村劳动力非农转移（Feng et al.，2010；Mullan et al.，2011；Chernina et al.，2014），但农地流转在总体上是有助于吸纳农业劳动力的。实际上，随着城乡产业劳动生产率差距的持续扩大，如果不考虑农地流转，那么农户只能放弃农业经营，转向第二、第三产业就业。只有农地流转市场发育起来，才会有部分农户从事专业化农业生产。通过扩大种植规模，这部分农户的劳动生产率会向第二、第三产业靠近。显然，专业化农业经营的发展将实现农地与劳动力的有效配置，并缓解农地抛荒现象。

第五节 本 章 小 结

在过去一个世纪里，全球经历了快速的城市化。这一过程中，农业劳动力日益短缺，农地抛荒不断恶化，农地利用效率急剧下降。20 世纪 80 年代以来，我国经历了全球范围内规模最大的农村人口迁移。虽然农村劳动力非农转移提高了农民收入，但农地非农化和农地用途改变几乎不可逆转。从理论上来讲，发展农地流转市场有利于吸纳农村劳动力，避免更大范围内的农地抛荒。但是，农地流转市场中的关系型交易无疑使得这一效果变弱，且被认为是造成土地利用效率低下的重要原因之一。

本章经验分析了农地流转市场化对农业劳动力配置的影响，主要发现：①转入户倾向于在农业中投入更多的劳动力；②随着农地租金的提高和营利性动机的出现，农地转入户将在农业生产中投入更多的劳动力；③随着农地流转市场化程度的提高，农地"非粮化"趋势加剧；④熟人间流转与非熟人间流转不存在劳动力配置效应的差异。

本章研究表明，当前我国农地流转的市场化在一定程度上可以缓解农业劳动力短缺状况，并减少农地抛荒。众所周知，农地抛荒和土地低效率利用与农村劳动力大规模非农转移密切相关。农村劳动力非农转移的根源在于，第二、第三产业的劳动生产率远高于农业。因此，缓解农地抛荒的关键在于提高农地产出率，进而提高劳动生产率。考虑我国农村长期存在的农地细碎化问题，发展农地流转市场是无法逾越的道路。在竞争性市场中，生产要素可以在不同部门间自发地有效配置。那些在职业分工中形成的专业化农民，通过扩大农地经营规模、调整种植业结构、优化家庭劳动配置等方式，拉平农业与其他部门中的劳动边际收益。

本章结论对进一步推进农村要素配置市场化和农地流转市场化具有一定的政策意义。然而，必须指出的是，农地流转市场化的一个必然结果是"非粮化"生产，这对于提高农地产出率、增加农业劳动投入至关重要。因此，政府面临的两难困境是，避免农地抛荒和农地利用效率低下的相关举措，可能诱发新的粮食安全问题。随着农地流转市场化进程的持续推进，政府应加大对粮食生产的补贴力度，同时实施粮食价格形成机制和推进农地流转的市场化，这或许可以在一定程度上同时避免粮食安全问题和农地抛荒问题，进一步提高农地利用效率。

第九章　农地流转市场转型的种植结构调整效应

引言：本章通过农地流转"差序格局"概念区分了农地交易对象，并利用2015年CHFS的29省（自治区、直辖市）农户调查数据，实证分析了农地流转对象对流转农地种植类型的影响，以及农地租金在其中起到的作用。结果表明，将农地流转给外村农户或经济组织更可能造成"非粮化"生产。一个重要的原因在于，农地租金具有明显的"差序格局"特征。同时，农地租金的提高对"非粮化"生产具有激励作用。当前，熟人间流转与非熟人间流转的农地租金的趋同意味着，农地流转的"差序格局"及人格化流转维系的"趋粮化"种植格局将被打破。尤其考虑到仍有超过50%的流转农地是在同村熟人间进行的交易，农地流转"差序格局"的撕裂可能持续加大"非粮化"压力。

第一节　研究背景

2019年中央一号文件指出：毫不放松抓好粮食生产，推动藏粮于地、藏粮于技落实落地，确保粮食播种面积稳定在16.5亿亩；强化粮食安全省长责任制考核。此外，《乡村振兴战略规划（2018—2022年）》更是将我国粮食综合生产能力列为约束性目标，且2022年的粮食总产量不低于6亿t。很显然，作为全球最大的发展中国家，我国粮食的稳定供给对于平衡全球粮食贸易，以及缓解全球贫困均具有重大意义（Wong and Huang，2012；Bishwajit et al.，2013；Ghose，2015）。同时，粮食安全也是国家战略安全的重要组成部分。

然而，随着农地流转政策的实施，以及农村要素市场的快速发展，农地流转造成的"非粮化"问题受到普遍关注（Liu et al.，2014a；曾福生，2015；Otsuka et al.，2016）。关于农地流转与农地"非粮化"的关系并未形成一致性结论，其代表性观点是：第一，农地流转导致了农地"非粮化"。

本章内容部分发表在《管理世界》。

Chen 等（2014）和曾福生（2015）认为，由于粮食价格偏低且农地流转成本较高，转入农地的农户更可能从事"非粮化"生产。第二，农地流转不会造成农地"非粮化"。Liu 等（2018）发现，转入农地的农户倾向于种植粮食作物。而且，农地转入率越高，"趋粮化"现象越明显。第三，关于家庭农场等规模经营主体的种植行为选择也未达成一致性结论。张茜等（2014）发现，家庭农场偏好"非粮化"生产。张宗毅和杜志雄（2015）则发现，家庭农场的农地租赁规模与粮食播种面积呈现正相关关系。

从逻辑上说，如果假定经营农业的机会成本不变，考虑种粮的比较收益较低，那么农地租金的上涨将提高农业生产成本，压缩其利润空间，进而激励以农业经营利润最大化为目标的转入户进行"非粮化"生产。但事实却是，随着农地流转率的不断提升，农民的种粮行为并未受到逆转。《中国统计年鉴》显示，2003~2016 年，我国粮食播种面积占农作物播种面积的比例从65.22%升至71.42%。从政策引导和农户要素配置上来看，粮食增长的原因大致包括：第一，粮食生产的补贴政策，尤其是对粮食主产区的价格支持有效提高了粮食的经营性收益（华奕州和黄季焜，2017；易福金等，2018）。第二，以"粮袋子"省长责任制为主的考核机制调动了地方政府重农抓粮的积极性。同时，加大对产粮大县的奖励力度，支持产粮大县开展高标准农田建设等举措也调动了农户粮食生产的积极性[①]。第三，粮食机械化推广，农业劳动力大规模外出务工，致使粮食生产被农户选择（钟甫宁等，2016；郑旭媛和徐志刚，2017；徐志刚等，2017）。值得注意的是，农地流转的"差序格局"可能是另一个制约其诱发大规模"非粮化"生产的原因。农地流转并非纯粹的市场行为，也不唯一指向交易收益和经营收益最大化目标。从理论上说，不需要经过市场检验成效的经营行为往往伴随着更低的生产效率，农业经营利润最大化目标通常不是人格化农地流转的主要诉求（罗必良，2017）。

事实上，我国的农地流转并非纯粹市场逻辑运行的结果，而呈现缔约对象的"差序化"和流转合约的非正式性普遍等特征。Wang 等（2015）对全国 6 省的调查显示，2000 年，95.67%的农户将农地流转给了本村农户，到 2009 年，这一数据仍达到 85.47%。罗必良等（2018）利用全国 26 个省（自治区、直辖市）农户调查数据的分析表明，将农地流转给亲友邻居、普通农户和经济组织或外来户的农户比例分别为 66.01%、21.18%和 12.81%。其他研究也有类似发现（Ma et al., 2015；Liu et al., 2018）。与此同时，流

---

① 资料来源：《财政部农业部关于全面推开农业"三项补贴"改革工作的通知》、《中共中央国务院关于抓好"三农"领域重点工作确保如期实现全面小康的意见》（即 2020 年中央一号文件）。

转合约的规范性也呈现明显的"差序格局"特征。钱龙等（2015）发现，当交易对象为外乡人时，书面合同的签订率为65.85%。如果交易双方是同一村民小组的普通农户，其正式合约签订率为7.12%；发生于兄弟姐妹之间的农地流转，正式合同签订率仅为1.39%。

农地流转"差序格局"内含了两种不同的交易逻辑，即以人情关系为主要交易媒介的内圈交易和以市场价格为主要交易媒介的外围交易。前者因人情关系网络的互惠机制得到维系，并以生存风险最小化和非正式保障最大化为目标；后者则因稀缺资源的市场竞争而出现，并以谋求农业经营利润最大化和合约实施风险最小化为目标（罗必良，2017）。显然，如果着眼于农地流转"差序格局"的外围交易，市场逻辑和交易价格将决定流转农地的使用方式，农业经营利润最大化的目标约束则可能加剧农地"非粮化"趋势。如果关注农地流转"差序格局"的内圈交易，市场逻辑对农地流转的约束力、农业经营利润最大化的目标约束均会变弱。此时，不以转入农地为生计来源的农户将以农业经营成本最小化为目标，并以机械替代劳动投入，进而缓解农地"非粮化"（钟甫宁等，2016；郑旭媛和徐志刚，2017）。由此表明，农地流转"差序格局"内含的不同交易逻辑所形成的对冲机制，可能是农地流转未引发大规模"非粮化"种植行为的重要原因。

然而，相关研究表明，农地流转"差序格局"内圈交易的市场化程度正在不断提高。来自全国29个省（自治区、直辖市）农户调查的数据显示，尽管仍有70.9%转出户和89.6%转入户是与熟人发生的流转交易，但其中分别有50.9%和52.5%是出于营利性动机流转的农地（Qiu et al.，2018）。内圈交易的市场化一方面得益于农村劳动力非农转移所引致的职业分化[①]；另一方面则来自外来流转主体实施的市场型交易所存在的示范效应。这种示范效应很可能源于市场交易形成的参照系，并通过合约的可执行性对熟人流转的价格生成产生影响（Qiu et al.，2020c）。随着熟人流转的市场化，人格化交易和非人格化交易相互制约形成的平衡将被打破，农业经营利润最大化的目标也将逐步取代务农成本最小化的目标约束，并可能在粮食经营利润不足的背景下刺激经济作物的种植[②]。由此，与内圈交易相伴的种粮

[①] 这项工作来自笔者的论文"Rural-urban migration and the marketization of land rentals: evidence from China"（working paper）。

[②] 2012~2017年《全国农产品成本收益资料汇编》显示，2011~2016年，三种粮食的亩均净利润从250.76元降至-80.28元，而花生、甘蔗、蔬菜在2016年的亩均净利润分别达到了270.44元、410.45元、2022.53元。在这种情形下，以农业经营利润最大化为目标的转入户将会调整种植结构。

行为将被逆转，进而加大"非粮化"压力。

显然，市场机制的作用发挥是熟人间农地流转市场化的关键。Friedman M 和 Friedman R（1980）、Luenberger（1995）及 Kreps（2013）强调，价格是市场作用发挥的重要信号和实现形式。虽然人格化流转也伴随着人情礼赠之类的补偿机制，但其并非以要素配置效率最大化为目标，市场价格在农地配置中的作用也相对较弱。相反，农地流转"差序格局"的外围交易则以市场价格或农地租金为媒介，市场主导农地配置。由此推断，熟人农地流转市场化随着农地租金的提高，内圈交易与外围交易将逐步趋同。Qiu 等（2018）研究发现，对于那些出于营利性动机与熟人交易的转出户和转入户，他们获得和支付的农地租金分别达到了 337.946 元/（亩·a）和 320.165 元/（亩·a），且分别有 32.1%和 35.2%的流转农地被用于"非粮化"生产。如果熟人间流转的农地租金偏离市场价格，也会提高交易费用和违约风险（Qiu et al.，2020b）。市场价格的作用发挥使得农业经营利润最大化成为流转的主要目标约束，进而促成农地流转"差序格局"的撕裂，并加大"非粮化"压力。

上述分析表明，以纯粹市场逻辑，并借助价格机制推动农地流转，可能与国家粮食安全的战略目标并不一致。尤其考虑仍有超过 50%的流转农地是由同村农户进行的交易[①]，如果农地流转"差序格局"的撕裂使得这部分农地的"非粮化"比例显著提高，那么我国所面临的"非粮化"压力将显著加大。鉴于该问题的现实重要性，本章拟验证农地流转"差序格局"与"非粮化"的关系，以及农地租金在其中发挥的作用。主要内容包括：第一，不同流转交易对象是否伴随着差异化的种植结构选择；第二，农地租金的提高是否会促成农地"非粮化"生产；第三，农地租金是不是农地流转"差序格局"作用发挥的重要渠道；第四，农地流转市场呈现的特征是否已经暗示着人格化交易正在向非人格化交易转型。

第二节　约束与分析线索

一、种植业结构调整的约束

现有关于农地流转影响农户种植行为选择的研究，均是以新古典经济中的理性人假设和利润最大化的目标约束为出发点，并通过区分农地转入

[①] 资料来源：《中国农村经营管理统计年报（2016 年）》。

户在农业经营中的利润最大化和务农成本最小化的局限约束，按照要素配置的相对收益及要素替代来讨论农地流转诱发的农户种植行为选择（钟甫宁等，2016；郑旭媛和徐志刚，2017；徐志刚等，2017）。例如，Chen 等（2014）和 Otsuka 等（2016）以粮食作物的较低价格，以及农地流转的高成本为依据，认为农地转入户更可能种植经济作物。该推断成立的基本前提还应该包括：农户种植经济作物不存在技术约束，且转入户是以农业经营利润最大化为主要目标约束的。

上述推断对于那些与亲友、邻居进行交易，且支付零租金或帮同村农户耕作以免撂荒的转入户而言，显然难以成立。其原因在于，一方面，普通小农户的种植习惯及种植经济作物的技术门槛，决定了他们难以选择市场风险较高的农作物品种。另一方面，与亲友、邻居的交易往往伴随着零散、小规模的农地流转，这会造成严重的规模不经济。然而，对于那些以农业生产为主要收入来源，且具备一定资本的经营主体，其"非粮化"生产的可能性则相对较高。张茜等（2014）对河南省家庭农场的分析发现，该类主体从事"非粮化"生产的原因在于，它们的经营规模、资本、技术等均克服了小农经营固有的不足。然而，张宗毅和杜志雄（2015）利用全国家庭农场的跟踪数据分析发现，农地经营规模与粮食种植行为呈正相关关系。其理由在于，人工费用已经成为我国农业经营成本高的主要原因（Luo，2018）。粮食生产特征所具有的可分工性与可考核性，决定了机械可以有效替代劳动（钟甫宁等，2016；郑旭媛和徐志刚，2017）。

以我国农村劳动力大规模非农转移为背景，罗必良等（2018）将农地流转诱发的种植业结构调整置于务农成本最小化的局限约束之下。他们做出的基本假定是，单位劳动力从事非农就业的收入大于他们从事农业生产的收入。由此，农地转入户更倾向于种植易于进行机械化作业的农作物品种，从而实现家庭劳动力的最优配置。为说明现实中存在的农地"非粮化"现象，他们进一步指出，随着农业劳动力规模的增加，农地转入户会进行"非粮化"生产，从而实现最大化的劳动生产率。本质上来说，在农业生产中投入的劳动越多，家庭对农业收入的依赖性越大，农业经营利润最大化越可能成为农地流转的主要目标。显然，他们的分析仍是将农地流转视为市场型交易，种植业结构调整则是家庭要素配置收益最大化的产物。这样的潜在假设，与其他研究存在相似之处，即不考虑那些以非市场原则为导向的农地流转（洪名勇，2009；Deininger and Jin，2009）。

基于上述分析，已有关于农地流转影响种植业结构的研究是针对不同类型转入户及不同目标约束所展开的。如图 9.1 所示，当转入主体以农业经营利润最大化为目标时，他们会根据粮食作物和经济作物的单位面积净利润决定是否进行"非粮化"生产。这部分转入主体一般以外来租户或经济组织为主。尤其考虑目前粮食生产的净利润普遍较低，以农地经营为主要生计来源的主体具有较大可能进行经济附加值更高的农作物种植。相反，那些发生于熟人网络之中，且以人情关系为主要交易机制的流转交易，一方面不具有追求农业经营利润最大化的动机；另一方面，小农户更倾向于将劳动力置于非农行业，获得更高的工资性收益。此时，以机械替代劳动，由此诱发的农地"趋粮化"则成为与"非粮化"种植不同的种植逻辑。换言之，针对不同转入主体的分析，实质上是从不同农业经营动机出发进行的问题讨论，从而发现了差异化的要素配置和种植行为，这是已有研究出现分歧的关键。

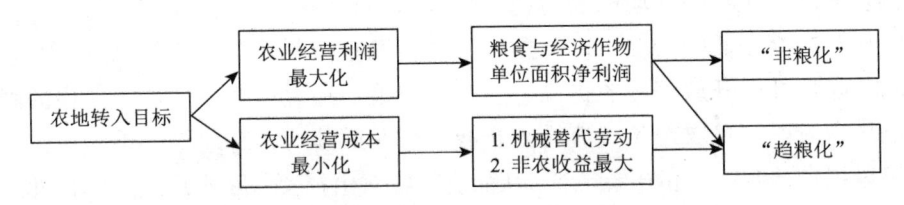

图 9.1　不同目标转入户的要素替代和种植行为选择

从上述关于转入主体经营动机差异的讨论来看，在熟人网络内部，尤其是不以市场价格为交易机制的流转，往往更可能伴随务农成本最小化的动机。相反，与转出户社会关系越疏远，越可能按照市场逻辑流转农地，并以农业经营利润最大化为目标。由此可见，农地流转"差序格局"与转入主体的经营性目标高度一致。农地流转"差序格局"的特征决定了，不同交易主体所支付的租金、拟定的合约类型均存在显著差异（洪名勇，2009；钱龙等，2015）。由于农地流转"差序格局"内含了内圈交易和外围交易，如果笼统地将其进行单一化处理，那么调研区域的差异性很可能造成种植业结构调整的多样化。与此同时，缺乏对内圈交易和外围交易的区分，还会造成人格化流转的市场化趋势及其可能造成的"非粮化"生产被忽视，从而丧失对新出现问题的有效判断。

二、分析线索

基于上述分析，本章借助农地流转"差序格局"中的内圈交易和外围交易识别具有不同经营性动机的农地转入行为，进而探讨其对农户种植行为的影响。一方面，识别两种具有不同市场化程度的交易类型，有利于探讨不同交易对象所诱发的种植业结构调整。另一方面，农地流转"差序格局"是由市场价格和人情关系的相对重要性（即是否以其作为主要交易机制）来衡量的，那么，农地租金的相对高低就可以作为评估市场机制是否有效运行的重要指标，即任何不以市场价格为主要机制的流转均不被视为市场型交易或被称为市场化程度较低的交易。由此，本章所指的农地流转"差序格局"撕裂的含义是：第一，基于熟人流转市场化所表达的关系型合约向市场合约转变，以及农地租金所体现的合约价格属性，将熟人间流转租金水平的提高视为农地流转的市场化；第二，将熟人间的与非熟人间的农地租金的趋同视为农地流转"差序格局"的撕裂[①]（Qiu et al., 2018）。基于上述界定，进一步讨论了农地流转"差序格局"影响种植业结构调整的内在机理。

在中国农村，传统村落是村民根据血缘和自然条件集聚形成的，这使得长期居住在封闭环境中的村民，形成了共有的社会规范和信任格局。在农村开放度较低的情况下，村庄内部的资源是按照社会关系网络进行配置的。随着社区开放程度的提高，农户对农地的配置仍然受到传统习惯的影响。一方面，将农地免费流转给亲戚、朋友或其他具有地缘关系的主体，可以积累社会资本和社会声誉，从而有效应对由社会保障不足造成的自然风险或社会风险。另一方面，将农地流转给社会关系紧密的主体，还可以保证农地不被破坏，且能按期收回（Rozelle et al., 2008；Prosterman et al., 2009；Wang et al., 2015）。很显然，基于血缘或地缘关系的农地流转具有较弱的市场化程度，加之租入的农地规模小、调整种植结构的成本高等原因，农地转入户进行"非粮化"种植的动机相对较弱。

外围交易则以要素的市场配置为主要方式。对于那些具有技术和资本优势的转入主体，他们按照市场原则，通过支付较高的农地租金以租入农地。一旦价格信号发挥作用，那么买卖双方就会产生对明晰合约结构的需求。一方面，外围交易中的转入主体以农业经营利润最大化为目标约束，为了保障经营的稳定，将选择正式的、有法律约束的且能够被第三方证实的合约；另一方面，外围交易中的转出户则以获取农地租金为主要目的。由于涉及非熟人网络的交易，他们将对农地使用类型、流转期限、交易价格等内容进行缔约，由此加大了对规范性合约的需求。由于交易费用和农

[①] 除特殊说明外，本章所指的农地租金均为农地流转的市场价格，即交易发生时确定的货币或按照实物折算的价值。对于那些基于人情关系，并在日后进行回报或积累社会资本的流转中出现的物品价值，均不视为农地租金。

地租金均较高，转入主体在技术允许的前提下，会较大概率选择种植经济价值更高的农作物品种。尤其考虑近年来我国粮食价格持续走低，加之非粮食主产区的粮食价格支持相对不足[1]，那些具备"非粮化"生产能力的主体将在农地流转市场中更具比较优势。

很显然，一旦农地租约建立在较高的农地租金之上，就意味着转入主体对农地经营具有更高的收入预期。同时，由于租金上涨会提高农业经营成本，压缩利润空间，市场会将那些在技术、资本和市场风险应对能力方面更具比较优势的主体筛选出来，从而诱发农地"非粮化"[2]。而且，租金水平越高，农地配置的主体就越具有从事高附加值农业经营的动力。可见，农地流转"差序格局"的转换是通过农地租金，进而影响转入主体的种植行为选择的。以熟人关系网络和信任为交易机制的农地流转，不以市场价格为指导，这使得转入主体不以农业经营利润最大化为目标，即市场的检验功能失效。尤其考虑农业劳动力的大规模非农转移，降低农业中的劳动投入也会促使机械的使用，从而诱发"趋粮化"生产。相反，随着交易双方社会关系的疏远，市场价格成为缔约的主导因素。农地流转价格越高，获取经营性剩余的难度越大，市场作为检验转入主体经营成果的作用就越显著。由此，农地"非粮化"可能成为转入主体的重要选择。

基于上述分析可以发现，不同农业经营动机实施的农地流转，很大程度上内嵌于农地流转"差序格局"之中。如图9.2所示，在传统的农地流转"差序格局"中，社会关系越紧密，农地流转越可能被用来维系人情和巩固社会网络。此时，不以农业经营利润最大化的目标为交易动机的小农户，在逐渐依赖非农就业的过程中将以机械替代劳动，从而呈现"趋粮化"生产。社会关系越疏远的交易双方则越可能借助市场机制进行流转，转入主体则以农业经营利润最大化为目标，并在粮食生产利润持续下降的背景下更大可能地进行"非粮化"生产。换言之，图9.2包含了图9.1的逻辑，并将生产逻辑转化为交易逻辑。

---

[1] 作者在河南、江西、广东、江苏等地的调查发现，国家对农地的相关补贴并没有随着农地的流转而转移到农地转入主体。换言之，除了国家对粮食种植大户的直接补贴外，种植粮食作物的转移性支付渠道相当有限。这会造成种植粮食的效率大幅下降，从而抑制相关主体进入农地租赁市场。

[2] 2017年《全国农产品成本收益资料汇编》数据显示，2016年，三种粮食作物（即稻谷、玉米和小麦）的亩均净利润为-80.28元。花生、甘蔗、甜菜和苹果的亩均净利润则分别达到了270.44元、410.45元、83.12元、896.80元，大中城市蔬菜的亩均净利润则高达2022.53元。总体而言，经济作物的净收益要高于粮食作物，但种植经济作物的固定投入、技术门槛都要显著高于粮食作物。

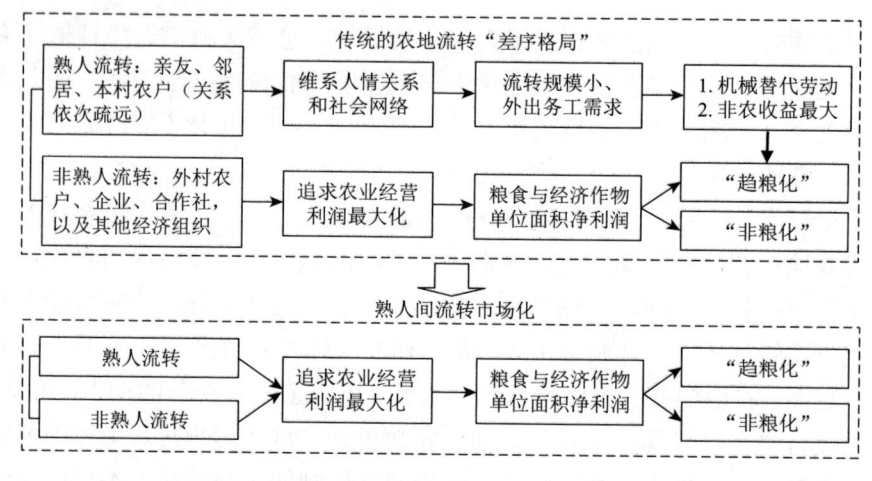

图 9.2 农地流转"差序格局"与"非粮化"生产

随着图 9.2 中熟人流转市场化的转型，农地流转"差序格局"对应的差异化经营目标将趋同。显然，当价格被视为市场型交易的标志时，农地租金的趋同就意味着，农地流转"差序格局"正在撕裂。于光君（2006）曾指出，我国农村原先依附的情感关系已经向"情感+利益"关系转变，而且"差序格局""乡村版"也正向"差序格局""城市版"转型。随着农村社区开放程度的提高，市场文化和经济思维将逐渐取代传统的非正式社会安排（仇童伟等，2019）。Li（2003）和 Dixit（2004）发现，随着外部机会的出现，封闭社区的非正式治理规则将被打破，营利性规则将主导交易的发生。由此，Qiu 等（2018）指出，我国农村熟人间流转已呈现较高的市场化水平，不同交易主体之间达成的租金差异正在收敛。按照该逻辑，农地流转"差序格局"中的人情元素将逐渐被农地租金所取代，进而形成由市场决定种植业结构调整的局面。上文提到，我国农地流转中仍有超过 50%是在同村农户进行交易的，如果熟人交易的市场化程度持续提高，且粮食生产利润仍然保持低位波动，那么农地"非粮化"的压力也将随之增加。

上述分析的含义是，无论是强调农地流转引发"非粮化"，还是"趋粮化"的研究，它们均是针对具有不同农业经营目标的主体展开的。由于农地流转市场具有分割性、封闭性、多样性以及持续转变等特征，着眼于不同转入主体难以形成一致性逻辑。利用农地流转"差序格局"来识别交易的差异化特征，可以借助内圈交易和外围交易来对接具有不同目标约束的转入主体。同时，利用农地流转"差序格局"概念的优势还在于，通过识别不同交易中的市场化程度差异及其可能的转变，可以及时捕捉农地流转影响"非粮化"的新趋势。

第三节 数据来源、变量与模型选择

一、数据来源

本章采用了 2015 年 CHFS 数据，具体数据介绍参见第一章。考虑本章关注的是农地流转，最终选择了 1125 户农地转出户作为分析对象。使用农地转出户作为分析对象的原因在于以下两个方面。

第一，在通常的农户调研中，调查对象为村庄普通农户。如果以样本中转入户为分析对象，很大程度上捕捉到的是与本村农户或亲友邻居发生关系型流转的转入户。关系型流转伴随的低租金使得转入户在扩大经营规模的同时，也会因为非农行业的高收益而降低在农业中的劳动投入，并使得他们更有动机以机械替代劳动，实现务农成本最小化，并呈现"趋粮化"特征。对于那些来自外村的流转主体或经济组织，由于不居住在本村，或不在村庄农户名册之中，致使在农户调查中往往难以对其进行抽样，并由此干扰相关问题的分析。相反，如果专门对经济组织或来自外村的流转主体进行调查，那么得出的结论很大可能就是农地转入主体倾向"非粮化"生产。

第二，由于农地流转的转出方为本村农户，加之土地的不可移动性，农户对其所转出农地上的种植行为是可观察的。因此，在随机抽样的基础上，通过转出户了解与之对应的交易主体就能够整体反映村庄的农地流转格局和转入主体及其行为特征。在 2015 年 CHFS 数据中，农地转出户的交易对象、转出农地的种植信息都是完整的。利用转出对象与转出农地的种植类型即可识别农地流转"差序格局"与"非粮化"生产的关系。本章数据表明，农地转出户与熟人交易的比例为 71.01%，农地转入户与熟人交易的比例则高达 89.6%。这说明，使用转入户样本可能高估熟人交易在农地流转市场中的比例。

二、描述性证据

（一）流转农地"非粮化"趋势：宏观证据

表 9.1 显示了 2009~2016 年全国流转农地"非粮化"种植的比例。初步发现如下：①2009~2013 年，全国流转农地用于种植经济作物的比例呈波动下降趋势，但 2014 年以来，流转农地"非粮化"呈现小幅增长态势。②在粮食主产区，流转农地用于种植经济作物的比例显著低于全国平均水

平（常年维持在40%以下），并呈现小幅下降态势。③在非粮食主产区，流转农地用于种植经济作物的比例常年维持在60%以上。2009~2016年，该区域流转农地"非粮化"比例大约提高了6个百分点。上述证据表明，农地流转诱发的"非粮化"具有阶段性和区域性，并呈现多种趋势并存的特点。

表9.1 2009~2016年全国流转农地"非粮化"种植的比例 （单位：%）

分析区域	2009年	2010年	2011年	2012年	2013年	2014年	2015年	2016年
全国层面	44.49	44.93	45.26	44.01	43.48	43.23	43.31	43.47
粮食主产区	37.95	37.87	38.87	37.27	36.67	36.11	36.23	36.04
非粮食主产区	61.23	63.09	62.70	62.58	63.19	66.03	66.80	67.44

资料来源：2009~2016年《中国农村经营管理统计年报》；统计年报仅提供了2009年以来的数据。

（二）不同流转对象对应的经济特征：微观证据

表9.2显示了不同农地转出对象对应的经济特征。第一，在本书的样本中，将农地流转给亲友或本村农户的转出户占比为71.01%，将农地流转给外村农户或经济组织的农户占比为28.99%。第二，在流转给亲友或本村农户的农地中，有28.00%被用于种植经济作物。流转给外村农户或经济组织的农地，有51.01%被用于种植经济作物。这表明，农地流转"差序格局"的外围交易伴随着更高的"非粮化"可能。第三，亲友或本村农户对应的平均农地租金为173.43元/（亩·a），外村农户或经济组织对应的租金水平则为456.85元/（亩·a）。

表9.2 不同农地转出对象对应的经济特征

农地转出对象	占样本比重/%	流转农地种植经济作物占比/%	农地租金/[元/（亩·a）]	农地流转营利性动机/%
亲友或本村农户	71.01	28.00	173.43	50.83
外村农户或经济组织	28.99	51.01	456.85	88.44

注：在2015年CHFS数据中，农地转出对象分为本村普通农户、农业/农民合作社、非本村普通农户、村集体、专业大户、公司或企业、家庭农场、中介机构。其中，亲友、邻居和本村农户均包含在本村农户之中。为此，本章将除本村普通农户外的其他主体界定为外村农户或经济组织。其原因在于，这些主体与转出户的社会关系更为疏远，组织与个人的交易也更倾向于非人格化交易（仇童伟等，2019）；流转农地种植类型分为经济作物（赋值1）和粮食作物（赋值0）；农地租金为每亩农地的年租金，实物租金已折算为货币租金；营利性动机指标分为营利性动机（赋值1）和非营利性动机（赋值0），具体指标参见仇童伟等（2019）的界定。

表9.2还显示，与亲友或本村农户交易的样本中，50.83%是出于营利

性动机而转出的农地；与外村农户或经济组织交易的样本中，88.44%是出于营利性动机的。由此表明：第一，基于熟人关系网络的农地流转，仍有较大比例是出于非营利性动机的，即依靠信任资本或人情关系决定农地配置；第二，熟人网络中超过50%的农户出于营利性动机流转农地的现象表明，熟人间流转的市场化已经达到较高程度。

进一步地，表 9.3 描述了当转出户与亲友或本村农户交易时，不同流转动机所对应的经济特征：①对于那些与亲友或本村农户交易的转出户，如果他们是出于营利性动机，那么流转农地被用于种植经济作物的比例将由 23.56%升至 32.09%。②与以往分析普遍认为熟人间流转伴随着低租金的判断不同的是，如果转出户是出于营利性动机流转的农地，那么亲友或本村农户所支付的农地租金高达 337.95 元/(亩·a)。这较表 9.2 中的 173.43 元/(亩·a)有较大幅度的提升，并与外村农户或经济组织所支付的平均租金的差距在大幅缩小。

表 9.3 不同流转动机下农地转出对象所对应的经济特征

农地转出对象	动机	流转农地种植经济作物占比/%	农地租金/[元/(亩·a)]
亲友或本村农户	营利性动机	32.09	337.95
	非营利性动机	23.56	0.71

资料来源：2015 年 CHFS 数据。

三、变量选择与描述

因变量。本章的因变量为流转农地种植类型。已有研究一般用农地转入户的粮食播种面积占比来刻画"非粮化"程度（Liu et al., 2018）。鉴于前文已经强调的以转入户为分析对象所存在的不足，本章采用转出户样本，并根据其所观察的转出农地的种植类型来测度农地"非粮化"状况。此外，尽管存在受访农户将农地流转给多个主体的情况，但并非普遍现象，由此所造成的估计偏误并不会干扰本章估计[①]。

主要自变量。本章的主要自变量包括农地流转对象和农地租金。如前所述，农地流转对象直观地表达了农地流转的"差序格局"特征。本章将农地流转对象区分为亲友或本村农户、外村农户或经济组织。将亲友和本村农户合并主要囿于调查问卷的限制，但依然能够满足本研究的需求。其

---

① 经过对 2015 CHFS 数据的测算后发现，转入户样本中仅有 1.88%从多个类型主体转入农地，转出户则不存在将农地转给多个类型主体的情况。

原因在于，本村农户和亲友较外来流转主体或经济组织均更接近"差序格局"的内层。即使经济组织法人与农户存在熟人关系的可能，但以营利或种植经济作物为目的的转入会降低人情关系的作用，从而提升市场价格在农地流转中的主导性[①]。对于农地租金，本章利用农地转出户获得的亩均农地租金来刻画，具体界定参见表9.4中的变量定义与描述。

表 9.4 变量定义与描述

变量名	定义	均值	标准差
流转农地种植类型	1＝种植经济作物，0＝种植粮食作物	0.347	—
农地转出对象	1＝亲友或本村农户，0＝外村农户或经济组织	0.710	—
农地租金	租出农地的亩均租金/[元/（亩·a）]	255.259	308.202
经营商业	1＝经营商业，0＝不经营商业	0.145	—
拥有汽车	1＝拥有汽车，0＝不拥有汽车	0.162	—
活期存款	2014年家庭活期存款额/元	12649.280	44505.360
定期存款	2014年家庭定期存款额/元	7063.250	33331.720
宗族网络	1＝农户参与祭祖活动，0＝其他	0.777	—
家庭成员为村干部	1＝家庭成员有村干部，0＝其他	0.029	—
农地承包合同	1＝拥有农地承包合同，0＝其他	0.628	—
农地承包证书	1＝拥有农地承包证书，0＝其他	0.467	—
土地征收状况	1＝经历过土地征收，0＝其他	0.108	—
村庄劳动力转移	村庄农户非农劳动力占比的均值	0.497	0.196
村庄收入来源	村庄农户工资性收入占比的均值	0.738	0.158
村庄交通状况	非常好＝1，比较好＝2，一般＝3，比较差＝4	2.391	0.647
省级虚拟变量	28个省（自治区、直辖市）的虚拟变量	—	—

资料来源：2015年CHFS数据；转出户样本量为1125。

其他控制变量。本章控制了转出户的家庭特征、农地特征和村庄特征等因素。需要指出的是，如果以转入户为分析对象，那么其禀赋特征、所处区域经济特征会决定流转农地的使用。由于本章的研究对象为转出户，其相关特征将决定转出农地的动机、转出农地的对象，进而影响转出农地的种植类型。具体而言，转出户的家庭特征包括经营商业、拥有汽车、活

---

① 做出简化处理的原因还在于，2015年CHFS中并未严格区分流转为亲戚、邻居或朋友等，这使得本书只能根据社会关系或经济关系的亲疏进行归类处理。为进一步验证这种处理的合理性，本书在稳健性检验部分采用了另一套能够识别亲戚、邻居等交易对象的地方性调查数据，详见表9.7。

期存款和定期存款。这些变量衡量了转出户家庭的富裕程度。从逻辑上说，转出户家庭经济状况越好，他们越可能以营利性动机转出农地。其理由在于，他们不具有随时收回农地以应对失业风险的需求，这会导致流转农地的"非粮化"。家庭特征还包括宗族网络和家庭成员为村干部，二者反映了家庭的社会网络或资本状况。社会网络越发达，农户在农地纠纷中的话语权越大，越有助于他们以高价转出农地。农地特征包括农地承包合同、农地承包证书和土地征收状况，均反映了农地产权的稳定性。已有研究表明，稳定的农地产权有助于减少农地流转过程中的交易费用（Ma，2013）。如果产权足够稳定，那么转出户更可能将农地转给非熟人种植经济作物，从而获得更高的农地租金。村庄特征包括村庄劳动力转移、村庄收入来源和村庄交通状况。由于家庭的收入和劳动力转移状况均与转出农地种植类型和农地租金存在内生性关系，故利用村庄劳动力转移和村庄收入来源间接反映转出户的家庭特征（Ma et al.，2016）。此外，本章还控制了28个省（自治区、直辖市）的区域虚拟变量。

四、模型选择与说明

本章旨在考察农地流转"差序格局"及其撕裂对"非粮化"生产的影响，为此，本章首先给出了农地流转对象影响流转农地种植类型的估计模型，具体如下：

$$Y_i = \beta_0 + \beta_1 P + X\beta_2 + \varepsilon \tag{9.1}$$

式中，Y_i为流转农地种植类型，1为经济作物，0为粮食作物；P为农地流转对象，1为亲友或本村农户，0为外村农户或经济组织；X为家庭特征、农地特征和村庄特征等变量构成的矩阵；β_0为常数项；β_1和β_2为待估计系数；ε为随机扰动项，并假设其符合正态分布。

进一步地，为分析农地租金是否为农地流转对象影响流转农地种植类型的作用路径，本章识别了如下三组方程：

$$R_i = \alpha_0 + \alpha_1 P + X\alpha_2 + \varepsilon \tag{9.2}$$

$$Y_i = \gamma_0 + \gamma_1 R + X\gamma_2 + \varepsilon \tag{9.3}$$

$$Y_i = \kappa_0 + \kappa_1 P + \kappa_2 R + X\kappa_3 + \varepsilon \tag{9.4}$$

式（9.2）～式（9.4）中，R_i为农地租金；α_0、γ_0和κ_0为常数项；α_1和α_2、γ_1和γ_2、$\kappa_1 \sim \kappa_3$均为待估计系数。其余变量或参数的定义与式（9.1）中一致。

需要指出的是，式（9.1）～式（9.4）的估计均可能面临内生性问题。第一，农地流转对象与流转农地种植类型可能面临自选择问题。从逻辑上来说，农地流转对象由市场环境和交易性质决定，流转农地种植类型则是交易的结果。因此，二者可能同时受到市场环境或人格化交易的影响。市场环境又受区域特征、劳动力转移和村庄收入结构等因素影响，在控制上述因素后，式（9.1）估计面临的内生性问题将得到缓解。本章将利用工具变量法检验式（9.1）估计是否仍面临内生性挑战。第二，农地流转对象与农地租金存在反向因果关系。其理由在于，转出户会根据农地租金选择交易对象，从而导致双向因果的存在。第三，农地租金对流转农地种植类型的影响面临双向因果问题。其原因在于，种植类型会影响交易双方对农地交易价值的评估，从而决定农地租金水平。农地租金水平的提高会促使转入户调整种植结构，从而抵消高租金成本，并追求最大化的农业经营利润。

为此，本章将采用工具变量法对式（9.1）～式（9.4）进行估计。参照 Ma 等（2015）的做法，本章使用村庄农地流转市场的发育状况作为农户流转行为的工具变量，并利用本村其他农户的农地流转对象和其他转出户获得的平均农地租金来刻画。显然，村庄层面的农地流转具有聚类效应。如果村庄农地流转以熟人交易为主，那么转出户更可能将农地流转给熟人。类似地，村庄农地租金水平也直接影响转出户可以获得的租金（Qiu et al.，2020a，2020b，2020c）。村庄农地租金水平由农户的集体行为决定，并不受单个转出户影响。同时，转入户对农地的使用属于个体行为，并不受村庄农地流转市场的直接影响。换言之，村庄农地流转市场只有通过影响农户的农地流转行为，才会影响他们的种植行为选择。

具体模型的选择方案是：第一，考虑式（9.1）中的因变量为二元变量，且主要自变量为内生变量，故采用考虑内生变量的 probit 回归模型。与以往采用 Iv-probit 命令进行的回归分析不同，由于内生变量——农地流转对象为二元变量，故采用考虑内生变量为二元变量的 probit 模型，具体回归命令为 eprobit（extended probit regression）。类似地，式（9.4）也采用 eprobit 命令进行回归分析。第二，式（9.2）中的因变量为连续变量，且内生变量为二元变量，故采用考虑内生变量为二元变量的线性回归模型，并以 eregress（extended linear regression）命令进行回归分析。第三，由于式（9.3）中的因变量为二元变量，且内生变量为连续变量，故采用 Iv-probit 命令进行回归分析。实际上，Iv-probit 和 Iv-regress 等考虑内生变量的线性回归均要求内生变量为连续变量。Stata 15 推出的 ERM 既可以用来估计内生变量为连续变量的回归，又可以对非连续内生变量进行处理，详见 StataCorp（2017）的介绍。实证估计中以具体的回归命令区别内生变量的特征。

第四节　计量结果分析

一、农地流转对象对流转农地种植类型的影响

表 9.5 显示了农地流转对象对流转农地种植类型的影响。首先，杜宾-吴-豪斯曼检验显示，表 9.5 的估计并未面临内生性问题。其次，识别不足检验和弱工具变量检验表明，表 9.5 的估计不存在弱工具变量问题。如第三节所述，式（9.1）的估计可能面临自选择问题，故在估计 3 中，其余控制变量均被剔除。结果显示，自选择问题并未严重干扰模型估计结果。

表 9.5　农地流转对象对流转农地种植类型的影响

变量	估计 1 probit	估计 2 eprobit	估计 3 eprobit
农地转出对象（以"亲友或本村农户"为参照组）			
外村农户或经济组织	0.657*** （0.095）	0.879** （0.381）	0.611** （0.261）
经营商业	−0.119（0.129）	−0.109（0.130）	—
拥有小汽车	0.028（0.125）	0.034（0.125）	—
活期存款	−0.007（0.010）	−0.009（0.010）	—
定期存款	0.032*** （0.012）	0.032*** （0.012）	—
宗族网络	−0.184* （0.099）	−0.204** （0.102）	—
家庭成员为村干部	0.450** （0.231）	0.449** （0.230）	—
农地承包合同	0.099（0.095）	0.074（0.104）	—
农地承包证书	0.049（0.090）	0.057（0.090）	—
土地征收状况	0.008（0.069）	0.002（0.073）	—
村庄劳动力转移	−0.030（0.344）	−0.115（0.376）	—
村庄收入来源	−0.620（0.392）	−0.662* （0.396）	—
村庄交通状况（以"比较差"为参照组）			
非常好	0.076（0.076）	0.075（0.297）	—
比较好	−0.105（0.224）	−0.119（0.227）	—
一般	−0.060（0.222）	−0.072（0.225）	—
省级虚拟变量	已控制	已控制	未控制
常数项	1.245*** （0.438）	1.440*** （0.531）	0.027（0.189）
观测值	1125	1125	1125

续表

变量	流转农地种植类型		
	估计 1 probit	估计 2 eprobit	估计 3 eprobit
伪似然对数值	−645.885	−1198.243	−1432.426
Wald 值		122.49***	5.48**
杜宾-吴-豪斯曼检验		0.448	0.001
识别不足检验		68.753***	68.753***
弱工具变量检验		70.426	70.426

***、**和*分别表示在1%、5%和10%水平上显著。
注：括号内的数值为稳健标准误。

估计 2 的结果显示，将农地流转给外村农户或经济组织在5%显著性水平上正向影响流转农地种植类型。这表明，农地流转的"差序格局"对流转农地"非粮化"具有重要影响。实际上，发生在具有紧密社会关系群体间的农地流转，往往伴随着低租金、"空合约"等非市场化特征。该类交易并非按照市场原则发生，流转双方也不以农业经营利润最大化为目标约束，导致转入户的种植行为及其产品并不需要经过市场的严格检验。在这种情形下，与亲友发生流转的小规模转入户并不具备扩大经济作物种植规模、主动承担市场风险的动力。

此外，如果内圈交易的主要目的不是获得租金收益，那么转出农地的种植类型就会受到限制。对于那些外出务工的农户，他们转出农地的目的主要是请亲友、邻居帮忙耕作，避免撂荒。为了保持土地质量，他们一般会要求农地只能用于种植粮食作物。尤其是转出户具有随时返乡的可能性，农地的破坏可能会严重影响他们未来的经济收益。此外，受制于村庄声誉机制，如果转入户利用亲友、邻居的土地种植附加值较高的经济作物，且对土地质量造成损害，那么他们的社会声誉将遭受严重影响。因此，从交易双方的行为逻辑来看，人格化流转导致农地"非粮化"的可能性相对较小。

其他控制变量的影响方面，第一，家庭定期存款越多，流转农地被用于种植经济作物的可能性越高。其原因在于，家庭经济状况越好的农户具有越高的风险应对能力，由此促使他们将农地流转给外村农户或经济组织，以获得更高的租金收益。第二，家庭参与宗族活动越多，流转农地"非粮化"的可能性越低。其可能的原因是，宗族网络有助于强化熟人间的信任，由此激励人格化交易的达成，从而抑制流转农地的"非粮化"。第三，如果村庄成员为村干部,那么转出户转出的农地更可能被用于种植经济作物。一般而言,村干部的家庭经济条件要比其他农户好,且他们更容易获得农地租赁信息,这会促使他们将农地租给愿意支付高租金的主体,从而诱发农地"非粮化"。第四,其他控制变量未呈现显著影响。

二、农地流转对象、农地租金与流转农地种植类型

表 9.6 检验农地租金是否在农地流转"差序格局"中发挥中介作用。首先,杜宾-吴-豪斯曼检验显示,农地流转对象与农地租金的关系、农地租金与流转农地种植类型的关系均面临内生性干扰。其次,识别不足检验和弱工具变量检验均表明,表 9.6 的估计不存在弱工具变量问题。需要指出的是,估计 3 将农地流转对象视为外生变量,估计 4 则将其作为内生变量加以处理,估计结果依然一致,再次表明关于式(9.1)的内生性论证是可信的。

表 9.6 农地流转对象与农地租金对流转农地种植类型的影响

变量	农地租金		流转农地种植类型	
	估计 1 eregress	估计 2 Iv-probit	估计 3 Iv-probit	估计 4 eprobit
农地转出对象(以"亲友或本村农户"为参照组)				
外村农户或经济组织	7.094*** (0.912)		0.510 (0.380)	−0.509 (0.407)
农地租金		0.111*** (0.026)	0.052*** (0.018)	0.001** (0.000)
其余控制变量	已控制	已控制	已控制	已控制
常数项	9.936*** (1.621)	0.180 (0.449)	0.894 (0.566)	0.949 (0.596)
观测值	1125	1125	1125	1125
伪似然对数值	—	−3031.220	−1287.822	−8662.289
Wald 检验	—	130.14***	1848.22***	1396.47***
F 值	13.10***	—	—	—
杜宾-吴-豪斯曼检验	55.589***	2.067*	—	—
识别不足检验	69.666***	293.542***	29.806***	25.601***
弱工具变量检验	71.413	735.358	29.421	12.587

***、**和*分别表示在1%、5%和10%水平上显著。
注:括号内的数值为稳健标准误。

估计 1 的结果显示,与亲友或本村农户相比,将农地流转给外村农户或经济组织提高了农地租金。很显然,外围交易打破了原来的熟人关系网

络或内圈交易，从而诱导了价格机制的形成。由此，关系型流转转变为市场型流转，并呈现出更高的流转价格。Becker（1974）的社会互动理论指出，人们的效用不仅取决于自己得到的绝对价值，周围群体获得的收益也会直接影响他们的主观效用。这也解释了为什么一旦出现外部机会，熟人网络中非正式治理的基础就会被削弱，正式规范转而发挥作用。这意味着，熟人间流转市场化程度的提高将不可避免地降低人情关系在农地配置和使用中的作用。

估计2的结果显示，农地租金在1%显著性水平上正向影响流转农地种植类型。从理论上来说，生产资料的使用价值与交易价值具有正相关关系，农地使用价值的提高与产出农产品的价值直接相关。这就决定了，交易价值越高，农地"非粮化"的可能性越高。交易价格的提高也意味着，转入户经营农地的绩效受市场检验的压力增大。如果不能产生足够高的经营收益，经营利润很可能为负值。因此，从农地租金表达的交易价值和市场特征来看，它是诱发农地"非粮化"的重要因素。

进一步地，估计3和估计4中同时引入了农地流转对象变量和农地租金变量。结果显示，农地流转对象对流转农地种植类型的影响不再显著。结合表9.5的估计结果，以及表9.6中估计1和估计2的结果，可以发现，农地租金是农地流转对象影响流转农地种植类型的中介变量。从本质上说，农地流转的"差序格局"是由市场机制作用发挥的相对大小来决定的。价格作为市场机制运行的主要机制，它可以表征不同主体间交易的市场化程度。换言之，流转价格是农地流转对象作用发挥的重要机制或实现方式。

三、稳健性检验1：基于广东省农户调查的证据

从严格意义上来说，2015年的CHFS并没有很好地区分亲友和本村其他农户，这不利于细化农地流转"差序格局"的分析。为此，本章进一步使用一套来自2019年广东省南沙区的农户调查数据，重新检验主要内容。2019年上半年，课题组对南沙区下辖6个乡镇进行了入户调查。首先，根据乡镇的农地面积及其他经济特征，分别在万顷沙镇抽取15个行政村、东涌镇抽取22个行政村、黄阁镇抽取13个行政村、大岗镇抽取10个行政村、榄核镇抽取17个行政村、横沥镇抽取10个行政村。其次，在每个行政村随机调查20~25户农户。课题组最终获取了1792户农户的信息，其中包括718户农地转出户。

除了流转农地种植类型、农地流转对象和农地租金外，本部分还控制了农户家庭特征、农地特征和村庄特征等因素。其中，家庭特征包括未成

年人占比、老龄人口占比、农业劳动力占比、50 岁以上劳动力占比、初中以下劳动力占比、农业收入占比、党员状况、村干部状况。在农地特征方面，选取了承包地面积和经历农地调整次数。考虑新一轮农地确权对产权安全性存在重要影响，本章也控制了农地确权变量。在村庄特征方面，村庄交通状况和村庄农地调整次数分别用来识别经济状况和产权安全状况。为进一步控制村庄农地流转市场发展的影响，本章使用村庄种养大户数量、村庄家庭农场数量和村庄农地流转率作为控制变量。此外，还控制了 5 个乡镇的区域虚拟变量。表 9.7 的估计方法与表 9.5 和表 9.6 中的一致。

表 9.7　稳健性检验 1：基于广东省农户调查的证据

变量	流转农地种植类型 估计 1 eprobit	农地租金 估计 2 eregress	流转农地种植类型 估计 3 eprobit
农地流转对象			
亲友	−1.262***（0.379）	−4.188***（0.880）	−0.624*（0.371）
本村农户	−1.227***（0.305）	0.057（0.765）	−1.001***（0.286）
农地租金			0.129***（0.034）
未成年人占比	0.238（0.283）	−0.546（0.543）	0.224（0.259）
老龄人口占比	0.058（0.265）	1.155**（0.216）	0.027（0.239）
农业劳动力占比	0.306（0.193）	−0.694*（0.415）	0.279（0.176）
50 岁以上劳动力占比	−0.156（0.148）	0.284（0.297）	−0.126（0.134）
初中以下劳动力占比	−0.308**（0.157）	−0.131（0.309）	−0.280**（0.141）
农业收入占比	−0.125（0.191）	−2.467***（0.401）	−0.076（0.180）
党员状况（以"没有"为参照组）			
1 人	−0.192（0.138）	−0.361（0.286）	−0.182（0.125）
2 人及以上	−0.191（0.205）	−0.595（0.379）	−0.209（0.184）
村干部状况	0.165（0.146）	0.396（0.281）	0.161（0.132）
承包地面积	0.030（0.021）	0.073***（0.025）	0.031（0.021）
经历农地调整次数（以"0 次"为参照组）			
1~2 次	0.329（0.206）	1.075**（0.452）	0.220（0.191）
3 次及以上	0.290（0.219）	1.115**（0.454）	0.159（0.204）
农地确权（以"没有"为参照组）			
确权到地	−0.627**（0.257）	0.559（0.394）	−0.564**（0.241）
确权到股	−0.291（0.276）	0.434（0.431）	−0.278（0.259）
不清楚	−1.064***（0.293）	−0.230（0.496）	−0.953***（0.281）

续表

变量	流转农地种植类型 估计 1 eprobit	农地租金 估计 2 eregress	流转农地种植类型 估计 3 eprobit
村庄交通状况（以"比较差"为参照组）			
比较差	1.059** (0.421)	−1.658* (0.869)	1.000*** (0.378)
一般	0.846*** (0.307)	−1.401** (0.656)	0.837*** (0.279)
比较好	0.996*** (0.321)	−0.825 (0.662)	0.948*** (0.292)
非常好	0.498 (0.320)	−2.456*** (0.679)	0.542* (0.294)
村庄农地调整次数	0.165*** (0.040)	−0.022 (0.056)	0.145*** (0.030)
村庄种养大户数量	−0.040*** (0.006)	0.013 (0.011)	−0.039*** (0.005)
村庄家庭农场数量	−0.027 (0.052)	0.114 (0.120)	−0.037 (0.048)
村庄农地流转率	0.225 (0.197)	0.553 (0.412)	0.180 (0.181)
乡镇虚拟变量	已控制	已控制	已控制
常数项	1.400*** (0.450)	3.770*** (1.047)	0.855* (0.477)
观测值	718	718	718
伪似然对数值	−905.784	−2456.856	−2792.542
Wald 检验	177.55***	659.88***	236.71***
识别不足检验	60.074***	60.074***	17.118***
弱工具变量检验	31.364	31.364	5.585

***、**和*分别表示在 1%、5%和 10%水平上显著。
注：括号内为稳健标准误。

表 9.7 中估计 1 的结果显示，将农地流转给亲友和本村农户均在 1%显著水平上负向影响流转农地种植类型。同时，流转给亲友要比流转给本村农户造成的"非粮化"风险更低。这与表 9.5 的估计结果一致。此外，表 9.7 中估计 2 的结果表明，与其他主体相比，将农地流转给亲友会导致更低的农地租金。同时，本村农户与其他主体在农地租金的支付上不存在显著差异。在不区分村庄内部主体时，亲友之间的低租金可能会放大村内和村外主体间交易的差异。当本村农户被剥离出来后，他们与外村农户或经济组织的租金差异就消失了，这进一步表明基于地缘关系的农地流转已经具备较高的市场化程度。表 9.7 中估计 3 同时引入了农地流转对象变量和农地租金变量，结果显示，二者均显著。这表明，农地租金是农地流转对象影响流转农地种植类型的重要路径。总体而言，利用地方性调查数据的估计结果与利用全国数据的分析结论一致。

四、稳健性检验 2：基于倾向匹配得分法的估计

虽然反向因果是本章内生性的主要来源，但这并不意味着遗漏变量问题不重要。实际上，包括农地流转动机在内的一些无法观测的变量会同时影响农地流转对象、农地租金和流转农地种植类型。为此，本章对 2015 年 CHFS 数据采用倾向匹配得分法进行估计。参照 Abadie 和 Imbens（2016）的做法，使用了可以估计"AI"稳健标准误的"teffects psmatch"命令。其理由在于，传统的倾向匹配得分法并没有考虑倾向得分是被估计出来的这一事实，由此造成标准误的有偏估计。鉴于主要自变量的特征，本章仅估计了式（9.1）和式（9.2）。

表 9.8 显示了利用倾向匹配得分法估计的 ATE 和"AI"稳健标准误。其中，第 2 行估计了"外村农户或经济组织"与"亲友或本村农户"在流转农地种植类型上的差异；第 3 行估计了他们在农地租金上的差异。估计结果显示，与将农地流转给亲友或本村农户相比，将农地流转给外村农户或经济组织在 1%显著性水平上正向影响流转农地种植类型。同时，将农地流转给外村农户或经济组织确实可以带来更高的农地租金。总体而言，遗漏变量问题没有严重干扰本章的估计结果。

表 9.8 稳健性检验 2：基于倾向匹配得分法的估计

组别	ATE	"AI"稳健标准误
控制组：亲友或本村农户 试验组：外村农户或经济组织 因变量：流转农地种植类型	0.215***	0.040
控制组：亲友或本村农户 试验组：外村农户或经济组织 因变量：农地租金	2.274***	0.207

***表示在 1%水平上显著。

五、稳健性检验 3：基于转入户样本的再估计

尽管转入户样本无法全面反映村庄农地流转市场的概况，但本章转入户样本中仍有 10.4%是与非熟人发生的交易，这在一定程度上可以反映农地流转"差序格局"的外围交易。为此，本部分将利用 2015 年 CHFS 数据中的 1395 户转入户样本，分析农地流转对象对流转农地种植类型和农地租金的影响，以及农地租金是否是农地流转对象影响流转农地种植类型的中介变量。表 9.6 和表 9.7 的估计方法、控制变量和工具变量也被使用。

表 9.9 中估计 1 的结果显示，转入外村农户或经济组织农地的农户，具有更大的可能进行"非粮化"生产，这与表 9.6 的估计结果一致。不同的是，从转入户的角度来看，无论将地租给亲友或本村农户，或者外村农户或经济组织，农地租金均不存在显著性差异。正如仇童伟等（2019）所指出的，在排除了流转动机的干扰后，农村社会经济环境的变化已经促使转入户在租入农地时，依赖"市场逻辑"而非"关系逻辑"。表 9.9 中估计 3 的结果显示，农地租金和农地流转对象均显著影响流转农地种植类型。由此表明，农地租金是农地流转对象影响流转农地种植类型的中介变量。利用转入户样本的估计表明，熟人间流转的农地租金与非熟人间流转的农地租金趋同。这意味着，农地流转"差序格局"的撕裂程度已经相当高。如果农地租金的上涨诱发了农地"非粮化"，那么熟人间流转的市场化将持续加大"非粮化"压力。

表 9.9　稳健性检验 3：基于转入户样本的再估计

变量	流转农地种植类型 估计 1 probit	农地租金 估计 2 eregress	流转农地种植类型 估计 3 eprobit
农地流转对象（以"亲友或本村农户"为参照组）			
外村农户或经济组织	0.271** (0.121)	0.405 (0.604)	0.241** (0.121)
农地租金			0.120*** (0.041)
其余控制变量	已控制	已控制	已控制
常数项	0.469 (0.376)	5.463*** (0.836)	−0.257 (0.441)
观测值	1395	1395	1395
伪似然对数值	−762.766	−3359.479	−3968.464
Wald 检验	187.30***	8556.99***	843.66***
识别不足检验	—	31.566***	62.882***
弱工具变量检验	—	36.323	62.493

***、**分别表示在 1%、5%统计水平上显著。
注：括号内的数值为稳健标准误。

六、进一步分析 1：农地流转对象与流转合同、流转期限的关系

本章的一个重要观点是，农地流转"差序格局"中的非市场逻辑正在被市场逻辑所取代。由此引出的问题是，以往研究中强调的流转合同的口头化、流转期限的短期化等表征非正式流转的指标，是否也发生了显著变化呢？考虑 2015 年 CHFS 数据并未涉及上述问项，故本章将利用表 9.7 中广东

省的调查数据完成这一分析。表 9.10 估计了农地流转对象对流转合同和流转期限的影响。其中，流转合同变量被区分为书面合同（赋值 1）和非书面合同（赋值 0），流转期限被区分为 1 年以下或不定期（赋值 1）和大于 1 年（赋值 0）。表 9.7 的控制变量、工具变量和估计模型适用于表 9.10。

表 9.10　农地流转对象对流转合同和流转期限的影响

变量	流转合同 估计 1 eprobit	流转期限 估计 2 eprobit
农地流转对象		
亲友	−0.943*** （0.358）	1.618*** （0.283）
本村农户	−0.449（0.335）	−0.458* （0.270）
其余控制变量	已控制	已控制
常数项	0.999* （0.560）	−0.714（0.447）
观测值	718	718
伪似然对数值	−1007.282	−900.898
Wald 检验	138.94***	360.09***
识别不足检验	60.074***	60.074
弱工具变量检验	31.364	31.364

***和*分别表示在 1%和 10%水平上显著。

注：括号内的数值为稳健标准误。

表 9.10 中估计 1 的结果显示，将农地流转给亲友确实是造成口头合约普遍的重要原因。估计 2 的结果进一步显示，将农地流转给亲友会造成合约期限的短期化。然而，在考虑内生性的情况下，与其他主体相比，将农地流转给本村农户并未对流转合同的形式产生显著性影响；本村农户和其他主体在流转期限上也几乎不存在明显差异。这表明，基于地缘关系的农地流转不仅在农地租金方面与非人格化交易表现出一致性，还在流转合同和流转期限上与非人格化交易表现出一致性。上述分析表明，村庄内部农地流转的市场化已经成为当前农地流转市场发展的重要趋势，由此强化了本章相关讨论的现实依据。

七、进一步分析 2：熟人间流转市场化的发展趋势

熟人间流转的市场化转型是农地流转"差序格局"撕裂的关键，但囿于本章数据为截面数据，难以直接描述我国农地流转的市场化趋势。为强化对该趋势的直观表述，表 9.11 结合已有文献和调查数据，分析了不同时

点和区域的农地流转特征。资料显示，在 2007 年的贵州省，以及 2000 年和 2009 年的河北等六省，超过 85%的农地流转发生本村农户之间，且口头合约占比均达到 90%以上。同时，河北等六省的转出户有 73.37%以零租金将农地流转给亲属，非亲属流转的零租金占比仅为 52.58%。2011～2012 年全国 26 省（自治区、直辖市）的调查数据则显示，同村农户之间的流转仍高达 87.19%，但亲友邻居间的流转租金已达到 324.4 元/（亩·a）。2013 年广东调查数据显示，亲友邻居和本村农户间的流转比例在下降，且租金水平较之前有明显提高。2014～2015 年针对江苏、江西、辽宁的农户调查则表明，将农地流转给本村农户的转出户比例仅为 45.46%，且租金水平达到了 330.7 元/（亩·a）。2015 年 CHFS 的 29 个省（自治区、直辖市）数据同样显示，本村农户间流转与非本村农户间流转的租金水平均远离零租金。

表 9.11　不同年份调查中的农地流转状况

调查省份	调查年份	出租土地去向	流转合约	农地租金
贵州[①]	2007	91.34%流转给本村农户	97.24%的转出合约为口头合约	
河北、湖北、辽宁、陕西、四川、浙江[②]	2000、2009	2000 年，95.67%流转给本村农户；2009 年，85.47%流转给本村农户	91.72%的亲属间流转采用口头合约；91.24%的非亲属间流转采用口头合约	73.37%的亲属间流转伴随零租金；52.58%的非亲属间流转伴随零租金
全国 26 省（自治区、直辖市）[③]	2011～2012	66.01%农户与亲友邻居交易；21.18%农户与普通农户交易；其余农户与大户、合作社或企业交易		亲友邻居：324.4 元/（亩·a）；其他：1406.7 元/（亩·a）
广东[③]	2013	40.88%农户与亲友邻居交易；25.29%农户与普通农户交易；其余农户与外来户或组织交易		亲友邻居：416.5 元/（亩·a）；普通农户：1090.2 元/（亩·a）；生产大户：1624.9 元/（亩·a）；农业合作社：1171.4 元/（亩·a）
江苏、江西、辽宁[④]	2014～2015	45.46%流转给本村农户；其余流转给外来户或组织	80.28%的本村农户流转为口头合约；13.70%的非本村农户流转为口头合约	本村农户：330.7 元/（亩·a）；非本村农户：745.9 元/（亩·a）
全国 29 省（自治区、直辖市）[⑤]	2015	71.01%流转给本村农户；其余流转给外来户或组织		本村农户：173.4 元/（亩·a）；非本村农户：456.9 元/（亩·a）
贵州、四川、重庆、广西、云南[⑥]	2019	28.40%流转给亲友；26.53%流转给本村农户；其余流转给外来户或组织	9.02%的亲友流转为书面合同；28.32%的本村农户为书面合同；77.89%的外来户或组织流转为书面合同	亲友：151.7 元/（亩·a），其中零租金占比 76.58%；本村农户：482 元/（亩·a），其中零租金占比 41.59%；外来户或组织：915.4 元/（亩·a）

续表

调查省份	调查年份	出租土地去向	流转合约	农地租金
广东⑦	2019	27.09%农户与亲友交易；48.47%农户本村农户交易；27.44%农户与外来户或组织交易	20.29%的亲友流转为书面合约；62.07%的本村农户为书面合约；80.71%的外来户或组织为书面合约	亲友：1022.4 元/（亩·a）；本村农户：1206 元/（亩·a）；外来户或组织：1898.4 元/（亩·a）

①资料来源：洪名勇（2009）；②资料来源：Wang 等（2015）；③资料来源：罗必良等（2018）；④统计结果由南京农业大学马贤磊教授和唐亮博士提供；⑤数据来源于 2015 年 CHFS 数据；⑥统计结果由贵州大学朱满德教授提供；⑦统计结果由华南农业大学李尚蒲副教授提供。

本章进一步对比了 2019 年经济欠发达地区（即喀斯特地区，包括贵州、四川、重庆、广西、云南）和经济发达地区（即广东）的农地流转状况。结果显示，在喀斯特地区，分别有 28.40%和 26.53%的转出户将农地流转给亲友和本村农户。尽管亲友流转的书面合同签订率仅为 9.02%，但本村农户的书面合同签订率达到了 28.32%；亲友间零租金的比例为 76.58%，本村农户间的则低至 41.59%，且平均租金达到了 482 元/（亩·a）。广东省的调查更是表明，熟人间流转的市场化程度达到了较高水平。具体而言，仅有 27.09%的转出户将农地流转给亲友，但其合同签订率达到了 20.29%，且平均租金为 1022.4 元/（亩·a）。本村农户间流转的市场化程度则更高。上述证据表明，地方性调查和全国性调查均支持农地流转市场化程度不断提高、熟人间流转非人格化趋势渐强的判断。

第五节　本章小结

已有研究对于农地流转是否会导致农地"非粮化"存在较大争议，主要分歧在于转入户到底是以农业经营利润最大化还是以务农成本最小化为目标约束，忽视了交易对象和农地租金的重要影响，从而难以理解农地流转市场化过程中种植业结构调整的内在机理。为此，本章利用 2015 年 CHFS 数据，经验分析了农地流转对象对流转农地种植类型的影响，以及农地租金在其中的作用，主要结论与启示如下。

一、主要结论

与亲友和本村农户相比，将农地流转给外村农户或经济组织导致农地"非粮化"的可能性显著增加。其原因在于，农地租金具有明显的"差序格局"特征。进一步的研究表明，农地租金的提高会增加流转农地"非粮化"

的概率，且农地租金是农地流转对象作用发挥的重要途径。当前农地租金的趋同意味着，农地流转"差序格局"将逐渐瓦解，并可能导致流转农地的"非粮化"，进而加大粮食安全压力。尤其考虑仍有超过50%的流转农地是在本村熟人间进行的交易，农地流转"差序格局"的撕裂应引起相关政府部门的密切关注。

二、"差序格局"撕裂的社会经济含义

"差序格局"的价值在于，将人和资源置于社会网络之中。正是该传统及其所内含的自组织与道德约束，成为正式法律规范的重要补充从而维护社会稳定。类似地，基于"差序格局"所进行的社会交易，往往以关系资本和信任机制为媒介，排斥"市场逻辑"，由此形成了一个降低交易成本的"土围子"，维持着乡村传统与秩序。随着市场经济的发展和农村社区开放程度的提高，"差序格局"表征的非正式治理和交易模式，逐渐被法律和非人格化交易所取代。由此带来的结果是，农村社会变得只谈"钱"和"利"，资源的配置也以利润最大化为目标，交易的媒介则转变为纯货币。在这样的现实背景下，农地流转"差序格局"的瓦解也只是农村社会转型的一个缩影。

必须清晰地认识到，我国农村地域辽阔，法律机制尚不健全，社会稳定仍需依靠道德传统加以维系。显然，农村交易关系的转型，意味着谋利已然成为农民行动的重要逻辑。由此可能诱发的后果是，规则或法律的实施严重滞后于人们对经济利益的诉求。无序甚至无底线的竞争或谋利具有毁灭市场，甚至冲击社会稳定的潜在可能。这又回到了一个经典的经济学争论：市场是道德的吗？在产权明晰与法律约束条件下，实现经济效益的市场行为无疑是最为道德的；而建立在产权残缺基础上的市场竞争，意味着严重的租金耗散，通过占有他人资源的谋利竞争，则属于"强盗逻辑"。

即使在市场经济中，声誉、诚信等道德品质依然是重要的，甚至是市场良好运行的关键。相反，过度强化经济利益导向，不仅使得传统文化理念难以维系，社会关系网络也会随之瓦解。中国几千年的乡土文化，已经塑造了集体行动的基本逻辑和人们的思维方式。即使在市场环境下，信任"差序格局"仍然具有不可替代的作用。信任"差序格局"决定了声誉的近缘性，但这种近缘关系会在市场中形成标签效应，并在市场交易活动中成为相互监督与自我执行的重要机制。相反，一个不需要对交易对象负责的社会，定会在过度竞争中自我消耗。显然，"差序格局"等传统是"市场逻辑"得以实现的重要保障。

三、隐含的政策意义

从政策层面上来说，农地流转"差序格局"撕裂所诱发的"非粮化"与国家粮食安全目标并非一致，因此政府有必要在特定区域实施特殊的粮食补贴和收购政策，通过转移支付等方式提高种粮的吸引力。然而，面对粮食市场经济的持续低迷，较多种粮大户已开始调整种植结构或退出农地经营。由此提出的疑问是，粮食价格支持政策或对农业基础设施的支持是否只集中在粮食主产区，非粮食主产区大规模的农地"非粮化"难道可以置之不理？面对粮食主产区存在的农地细碎化问题，是否需要鼓励市场型流转？如果市场型流转会导致农地"非粮化"，是否意味着需要对市场机制加以调整？在推进市场化的过程中，如何兼顾传统习俗在文化建构、社区关系维系和粮食保护中的积极作用？这些都是我国农村改革必须解决的两难问题。

与此同时，必须明确农地流转"差序格局"撕裂的阶段性及其作用发挥的区域差异性。随着农村要素市场的分工和要素市场的不断发育，人格化交易必将丧失其主导功能。比较要素价格与利润目标最大化，将形成要素市场配置的基本格局。在此阶段，"非粮化"生产的压力可能会不断凸显。不过，该影响又具有个体与区域的差异性。对于那些粮食生产基础设施良好，政府实施价格保护，且社会化服务完备的地区，粮食生产的净利润可能为正。那些缺乏非粮种植技术和市场风险应对能力弱的主体，尤其是习惯于粮食生产的农户，仍然具有较大动力进行粮食种植。相反，对于那些粮食价格支持不足或农业基础设施欠佳的区域，外出务工将成为农民的理性选择，与之相关的小农户可能会逐渐退出农业经营。那些具备企业家能力的经营主体或职业农民将出现，通过种植结构的调整而谋求利润最大化，从而促成"非粮化"生产。因此，农地流转"差序格局"瓦解不仅意味着农地流转机制的转换，还隐含着农业种植行为的转变与品种结构的调整。从维护国家粮食安全的角度来说，相关政策切忌"一刀切"。

从发展规律上来说，农地流转"差序格局"的撕裂是不可逆的，由此引发的"非粮化"压力应该引起高度重视。本章旨在提出一种预警，使相关部门对农地流转市场化过程中可能出现的社会问题给予充分重视。正如陈锡文所提到的："相比于工商业和城市，农业和农村是个慢变量，不能太快，这是历史经验"，"古人讲'文武之道，一张一弛'，城市已经快得日新月异了，再把农村也搞得鸡飞狗跳的话，这个社会能太平吗？所以，城乡两者之间，有一个快变量了，另一个就必须把握好，才能使它成为快速转型社会的稳定器和压舱石"，"一定要想明白了再干，所谓'谋定而后动'"（高源，2019）。

第十章 农地流转市场转型的农业绩效改善效应

引言：本章利用 2015 年 CHFS 数据，并采用拓展的线性模型和两阶段最小二乘法，实证分析了农地流转及其市场化对农业生产率的影响。结果显示，转入农地可以有效提高农地产出率，且忽视内生性问题将低估农地转入的农业绩效改善效应。进一步的证据表明，转入农地规模和农地流转对象均对农地产出率不存在显著影响。其原因在于，熟人间流转市场化程度的提高改善了要素配置效率，并降低了关系型流转对农业经营绩效的抑制作用。本章强调，熟人间流转市场化是挖掘农地流转市场潜能的重要路径，在农地流转率基本维持不变的背景下，推动市场转型，有利于农业规模经济的持续发展。

第一节 研究背景

发展农地流转市场是改善农业经营绩效的有效途径（Deininger and Jin，2003，2009；Wang et al.，2015）。尤其对于面临严重农地细碎化的亚洲、非洲和欧洲地区的国家而言，农地流转有助于农地的合并集中（Carter and Yao，2002；Yao，2002）。而且，农地流转市场能够将农地配置到具有更高经营能力的主体手中（Carter and Yao，2002；Deininger and Jin，2003），并拓宽小农户成长为规模经营主体的渠道（Jin and Jayne，2013）。同时，相关研究也证实了农地经营规模与农地产出率的正相关关系（Paul et al.，2004；Hornbeck and Naidu，2014）。为此，我国政府自 2004 年就开始鼓励和支持农地经营权流转（Huang and Ding，2016）。

但是，关于农地规模与农地产出率的关系在学术界并未形成一致性观点。Larson 等（2013）、Carletto 等（2013）和 Kagin 等（2015）基于亚洲和拉丁美洲等低收入国家的数据，分析认为农地规模与农业生产率负相关。

本章内容部分发表在 *China Agricultural Economic Review*。

但关于为何小规模农场比大规模农场的经营效率更高，尚无定论（Foster and Rosenzweig，2017）。Binswanger-Mkhize 等（2009）和 Hazel 等（2010）认为，小农场具有诸如自我激励、较低的监督成本和人工成本等优势。其他利用发达国家数据的研究显示，农地规模与农地产出率存在正相关关系（Paul et al.，2004；Hornbeck and Naidu，2014）。其原因在于，大农场的机械化程度更高（Foster and Rosenzweig，2017），而农业机械化有助于改善经营效率（Yi et al.，2019）。此外，一些研究还发现农地经营规模与农地产出率存在非线性关系，并用劳动力市场的交易成本和农业机械的作业规模解释了该发现（Foster and Rosenzweig，2017）。但是，Assunção 和 Ghatak（2003）认为，如果控制农户的异质性，那么农地经营规模与农地产出率不存在任何关系。关于这些研究的分歧，相关研究将其归因于劳动力市场发育不完善和信贷约束（Carter et al.，1990；Byiringiro and Reardon，1996）。关于中国地区的研究显示，对于小农场来说，经营规模与效率的反向相关关系依然存在；对于大农场来说，经营规模与效率则呈现温和的 U 形关系（Sheng et al.，2019）。Chen 等（2011）、Li 等（2013）、Huang 和 Ding（2016）则发现，农地经营规模与农地产出率之间存在反向关系。"小即美丽"的观念在我国依然盛行。

正如前文所言，我国的农地流转普遍发生于亲友之间，且合约规范性较差（Feng et al.，2010；Ma et al.，2015）。与企业、合作社或其他外来流转主体相比，熟人间流转往往伴随着更小的流转规模。根据 2015 年 CHFS 数据，仍有 89.6%的转入户是与同村农户发生流转交易的。Kassie 和 Holden（2010）发现，发生于亲友间流转往往伴随更低的农地利用效率。Holden 和 Ghebru（2005）及 Kawasaki（2010）也发现了类似现象。

Qiu 等（2018）利用全国 29 个省（自治区、直辖市）的数据发现，熟人间流转与非熟人间流转不存在农地租金上的差异，且熟人间流转的市场化程度正在不断提高。如果该现象存在，那么熟人间流转是否会导致农地产出率的下降就值得怀疑了。一方面，如果市场机制运行良好，那么不同规模农场间的生产率将不存在显著差异。另一方面，只有在农地流转市场竞争不完全的情况下，不同转入规模才会造成生产率差异。显然，我国农地流转市场正在发生的转型可能对农业经营绩效存在深刻影响。

Feng 等（2010）的研究发现，转入农地可以提高农地产出率，但由于他们忽略了信贷约束和农户的生产能力，可能低估了农地转入对农地生产率的影响。此外，较少研究分析了农地转入规模和交易对象对农地利用效率的影响。

本章重点考察了农地转入对农地产出率的影响。在已有研究中，自选择问题是被着重考虑的，但农地流转与农地产出间的反向因果关系较少被关注。具体而言，本章首先使用工具变量法估计农地转入对农地产出率的影响。其次，估计了农地转入规模和农地流转对象对农地产出率的影响。

第二节 我国农业生产率状况与分析框架

关于我国农地流转市场发展现状已在前文进行了详细介绍，不再赘述。本节重点介绍我国农业生产率的状况，并给出探讨农地转入与农地产出率关系的分析框架。

一、我国农业生产率状况

Huang 和 Kalirajan（1997）认为，我国实际的粮食产出比潜在产量低15%～35%。2000 年以来，农村劳动力的大规模非农转移导致农户收入的大幅增长，这有利于增加农业中的生产性投资。2003 年以来，我国农户经营的耕地面积及其产量都呈现明显增长的态势。然而，Yao 等（2001）指出，我国粮食生产的技术效率仍相对较低，1987～1992 年，各省（自治区、直辖市）之间存在明显的技术效率差异。区域较大的生产率差异，为进一步提高粮食产出率提供了巨大潜力（Yao and Liu，1998）。

尽管农地细碎化限制了农业生产率的改善（Deininger et al.，2012），但过去 10 年，我国粮食生产率取得了长足进步。表 10.1 显示了 2006～2016 年我国粮食生产率状况。结果显示，我国谷物生产率从 2006 年 4.75t/hm^{2}增至 2016 年的 5.45t/hm^2，10 年间增长了 14.7%。小麦生产率从 2008 年的 4.76t/hm^{2}增至 2016 年的 5.33t/hm^2，高于俄罗斯的 1.8t/hm^2、美国的 2.9t/hm^2、乌克兰的 2.6t/hm^2，以及哈萨克斯坦的 1t/hm^2（Lioubimtseva and Henebry，2012）。2016 年我国稻谷和玉米的生产率分别提高到 6.86t/hm^2 和 5.97t/hm^2。然而，根据 2016 年联合国粮食及农业组织的数据，我国的稻谷生产率仍低于澳大利亚的 10.29t/hm^2 和美国的 8.11t/hm^2，我国的玉米生产率也落后于澳大利亚、美国和加拿大。

表 10.1 2006～2016 年我国粮食生产率状况　　（单位：t/hm^2）

粮食类型	2006 年	2008 年	2010 年	2012 年	2014 年	2016 年
谷物	4.75	4.95	4.97	5.30	5.39	5.45
小麦	4.59	4.76	4.75	4.99	5.24	5.33

续表

粮食类型	2006年	2008年	2010年	2012年	2014年	2016年
稻谷	6.28	6.56	6.55	6.78	6.81	6.86
玉米	5.33	5.56	5.45	5.87	5.81	5.97

资料来源：国家统计局。

农地经营规模小、低效率的农地使用必然诱发农业经营利润的下降。近年来农业生产中劳动力成本迅速增加，成为提高粮食生产成本的主要因素。Luo（2018）指出，我国粮食生产中的人工成本占比已从1990年的35.1%增至2014年的41.8%。即使在此期间粮食产量持续增长，但农户仍然没有从粮食种植中获得较好的经济收益。表10.2显示了2006～2016年我国粮食生产的净利润。数据显示，2006～2010年，我国谷物生产的净利润不断增加，然后开始下降，2016年每公顷亏损约840元。具体而言，小麦生产的净利润从2006年的1770元/hm²降至2016年的–860元/hm²。在2016年，稻谷和玉米的净利润分别为1480元/hm²和–3130元/hm²。

表10.2　2006～2016年我国粮食生产的净利润　（单位：元/hm²）

粮食类型	2006年	2008年	2010年	2012年	2014年	2016年
谷物	2320	2410	2740	1840	1320	−840
小麦	1770	2120	1600	230	930	−860
稻谷	3040	3040	3740	3120	2170	1480
玉米	2170	2050	2900	2160	870	−3130

资料来源：2007～2017年《全国农产品成本收益资料汇编》。
注：数据根据2006年的不变价格进行了调整。

二、分析框架

为分析农地转入对农地产出率的影响，本部分给出了一个分析框架。尽管众多研究表明，转入农地是降低农地细碎化和提高农地产出率的重要途径，但较少研究探讨了转入农地规模的影响。如前文所述，目前仍不清楚农地转入规模变大是否伴随着更高的农地产出率。此外，熟人间流转往往伴随着更小的农地交易规模（Ma，2013；Wang et al.，2015）。考虑Holden和Ghebru（2005）发现熟人间流转会导致更低的农地产出率，探讨农地流转对象对农地产出率的影响可以进一步澄清熟人间流转伴随的小规模农地是否必然诱发更低的农地产出率。

第一，转入农地可能伴随着更高的农地产出率。众所周知，活跃的农地流转市场有助于农地的有效配置，并给予小农户更多调整农地经营规模的自由。相关研究指出，与未转入农地的农户相比，转入农地确实伴随着更高的农地利用效率（Paul et al.，2004；Hornbeck and Naidu，2014）。同时，转入农地也会激励农户进行更多的生产性投资（Ma，2013）。更为重要的是，运行良好的农地流转市场具有优化资源配置的作用，可以将农地流转到生产效率更高的主体手中。显然，农业经营能力越强，越可能投资机械设备和其他专用型资产（Feng et al.，2010）。Yi 等（2019）指出，投资专用型农业资产对于小农户而言是不经济的，且资本回收期过长。然而，通过转入农地，转入户可以在更大经营规模上使用机械，这会显著改善农业经营绩效（Yang et al.，2013；Zhang et al.，2015）。与小规模经营主体相比，农地转入户使用机械的可能性要更高。特别是那些出于营利性动机转入农地的主体，转入农地无疑是克服传统小农经济弊端、实现农业经营利润最大化的重要方式。此外，我国存在着严重的农地细碎化问题，并造成了严重的效率损失。通过转入农地，经营主体可以有效应对农地细碎化对农地产出率的抑制作用（Tan et al.，2006）。

第二，农地转入规模与农地产出率间的关系并不明确。尽管转入农地可以提高农地产出率，但这并不意味着增加转入规模会持续提高农地产出率。正如前文所言，转入农地能够优化农业生产要素配置，并增加农业的生产性投资。对于经营规模较小的转入户，投资机器设备显然面临规模不经济，但劳动成本的压力会促使他们使用更多的农业社会化服务。而在经营规模较大的农场上，机械设备的使用效率会得到进一步提高（Foster and Rosenzweig，2017）。然而，Yi 等（2019）的研究表明，利用自有机械和外包服务对农业经营绩效的改善具有类似作用。基于上述原因，在控制了农户的异质性和资产投资后，农地转入规模与农地产出率将不存在显著相关性（Assunção and Ghatak，2003）。

第三，随着熟人间流转市场化程度的提高，其对农地产出率的影响将与非熟人间流转对农地产出率的影响趋同。在前面的讨论中，隐含的假设是农户基于营利性动机转入农地。与此相反，如果农地经营是以务农成本最小化为目标，那么农地抛荒将持续发生，农地利用效率将大幅下降（Holden and Ghebru，2005）。相关研究表明，我国农村存在大量非正式流转。价格失灵和市场的不完全竞争导致农地配置效率下降，这将导致农地细碎化对农业生产效率的负面影响长期存在。然而，2015 年 CHFS 数据显示，已有 52.5%的转入户是出于营利性动机与熟人发生流转交易的，他们支付的平均农地租金为 320.165 元/（亩·a），这与非熟人间流转的农地租金趋同（Qiu et al.，2018）。显然，农地租金趋同意味着熟人间流转的市场化程度在提高，此时交易对象并不会对资源配置产生影响（Qiu et al.，2020c）。换句话说，无论转入户与谁交易，或者转入的农地规模是多少，只要他是出于营利性动机进行的交易，那么市场就会在农地配置中发挥决定作用，不同交易所对应的农地产出率也将无差异。

综上所述，转入农地会改变农业生产要素的配置。例如，它会诱致更多的机械投资，从而改善农地产出率。但是，在控制了农户异质性和生产性投资之后，农地经营规模并不会对农地产出率产生显著影响。此外，随着熟人间流转的市场化，营利性动机将促使市场在农地配置中起决定性作用，从而减弱关系型流转对农地产出率的负面影响。

第三节　数据、变量和估计策略

一、数据来源

本章使用的数据来自 2015 年 CHFS 数据，具体数据介绍见第一章的相关说明。在 CHFS 的样本中，农户种植不同类型的农作物，但种植比例最高的是玉米。在 2014 年的受访农户中，约有 72.99%种植了玉米，种植水稻和小麦的比例分别为 38.79%和 31.71%。考虑将不同农作物混合使用会造成估计结果的偏误，故本章仅以玉米种植为主。本章最终使用的样本包括 28 个省（自治区、直辖市）的 2969 户玉米种植户。

二、变量选择

因变量。本章因变量为农地产出率，通过玉米产量进行衡量。按照 Sheng 等（2019）的做法，玉米产量被定义为玉米总产量除以玉米播种面积。由于各地区、各个时间段的玉米价格都存在波动性，故本章不利用亩均玉米售价衡量产出率。此外，本章重点关注的是玉米产量，而非玉米产量的增长率，故也未采用玉米产量的自然对数作为因变量。

主要自变量。本章主要自变量为农地转入，利用农户是否转入农地、转入农地规模和农地流转对象共同刻画。是否转入农地变量参照了 Ma（2013）的做法；农地流转对象被用来反映社会关系网络。在本章中，熟人被定义为同村的其他农户。其原因在于，我国的村庄相对较小，一般是基于血缘和地缘关系组建的，即同村农户大概率处于熟人网络之中。

其余控制变量。本章还控制了农机投入、农业劳动力投入、农业雇工、商业经营、小汽车、活期存款、定期存款、农地承包证书、征地状况、农地流转期限和村庄交通状况。众所周知，农机的使用可以提高效率并降低粮食生产中的劳动成本；农业劳动力的投入则有利于提高农地产出率（Feng et al.，2010）。Byiringiro 和 Reardon（1996）认为信贷约束会影响农业生产率，但我国农户的主要投资来源仍以家庭收入为主。为此，本章控制了家庭经济状况的相关指标（如商业经营、小汽车、活期存款、定期存款），以此反映农业资本约束。此外，相关研究指出，安全的农地产权能够激励农业生产性投资，进而改善农业经营绩效（Lin，1992），参考 Rao 等（2016）的研究，本章使用农地承包证书和征地状况共同刻画农地产权状况。与此同时，农地流转期限在一定程度上反映农地使用权的稳定性，可能影响农地投资和农地产出率。村庄交通状况则可能同时影响农地流转和农业生产。表 10.3 显示了具体的变量定义与描述。

表 10.3 变量定义与描述

变量	定义	均值	标准差
玉米产量	每亩的玉米产量/（kg/亩）	569.639	1306.176
是否转入农地	1 = 转入农地，0 = 其他	0.212	0.409
转入农地规模	转入农地的规模/亩	2.203	1.173
农地流转对象	1 = 转入熟人的农地，0 = 其他	0.904	0.295
农机投入	每亩的机械投入成本/（元/亩）	0.556	1.121
农业劳动力投入	每亩投入的劳动力数量/（人/亩）	0.430	0.545
农业雇工	每亩雇用的劳动力数量/（人/亩）	0.265	4.664
商业经营	1 = 从事商业经营，0 = 其他	0.089	0.280
小汽车	1 = 拥有小汽车，0 = 其他	0.130	0.336
活期存款	家庭活期存款数量/元	7366.257	28411.010
定期存款	家庭定期存款数量/元	5686.9	34110.2
农地承包证书	1 = 持有农地承包证书，0 = 其他	0.472	0.499
征地状况	2000 年以来经历的征地次数	0.079	0.300
农地流转期限	转入户租赁农地的期限/年	1.140	0.637
村庄交通状况	1 = 很好，2 = 较好，3 = 一般，4 = 较差	2.513	0.726
县级虚拟变量	样本县的虚拟变量	—	—

注：转入农地规模、农地流转对象和农地流转期限采用 629 户转入户样本进行描述，其他变量基于总样本进行描述。

三、估计策略

本章的目的是探讨农地转入对农地产出率的影响。首先,参考 Feng 等(2010),识别如下模型:

$$Y_i = \beta_0 + \beta_1 R_i + \boldsymbol{X}_i \beta_2 + \varepsilon \quad (10.1)$$

式中,Y_i 为农地产出率,并采用玉米产量进行衡量;R_i 为农地转入的虚拟变量;$\boldsymbol{X}_i$ 为农机投入、农业劳动力投入、农业雇工等控制变量组成的向量;β_0 为常数项;β_1 和 β_2 为待估计系数;ε 为随机误差,并符合正态分布。

其次,本章也考察了农地转入规模和农地流转对象与农地产出率的关系。为此,识别如下两个模型:

$$Y_i = \alpha_0 + \alpha_1 S_i + \boldsymbol{X}_i \alpha_2 + \varepsilon \quad (10.2)$$

$$Y_i = \lambda_0 + \lambda_1 P_i + \boldsymbol{X}_i \lambda_2 + \varepsilon \quad (10.3)$$

式中,S_i 为农地转入规模;P_i 为农地流转对象;α_0 和 λ_0 为常数项;α_1、α_2、λ_1 和 λ_2 为待估计系数。其他变量和参数的定义与式(10.1)中的一致。

显然,遗漏变量和反向因果可能干扰本章估计。从理论上来说,具有较强经营能力的主体倾向于转入农地,且他们能够实现更高的农地产出率。然而,即使控制了农机投入和劳动力投入,也不太可能准确测量农户的经营能力。此外,农地肥力也会对农地流转和农地产出率产生影响。同时,农地流转和农地产出率存在反向因果关系。具体而言,能实现更高农地产出率的农户更倾向于转入农地。

首先,参考 Ma 等(2015)和 Qiu 等(2020d)的研究,本章采用工具变量法估计式(10.1),并采用村庄层面的农地流转市场发展状况作为工具变量。从理论上来讲,同村其他农户转入农地的比例越高,农户越有可能转入农地,即同群效应的存在。为此,本章计算了村庄其他农户转入农地的比例。关于该工具变量的外生性和排他性,首先,农地流转市场是村庄变量,农地产出率是农户层面的变量,这意味着因变量不能反向影响工具变量,且工具变量在一定程度上外生于农地产出率。其次,运行良好的农地流转市场可以降低交易成本,有利于农地的有效配置(Ma,2013)。显然,农地流转市场的发展需要通过影响农户的农地流转参与行为,才能作用于他们的经营行为。这意味着,农地流转市场作为工具变量满足排他性限制[①]。

[①] 从逻辑上来说,村庄的农地质量会影响农地流转市场的发展和农地产出率。但是,村庄农地质量并不是决定农地流转市场发展的主导因素。例如,黑龙江、贵州和新疆的土地质量要比江苏、广东和其他发达地区高得多,但黑龙江、贵州和新疆的农地流转率不高。显然,农地流转市场的发展取决于区域经济和交通状况。

对于式（10.2）的估计，农地产出率可能负向影响农地转入行为（Sheng et al.，2019）。参考 Foster 和 Rosenzweig（2017）的做法，本章利用承包地规模作为农地转入规模的工具变量。承包地是政府或村集体组织分配的，属于农地产出率的外生变量。同时，农地转入规模还与转入动机紧密相关。显然，如果农地转入基于关系型交易，承包地规模与农地转入规模可能并不存在相关性。只有当流转动机和承包地规模共同作为工具变量时，才可能决定转入农地规模[①]。

对于式（10.3）的估计，村庄其他转入户与熟人发生交易的比例被作为农地流转对象的工具变量。从逻辑上来说，村庄中与熟人发生流转交易的转入户比例越高，村庄的农地流转市场就可能越封闭，那其他转入户与熟人进行流转交易的可能性就越大。

由于式（10.1）和式（10.3）中的内生变量是二元变量，故不能采用两阶段最小二乘法（2sls）直接估计。参考 Maitra 和 Rao（2014）的做法，使用扩展的线性回归模型（ERM）进行估计。ERM 适用于线性回归模型，该模型可同时处理内生协变量、非随机处理分配和内生样本选择的任何组合，并允许内生变量为连续变量、二元变量和有序变量。此外，因为农地转入规模为连续变量，故采用 2sls 来估计式（10.2）。

第四节　估计结果分析

一、转入农地对农地产出率的影响

表 10.4 显示了式（10.1）的模型估计结果。估计 1 使用了普通最小二乘法（ols），估计 2 使用了 ERM，估计 3 给出了 ERM 估计的第一阶段回归结果。杜宾-吴-豪斯曼检验显示，表 10.4 的估计面临内生性问题；弱工具变量检验和识别不足检验显示，表 10.4 的估计不存在弱工具变量问题。

表 10.4　农地转入对玉米产量的影响

变量	玉米产量 估计 1 ols	玉米产量 估计 2 ERM	是否转入农地 估计 3 第一阶段估计
是否转入农地	0.104** (0.048)	0.532*** (0.256)	
工具变量			0.464*** (0.041)

---

① 如果转入户出于营利性动机转入农地，则赋值为 1，否则为 0。

续表

变量	玉米产量 估计 1 ols	玉米产量 估计 2 ERM	是否转入农地 估计 3 第一阶段估计
农机投入	0.041* (0.025)	0.040* (0.025)	−0.004 (0.005)
农业劳动力投入	0.259*** (0.066)	0.264*** (0.064)	−0.029** (0.013)
农业雇工	0.005*** (0.002)	0.005*** (0.002)	0.000 (0.001)
商业经营	−0.047 (0.072)	−0.049 (0.071)	−0.005 (0.028)
小汽车	0.110** (0.054)	0.108** (0.053)	0.024 (0.024)
活期存款	0.009* (0.005)	0.009* (0.005)	0.004** (0.002)
定期存款	0.007 (0.006)	0.006 (0.006)	−0.000 (0.002)
农地承包证书	−0.012 (0.045)	−0.012 (0.044)	0.017 (0.015)
征地状况	−0.082 (0.088)	−0.080 (0.086)	0.031 (0.026)
村庄交通状况（以"较差"为参照组）			
很好	−0.092 (0.093)	−0.099 (0.090)	0.003 (0.042)
较好	−0.021 (0.078)	−0.024 (0.076)	−0.026 (0.028)
一般	−0.153** (0.079)	−0.155** (0.077)	−0.006 (0.028)
县级虚拟变量	已控制	已控制	已控制
常数项	3.052*** (0.105)	5.354*** (0.149)	0.118*** (0.028)
观测值	2969	2969	2969
杜宾-吴-豪斯曼检验		2.952*	
弱工具变量检验		152.740	
识别不足检验		163.325***	
R^2	0.233		
伪似然对数值		−5707.642	

***、**和*分别表示在1%、5%和10%水平上显著。
注：括号内的数值为稳健标准误。

估计 1 和估计 2 的结果均表明，转入农地提高了农地产出率，且估计 2 中的系数略大于估计 1 中的系数。这表明，在考虑内生性问题后，转入农地对农地产出的提升作用更为强烈。Feng 等（2010）的研究发现，转入农地在 10% 显著水平上正向影响农地产出率。他们的分析还表明，农地转入对农业劳动力投入和化肥投入的影响不显著，这意味着农地租赁只能通过提高农地规模经济，进而影响农地产出率。尽管有研究认为，我国农地经营规模与农地产出率不存在显著相关性（Chen et al., 2009），但忽略农户在劳动力和资本投入间的选择可能会干扰对农地规模与农地产出之间关系的判断（Sheng et al., 2019）。

显然，与未转入农地的农户相比，转入户更可能使用机械等资产设备。

已有研究表明，农业机械化有助于改善农业经营绩效（Yang et al.，2013；Yi et al.，2019）。与此同时，转入户往往要比非流转户的生产率更高（Deininger and Jin，2009；Feng et al.，2010），这正是其在技术和机械投资方面的优势所造成的。根据 Foster 和 Rosenzweig（2017）的研究，农业机械以低成本在更大经营规模上进行作业，是提高农业生产效率和经营利润的关键。这意味着，农业经营能力更高的农户将通过增加农地经营规模，优化生产要素的配置，进而缓解农地细碎化的负面效应。

2011 和 2016 年《全国农产品成本收益资料汇编》数据显示，我国粮食生产的机械成本从 2010 年的 1270 元/hm^2 增加到了 2015 年的 2090 元/hm^2。此外，劳动力投入规模从 98.85 工/hm^2 降到了 79.95 工/hm^2，这说明农业劳动力的单位成本正在快速增加。随着粮食生产中资本投入的增加，转入户也可以利用相应的资本来改善经营效率。考虑过去 10 年农业生产中的劳动成本急剧增加，以机械化服务来替代劳动已经成为大多数农户的选择（Luo，2018）。对于转入户而言，劳动力的高成本也会诱使他们卷入农业外包服务市场，实现社会化分工。

此外，很多研究也指出，安全的农地产权能够激励农地生产性投资（如绿肥、有机肥、灌溉设施等），这有利于提高农地产出率（Jacoby et al.，2002；Ma et al.，2013）。Fraser（2004）、Kabubo-Mariara 等（2010）、Gao 等（2018）和 Qiu 等（2020d）进一步指出，相较于转入的农地，转入户倾向于在承包地上投入更多的长期性投资。但即便更少的长期性投资被投入转入农地，也并不会影响化肥等生产资料的使用（Yu et al.，2003）。众所周知，玉米属于一年生作物，其种植所需的长期投资较少。而且，目前化肥已经被农户广泛使用，进行长期性投资的增效并不显著。换言之，转入农地和承包地实际上并不会因为投资的差异而影响玉米的产量，这是由玉米的作物属性所决定的。

在其余控制变量的影响方面，农机投入提高了农地产出率，这与 Yi 等（2019）的发现一致。同时，农业劳动力投入越多，农地产出率越高，该发现与亚洲和非洲的相关研究保持一致（Larson et al.，2013）。此外还发现，雇佣劳动力数量越多，农地产出率也越高。小汽车和活期存款变量均与农地产出率呈正相关。其原因在于，越富裕的农户，其进行农业生产投资的资本约束越低，越可能具有更高的农地产出率。其他控制变量的影响不显著。

二、农地转入规模和流转对象对玉米产量的影响

表 10.5 显示了式（10.2）和式（10.3）的模型估计结果。首先，杜宾-吴-豪斯曼检验显示，式（10.2）和式（10.3）的估计均面临内生性问题。其次，

弱工具变量检验和识别不足检验均表明,表 10.5 的估计不存在弱工具变量问题。此外,过度识别检验表明,承包地面积和营利性动机是农地转入规模的外生变量。估计 2 和估计 4 分别为利用 2sls 和 ERM 估计的第一阶段回归结果。

表 10.5 农地转入规模和农地流转对象对玉米产量的影响

变量	玉米产量 估计 1 2sls	农地转入规模 估计 2 第一阶段估计	玉米产量 估计 3 ERM	农地流转对象 估计 4 第一阶段估计
农地转入规模	0.760(0.604)	—	—	—
农地流转对象	—	—	−2.555(1.671)	—
农地转入规模的工具变量 1	—	0.001(0.000)	—	—
农地转入规模的工具变量 2	—	−0.419*(0.234)	—	—
农地流转对象的工具变量	—	—	—	0.273***(0.089)
农机投入	0.099(0.067)	−0.037(0.062)	0.089(0.058)	−0.016(0.015)
农业劳动力投入	0.211(0.170)	0.054(0.132)	0.234(0.172)	0.016(0.023)
农业雇工	0.044(0.039)	−0.047(0.033)	0.010(0.022)	−0.006(0.007)
商业经营	−0.081(0.240)	0.158(0.201)	0.048(0.185)	−0.019(0.046)
小汽车	0.130(0.211)	−0.215(0.145)	−0.059(0.143)	−0.004(0.037)
活期存款	0.034(0.025)	−0.034***(0.013)	0.008(0.010)	0.000(0.003)
定期存款	−0.007(0.019)	0.014(0.018)	0.007(0.012)	0.001(0.003)
农地承包证书	0.092(0.121)	−0.047(0.122)	0.029(0.085)	0.044*(0.023)
征地状况	−0.032(0.159)	−0.088(0.167)	−0.053(0.104)	−0.079(0.050)
农地流转期限	0.063(0.111)	−0.018(0.084)	0.082(0.078)	0.004(0.013)
村庄交通状况(以"较差"为参照组)				
很好	−0.223(0.284)	0.166(0.296)	0.008(0.186)	−0.222***(0.085)
较好	−0.081(0.210)	0.025(0.200)	0.048(0.152)	0.003(0.041)
一般	−0.253(0.203)	−0.015(0.181)	−0.142(0.1510)	0.027(0.041)
县级虚拟变量	已控制	已控制	已控制	已控制
常数项	3.161*(1.805)	2.988***(0.361)	7.558***(1.539)	0.827***(0.052)
观测值	629	629	629	629
杜宾-吴-豪斯曼检验	3.549*		3.272*	
弱工具变量检验	12.974		9.842	
识别不足检验	25.063***		9.555***	
过度识别检验	0.112			
Wald 检验	499.25***			
伪似然对数值			−923.078	

***和*分别表示在 1%和 10%水平上显著。

注:括号内的数值为稳健标准误。

估计 1 的结果表明，农地转入规模对农地产出率的影响不显著。已有研究发现，农地经营规模与农地产出率之间同时存在正相关和负相关关系（Kagin et al.，2015）。结论不一致的可能原因是，已有研究忽视了要素市场的不完善和农地质量的差异（Byiringiro and Reardon，1996）。在分析农地转入规模的影响时，实际上已经先验默认了农地转入的发生。这就意味着，农业要素市场的发展已经在工具变量估计中被考虑了。此外，工具变量法的估计也使得农地特征及农户异质性不会干扰估计结果。本章为 Assunção 和 Ghatak（2003）的理论推导提供了经验证据，即在控制农户异质性的情况下，农地经营规模与农地产出率不存在相关关系。实际上，2006~2013 年，我国农地流转的规模仍然较小，户均农地经营面积仅增加了 0.03hm^2（Ji et al.，2016）。在本章使用的数据中，转入户平均租赁农地面积为 0.15hm^2。因此，还需要更多的研究和数据来验证农地流转规模与农地产出率之间的关系。尤其是在国家着力培育家庭农场的背景下，经济规律是进一步推进相关政策的重要指导。

估计 3 的结果显示，农地流转对象对农地产出率无显著性影响。这一结果与 Kassie 和 Holden（2010）的发现并不一致。Matsuoka（1995）指出，市场机制在封闭的农地流转市场中并不能有效运行，且众多研究表明我国农地流转市场中存在大量非正式特征（Deininger and Jin，2003，2009），即关系型交易与市场型交易是冲突的。而且，熟人网络内的流转往往伴随着更小的农地规模，并不利于规模化经营。然而，Qiu 等（2018）发现，在当前的中国，熟人间流转已经呈现较高的市场化程度。本书的分析也表明，熟人间流转与非熟人间流转具有较高的相似性，且农地租金趋同，这就意味着熟人网络内部已经出现大量的市场型交易。显然，当市场机制发挥作用或有效运转时，与不同对象进行流转交易并不会影响农地的配置效率和使用效率。

三、稳健性检验：利用倾向得分法的再估计

正如前文所言，自选择问题是本章内生性的一个重要来源。为判断采用工具变量法的估计结果是否稳健，表 10.6 采用倾向匹配得分法（PSM）重新估计农地转入对农地产出率的影响。参考 Imbens 和 Rubin（2015）的研究，倾向匹配得分法是基于反事实框架的，需要构建实验组和控制组。为此，本章采用表 10.3 中的控制变量构建了实验组和控制组。

表 10.6　稳健性检验：利用倾向匹配得分法的再估计

分组	匹配方法	ATT	t
实验组：转入农地的农户 控制组：未转入农地的农户	近邻匹配	0.119*	1.735
	核匹配	0.116*	1.682
	分层匹配	0.094*	1.792
实验组：农地转入规模大于均值 控制组：农地转入规模小于均值	近邻匹配	−0.271	−1.472
	核匹配	−0.138	−1.472
	分层匹配	−0.123	−1.057
实验组：农地流转对象为熟人 控制组：农地流转对象为非熟人	近邻匹配	0.153	1.268
	核匹配	0.217	0.611
	分层匹配	0.374	1.094

*表示在10%水平上显著。

具体而言，本章将转入农地的农户界定为实验组，未转入农地的农户界定为控制组；与熟人（非熟人）发生流转交易的农户被界定为实验组（控制组）。由于农地转入规模是连续变量，无法进行分组。为此，本章按照农地转入规模的均值进行了分组，将那些转入规模大于均值的界定为实验组，转入规模小于均值的界定为控制组。最后，采用三种匹配策略（即近邻匹配、核匹配和分层匹配）估计 ATT 值。

表 10.6 的估计结果显示，第 1~3 行的 ATT 值均显著，即转入农地确实可以提高农地产出率；第 4~6 行的 ATT 值均不显著，即转入农地规模大于均值或农地转入规模小于均值，均对农地产出率无显著影响。此外，在对农地产出率的影响上，熟人间流转与非熟人间流转并不存在差异性（见第 7~9 行）。上述发现与表 10.4 和表 10.5 中的估计结果一致，即自选择问题并未严重干扰本章估计结果。

第五节　本章小结

发展农地流转市场，已经被亚洲、欧洲和非洲等地区的国家普遍采用。作为全球最大的发展中国家，我国政府从 2004 年就开始鼓励和引导农地流转市场发展。然而，发生于熟人网络中的关系型交易仍然是我国农地流转市场中的重要流转形式，且被认为会抑制农业生产效率的改善。此外，现有研究关于农地经营规模与农地产出率的关系也未达成一致，这表明增加农地转入规模是否能够有效改善农业经营绩效仍难以确证。对上述问题的讨论，关乎是否应该着力培养和补贴规模经营主体。

本章使用 2015 年 CHFS 数据检验了农地转入对农地产出率的影响。结果表明，在考虑内生性问题后，转入农地可以更大幅度地提升农地产出率。此外还发现，农地转入规模与农地产出率之间并没有显著相关性，且熟人间流转和非熟人间流转对农地产出率具有类似的影响。

与其他农户相比，转入户更可能采用资本替代劳动的方式经营农业生产。尤其考虑农业生产中劳动成本的快速增加，农地转入将进一步提升家庭劳动力刚性约束和农业生产成本。为应对劳动成本的不断增加，我国农业机械化服务市场在近10年来取得了长足发展，这有利于实现农业生产的全程机械化。然而，在控制了农户的异质性后，并没有发现农地转入规模会对农地产出率产生积极影响。从理论上来讲，市场竞争的不完全会诱发要素配置的无效率，那么随着市场在农业生产要素配置中发挥决定性作用，农地利用效率也将趋同。换言之，只要市场机制运行良好，农地转入规模将不会影响农地产出率。

Qiu 等（2018）就发现，市场机制正在主导中国的农地流转市场。即使对于发生在熟人网络中的农地流转，也已经有超过50%是出于营利性动机发生的交易。而且，作为市场机制有效运行的重要指标——价格，也在熟人间流转和非熟人间流转中出现趋同。由此，熟人间流转和非熟人间流转在对农地产出率的影响上具有一致性。与埃塞俄比亚的农地流转市场不同（Kassie and Holden，2010），我国农地流转市场正在由封闭转向开放，由人格化向非人格化转型。本章的分析也支持 Huang 和 Ding（2016）的发现，即对规模经营主体的补贴往往是无效补贴。而从本章的分析来看，诱导关系型交易向市场型交易的转变，才是改善农业经营绩效的关键，这就要求政府部门在引导农地流转过程中应更加注重优化市场运行机制，这在前面章节已经做了系统性分析。

参 考 文 献

曹正汉,罗必良:《一套低效率制度为什么能够长期生存下来——广东省中山市崖口村公社体制个案》,《经济学家》2003年第6期。

程令国,张晔,刘志彪:《农地确权促进了中国农村土地的流转吗?》,《管理世界》2016年第1期。

高源:《中国寻路者访谈录》,上海,上海人民出版社,2019。

郜亮亮,黄季焜,冀县卿:《村级流转管制对农地流转的影响及其变迁》,《中国农村经济》2014年第12期。

何欣,蒋涛,郭良燕,等:《中国农地流转市场的发展与农户流转农地行为研究——基于2013～2015年29省的农户调查数据》,《管理世界》2016年第6期。

洪名勇:《欠发达地区的农地流转分析——来自贵州省4个县的调查》,《中国农村经济》2009年第8期。

华奕州,黄季焜:《粮食收购双轨制改革与粮食生产:以小麦为例》,《农业经济问题》2017年第11期。

罗必良:《农地流转的市场逻辑——"产权强度—禀赋效应—交易装置"的分析线索及案例研究》,《南方经济》2014年第5期。

罗必良:《科斯定理:反思与拓展——兼论中国农地流转制度改革与选择》,《经济研究》2017年第11期。

罗必良,邹宝玲,何一鸣:《农地租约期限的"逆向选择"——基于9省份农户问卷的实证分析》,《农业技术经济》2017年第1期。

罗必良,仇童伟,张露,等:《种粮的逻辑——"农地产权—要素配置—农业分工"的解释框架》,北京,中国农业出版社,2018。

钱龙,洪名勇,刘洪:《差序格局视角下的农地流转契约选择》,《西北农林科技大学学报(社会科学版)》2015年第4期。

仇童伟:《农村劳动力非农转移会降低农地产出率吗?》,《中南财经政法大学学报》2018年第5期。

仇童伟,罗必良:《农地调整会抑制农村劳动力非农转移吗?》,《中国农村观察》2017年第4期。

仇童伟,罗必良:《粮食生产下滑真的源于农地产权边际效应递减吗?——来自1978～2010年中国省级数据的证据》,《制度经济学研究》2018年第1期。

仇童伟,罗必良,何勤英:《农地流转市场转型:理论与证据——基于对农地流转对象与农地租金关系的分析》,《中国农村观察》2019年第4期。

徐志刚,谭鑫,郑旭媛,等:《农地流转市场发育对粮食生产的影响与约束条件》,《中国农村经济》2017年第9期。

易福金,周询,陆五一:《流动性约束视角下的粮食补贴政策效应评估》,《湖南农业大学学报（社会科学版）》2018年第1期。

于光君：《费孝通的"差序格局"理论及其发展》，《社会科学论坛》2006年第12期。

曾福生：《建立农地流转保障粮食安全的激励与约束机制》，《中国乡村发现》2015年第1期。

张茜，屈鑫涛，魏晨：《粮食安全背景下的家庭农场"非粮化"研究——以河南省舞钢市21个家庭农场为个案》，《东南学术》2014年第3期。

张五常：《经济解释》，香港，中信出版社，2014.

张宗毅，杜志雄：《土地流转一定会导致"非粮化"吗?——基于全国1740个种植业家庭农场监测数据的实证分析》，《经济学动态》2015年第9期。

郑旭媛，徐志刚：《资源禀赋约束，要素替代与诱致性技术变迁——以中国粮食生产的机械化为例》，《经济学（季刊）》2017年第1期。

钟甫宁，陆五一，徐志刚：《农村劳动力外出务工不利于粮食生产吗?——对农户要素替代与种植结构调整行为及约束条件的解析》，《中国农村经济》2016年第7期。

Abadie, A.et al, 2016: "Matching on the estimated propensity score", *Econometrica*, Vol.82, No.2.

Abdulai, A. et al, 2014: "Time related characteristics of tenancy contracts and investment in soil conservation practices", *Environmental and Resource Economics*, Vol.59, No.1.

Aichian, A.A, 1994: "The collective works of Armen A.Edwards Brothers", Michigan, Inc., Ann Arbor.

Alchian, A.A, 1965: "Some economics of property rights", *Politico*, Vol.130, No.4.

Angrist, J.D. et al, 2009: "Mostly Harmless Econometrics", Princeton, Princeton University Press.

Aoki, M, 1986: "Horizontal vs.vertical information structure of the firm", *American Economic Review*, Vol.76, No.5.

Asanuma, B, 1988: "Japanese manufacture-supplier relationships in international perspective: the automobile case", Kyoto University Working Paper. http://hdl.handle.net/2433/37903.

Assunção, J.J.et al, 2003: "Can unobserved heterogeneity in farmer ability explain the inverse relationship between farm size and productivity", *Economics Letters*, Vol.80, No.2.

Babcock, L. et al, 1997: "Explaining bargaining impasse: the role of self-serving biases", *Journal of Economic Perspectives*, Vol.11, No.1.

Becker, G.S, 1974: "A theory of social interactions", *Journal of Political Economy*, Vol.82, No.6.

Benjamin, D.et al, 2002: "Property rights, labour markets, and efficiency in a transition economy: the case of rural China", *Canadian Journal of Economics/revue Canadienne Déconomique*, Vol.35, No.4.

Binswanger-Mkhize, H.P.et al, 2009: "Agricultural Land Redistribution: toward Greater Consensus", Washington D C, World Bank.

Bishwajit, G.et al, 2013: "Self-sufficiency in rice and food security: a south Asian perspective", *Agriculture & Food Security*, Vol.2, No.1.

Blundell, R.W. et al, 2001: "Endogeity in nonparametric and semiparametric regression models", Cemmap Working Paper, No. CWP09/01.

Bryan, J.et al, 2015: "Do landlord-tenant relationships influence rental contracts for farmland or the cash rental rate?", *Land Economics*, Vol.91.

Byiringiro, F. et al, 1996: "Farm productivity in Rwanda: effects of farm size, erosion, and soil conservation investments", *Agricultural Economics*, Vol.15.

Cai, F, 2016: "China's Economic Growth Prospects: From Demographic Dividend to Reform Dividend", Cheltenham, Edward Elgar Publishing.

Cai, F, 2018: "The great exodus: how agricultural surplus laborers have been transferred and reallocated in China's reform period?", *China Agricultural Economic Review*, Vol.10, No.1.

Cai, F.et al, 2016: "Take-off, persistence and sustainability: the demographic factor in Chinese growth", *Asia & the Pacific Policy Studies*, Vol.13, No.2.

Camerer, C.et al, 1995: "Anomalies: ultimatums, dictators and manners", *Journal of Economic Perspectives*, Vol.29, No.2.

Carletto, C.et al, 2013: "Fact or artifact: the impact of measurement errors on the farm size productivity relationship", *Journal of Development Studies*, Vol.103.

Carter, et al, 1990: "Access to capital and its impact on agrarian structure and productivity in Kenya", *American Journal of Agricultural Economics*, Vol.72, No.5.

Carter, M.R.et al, 2002: "Local versus global separability in agricultural household models: the factor price equalization effect of land transfer rights", *American Journal of Agricultural Economics*, Vol.84, No.3.

Chang, H.G, 2003: "Urbanization and unemployment in China" // Chen, A, Liu, G.G, Zhang K, Urbanization and Social Welfare in China(pp.96-105).UK, Ashgate.

Chang, H.G.et al, 2002: "China's urbanization lag during the period of reform: a paradox", Working Paper, University of Toledo and Arizona State University.

Chen, Z.et al, 2009: "Farm technology and technical efficiency: evidence from four regions in China", *China Economic Review*, Vol.20, No.2.

Chen, Z.et al, 2011: "Inverse relationship between productivity and farm size: the case of China", *Contemporary Economic Policy*, Vol.29, No.4.

Chen, R.et al, 2014: "The impact of rural out-migration on land use transition in China: past, present and trend", *Land Use Policy*, Vol.40, No.4.

Chernina, E.et al, 2014: "Property rights, land liquidity, and internal migration", *Journal of Development Economics*, Vol.110.

Cheung, S.N.S, 1983: "The contractual nature of the firm", *Journal of Law & Economics*, Vol.26, No.1.

Cox, D.et al, 2005: "On the demand for grandchildren: tied transfers and the demonstration effect", *Journal of Public Economics*, Vol.89, No.9-10.

Deininger, K.et al, 2003: "The impact of property rights on households' investment, risk coping, and policy preferences: evidence from China", *Economic Development & Cultural Change*, Vol.51.

Deininger, K.et al, 2005: "The potential of land rental markets in the process of economic development: evidence from China", *Journal of Development Economics*, Vol.78.

Deininger, K.et al, 2009: "Securing property rights in transition: lessons from implementation of China's rural land contracting law", *Journal of Economic Behavior & Organization*, Vol.70, No.1.

Deininger, K. et al, 2012: "Land fragmentation, cropland abandonment, and land market operation in Albania", *World Development*, Vol.40, No.10.

Dixit, A.K, 2004: "Lawless and Economics: Alternative Modes of Governance", Princeton, Princeton University Press.

Ensminger, J, 1992: "Making a Market: The Institutional Transformation of an african Society", Cambridge, UK, Cambridge University Press.

Fehr, E.et al, 2008: "Contracts as reference points-experimental evidence", NBER Discussion Paper, No.14501.http://www.nber.org/papers/w14501.

Fehr, E.et al, 2009: "Contracts, reference points, and competition—behavior effects of the fundamental transformation", *Journal of the European Economic Association*, Vol.7, No.2-3.

Fehr, E.et al, 2011: "How do informal agreements and renegotiation shape contractual reference points?", NBER Discussion Paper, No.17545. http://www.nber.org/papers/w17545.

Feng, S, 2008: "Land rental, off-farm employment and technical efficiency of farm households in Jiangxi province, China", *NJAS-Wageningen Journal of Life Sciences*, Vol.55, No.4.

Feng, S.et al, 2008: "Are farm households' land renting and migration decisions inter-related in rural China?", *NJAS-Wageningen Journal of Life Sciences*, Vol.55, No.4.

Feng, S.et al, 2010: "Land rental market, off-Farm employment and agricultural production in southeast China: a plot-Level case study", *China Economic Review*, Vol.21.

Ferreira, F.et al, 2014: "Ethanol expansion and indirect land use change in Brazil", *Land Use Policy*, Vol.36.

Foster, A.D.et al, 2017: "Are there too many farms in the world?Labor-market transaction costs, machine capacities and optimal farm size", NBER working paper.http://www.nber.org/papers/w23909.

Fraser, E.D.G, 2004: "Land tenure and agricultural management soil conservation on rented and owned fields in southwest British Columbia", *Agricultural Human Values*, Vol.21, No.1.

Friedman, M.et al, 1980: "Free to Choose: A Personal Statement", New York, Harcourt Brace Jouanovich, Inc.

Gao, L.et al, 2012: "Rental markets for cultivated land and agricultural investments in China", *Agricultural Economics*, Vol.43, No.4.

Gao, L.et al, 2018: "Do farmers adopt fewer conservation practices on rented land?Evidence from straw retention in China", *Land Use Policy*, Vol.79.

Ghebru, H.H.et al, 2015: "Reverse-share-tenancy and agricultural efficiency: farm-level evidence from Ethiopia", *Journal of African Economies*, Vol.24, No.1.

Ghose, B, 2015: "Food security and food self-sufficiency in China: from past to 2050", *Food & Energy Security*, Vol.3, No.2.

Glaeser, E.L.et al, 2002: "An economic approach to social capital", *The Economic Journal*, Vol.112, No.483.

Hare, D.et al, 1999: "Labor migration as a rural development strategy: a view from the migration origin" // West, L, Zhao, Y, "The Flow of Rural Labor in China", Berkeley, University of California Press.

Hart, O, 2008: "Economica Coase lecture: reference points and the theory of the firm", *Economica*, Vol.75, No.299.

Hart, O.et al, 2007: "Incomplete contracts and ownership: some new thoughts", *American Economic Review*, Vol.97, No.2.

Hart, O.et al, 2008: "Contracts as reference points", *Quarterly Journal of Economics*, Vol.123, No.1.

Hayek, F.A.V, 1999: "The constitution of liberty", *Journal of the American Medical Association*, Vol.172.

Hazell, P.et al, 2010: "The future of small farms: trajectories and policy priorities", *World Development*, Vol.38, No.10.

Hendley, K.et al, 2003: "Which mechanisms support the fulfillment of sales agreement?Asking decision-makers in firms", *Economics Letters*, Vol.78, No.1.

Holden, S.et al, 2005: "Kinship, transaction costs and land rental market participation", https://www.researchgate.net/publication/228368790_Kinship_Transaction_Costs_and_Land_Rental_Market_Participation.

Hong, W.et al, 2020: "Land titling, land reallocation experience, and investment incentives: evidence from rural China", *Land Use Policy*, Vol.90.

Hornbeck, R.et al, 2014: "When the levee breaks: black migration and economic development in the American south", *American Economic Review*, Vol.104, 963-990.

Hoxby, C.M, 2000: "Does competition among public schools benefit students and taxpayers?", *American Economic Review*, Vol.90, No.5.

Huang, J.et al, 2012: "The effect of off-farm employment on the decisions of households to rent out and rent in cultivated land in China", *China Agricultural Economic Review*, Vol.4, No.1.

Huang, J.et al, 2016: "Institutional innovation and policy support to facilitate small-scale farming transformation in China", *Agricultural Economics*, Vol.47, No.S1.

Huang, Y.et al, 1997: "Potential of China's grain production: evidence from the household data", *Agricultural Economics of Agricultural Economists*, Vol.17, No.2-3.

Imbens, G.W.et al, 2015: "Causal Inference for Statistics, Social, and Biomedical Sciences", Cambridge, Cambridge University Press.

Jacoby, H.G.et al, 2002: "Hazards of expropriation: tenure insecurity and investment in rural China", *American Economic Review*, Vol.92, No.5.

Janvry, A.D.et al, 2015: "Delinking land rights from land use: certification and migration in Mexico", *American Economic Review*, Vol.105, No.10.

Ji, X.et al, 2016: "Are China's farms growing?", *China & World Economy*, Vol.24, No.1.

Jia, L.et al, 2014: "How does land fragmentation affect off-farm labor supply: panel data evidence from China", *Agricultural Economics*, Vol.45, No.3.

Jin, S.et al, 2009: "Land rental markets in the process of rural structural transformation: productivity and equity impacts from China", *Journal of Comparative Economics*, Vol.37.

Jin, S.et al, 2013: "Land rental markets in Kenya: implications for efficiency, equity, household income, and poverty", *Land Economics*, Vol.89, No.2.

Johnson, D.G, 2002: "Can agricultural labour adjustment occur primarily through creation of rural non-farm jobs in China?" *Urban Studies*, Vol.39, No.12.

Kabubo-Mariara, J.et al, 2010: "Does land tenure security matter for investment in soil and water conservation?Evidence from Kenya", *African Journal of Agricultural and Resource Economics*, Vol.4, No.2.

Kagin, J.et al, 2015: "Inverse productivity or inverse efficiency?Evidence from Mexico", *Journal of Development Studies*, Vol.52, No.3.

Kahneman, D.et al, 1979: "Prospect theory: an analysis of decisions under risk", *Econometrica*, Vol.47, No.2.

Kassie, M.et al, 2010: "Sharecropping efficiency in Ethiopia: threats of eviction and kinship", *Agricultural Economics*, Vol.37, No.2-3.

Kawasaki, K, 2010: "The costs and benefits of land fragmentation of rice farms in Japan", *Australian Journal of Agricultural & Resource Economics*, Vol.54, No.4.

Kimura, S.et al, 2011: "Efficiency of land allocation through tenancy markets: evidence from China", *Economic Development & Cultural Change*, Vol.59, No.3.

Köszegi, B.et al, 2006: "A model of reference-dependent preferences", *Quarterly Journal of Economics*, Vol.121, No.4.

Kreps, D.M, 2013: "Microeconomic Foundation I: Choice and Competitive Markets", Princeton, Princeton University Press.

Kung, K.S, 2002: "Off-Farm labor markets and the emergence of land rental markets in rural China", *Journal of Comparative Economics*, Vol.30, No.2.

Larson, D.et al, 2013: "Should African rural development strategies depend on smallholder farms? An exploration of the inverse productivity hypothesis", *Agricultural Economics*, Vol.45.

Levitt, S.D, 1997: "Using electoral cycles in police hiring to estimate the effect of police on crime", *American Economic Review*, Vol.87, No.3.

Li, G.et al, 2013: "Re-examining the inverse relationship between farm size and efficiency: the empirical evidence in China", *Agricultural Economic Review*, Vol.5, No.4.

Li, J.S, 2003: "Relation-based versus rule-based governance: an explanation of the east Asian miracle and Asian crisis", *Review of International Economics*, Vol.11, No.4.

Lin, J.Y, 1992: "Rural reforms and agricultural growth in China", *American Economic Review*, Vol.82, No.1.

Lin, N, 1982: "Social resources and instrumental action" //Marsden, P.V, Lin, N. "Social Structure and Network Analysis". CA, Beverly Hills.

Lin, N, 2001: "Social Capital: A Theory of Social Structure and Action", New York, Cambridge University Press.

Lin, N.et al, 1986: "Access to occupations through social ties", *Social Networks*, Vol.8, No.4.

Lioubimtseva, E.et al, 2012: "Grain production trends in Russia, Ukraine and Kazakhstan: new opportunities in an increasingly unstable world?" *Frontiers of Earth Science*, Vol.6, No.2.

Liu, Y.et al, 2018: "Will farmland transfer reduce grain acreage? Evidence from Gansu province, China", *China Agricultural Economic Review*, Vol.10, No.5.

Liu, Y.S, 2018: "Introduction to land use and rural sustainability in China", *Land Use Policy*, Vol.74.

Liu, Y.S.et al, 2008: "Spatio-temporal analysis of land-use conversion in the eastern coastal China during 1996—2005", *Journal of Geographical Sciences*, Vol.18, No.3.

Liu, Y.S.et al, 2010: "The process and driving forces of rural hollowing in China under rapid urbanization", *Journal of Geographical Sciences*, Vol.20, No.6.

Liu, Y.S.et al, 2014a: "Key issues of land use in China and implications for policy making", *Land Use Policy*, Vol.40.

Liu, Y.S.et al, 2014b: "Implications of land-use change in rural China: a case study of Yucheng, Shandong province", *Land Use Policy*, Vol.40.

Liu, Y.S.et al, 2017: "Revitalize the world's countryside", *Nature*, Vol.548, No.7667.

Liu, Z.et al, 2017: "Can land transfer through land cooperatives foster off-farm employment in China?" *China Economic Review*, Vol.45.

Locke, E.A.et al, 2004: "What should we do about motivation? Six recommendations for the twenty-fifirst century", *Academy of Management Review*, Vol.29, No.3.

Lu, H.et al, 2019: "The impact of internal migration on the health of rural migrants: evidence from longitudinal data in China", *Journal of Development Studies*, Vol.56, No.4.

Luenberger, D, 1995: "Microeconomic Theory", Boston, McGraw-Hill.

Luo, B, 2018: "40-year reform of farmland institution in China: target, effort and the future", *China Agricultural Economic Review*, Vol.10, No.1.

Ma, W.et al, 2018: "Farm machinery use, off-farm employment and farm performance in China", *Australian Journal of Agricultural & Resource Economics*, Vol.62.

Ma, X, 2013: "Does Tenure Security Matter? Rural Household Responses to Land Tenure Reforms In Northwest China", Wageningen, NL, PhD Thesis, Wageningen University.

Ma, X.et al, 2013: "Land tenure security and land investments in northwest China", *China Agricultural Economic Review*, Vol.5, No.2.

Ma, X.et al, 2015: "Farmland tenure in China: comparing legal, actual and perceived security", *Land Use Policy*, Vol.42.

Ma, X.et al, 2016: "Land tenure insecurity and rural-urban migration in rural China", *Papers in Regional Science*, Vol.95, No.2.

Ma, X.et al, 2017: "Tenure security, social relations and contract choice: endogenous matching in the Chinese land rental market", *Geophysical Research Abstracts*, Vol.19.

Macours, K.et al, 2010: "Insecurity of property rights and social matching in the tenancy market", *European Economic Review*, Vol.54.

Maitra, C.et al, 2014: "An empirical investigation into measurement and determinants of food security in slums of Kolkata", School of Economics Discussion Paper, No. 531, School of Economics, University of Queensland. espace.library.uq.edu.au/view/UQ: 352184.

Maslow, A.H, 1943: "A theory of human motivation", *Psychology Review*, Vol.20.

Matsuoka, A, 1995: "An economic study on the fragmented agricultural holdings in Japan (In Japanese)", Memoirs of the College of Agriculture, Ehime University, Vol.39.

Mullan, K. et al, 2011: "Land tenure arrangements and rural-urban migration in China", *World Development*, Vol.39, No.1.

Ostrom, E, 1990: "Governing the Commons: The Evolution of Institutions for Collective Action", Cambridge, Cambridge University Press.

Otsuka, K. et al, 2016: "The future of small farms in Asia", *Development Policy Review*, Vol.34, No.3.

Paul, C. et al, 2004: "Scale economies and efficiency in U.S.agriculture: are traditional farms history?" *Journal of Productivity Analysis*, Vol.22, No.3.

Pearl, J, 2009: "Causality: Models, Reasoning, and Inference"(second edition), Cambridge, Cambridge University Press.

Prosterman, R.et al, 2009: "Secure land rights as a foundation for broad-based rural development in China: results and recommendations from a seventeen-province survey", NBR Special Report.

Qiu, T.et al, 2018: "Are land rents lower in transactions between acquaintances? New evidences from rural China", SSRN Working Paper.SSRN: https://ssrn.com/abstract=3269680.

Qiu, T.et al, 2020a: "Does the basic farmland preservation hinder land transfers in rural China", *China Agricultural Economic Review*, Vol.12, No.1.

Qiu, T.et al, 2020b: "The demonstration effect of transactions between strangers on those between acquaintances: evidence from land rentals in rural China", *Applied Economics*, Vol.52, No.43.

Qiu, T.et al, 2020c: "Do land rents among acquaintances deviate from the reference point? Evidence from rural China", *China & World Economy*, Vol.28, No.3.

Qiu, T.et al, 2020d: "Market-oriented land rentals in the less-developed Regions of China", *Applied Economics Letters*, Vol.28, No.11.

Qiu, T.et al, 2020e: "Does land renting-in reduce grain production? Evidence from rural China", *Land Use Policy*, Vol.90.

Qiu, T. et al, 2021: "Market-oriented land rentals in the less-developed regions of China", *Applied Economics Letters*, Vol.28, No.11.

Rao, F.et al, 2016: "Land tenure (in)security and crop-tree intercropping in rural Xinjiang,

China", *Land Use Policy*, Vol.50.

Rozelle, S.et al, 2008: "Rights and rental: is rural cultivated land policy and management constraining or facilitating China's modernization", Stanford, CA, Nov., Walter H.Shorenstein Asia-Pacific Research Center.

Sheng, Y.et al, 2019: "The relationship between farm size and productivity in agriculture: evidence from maize production in northern China", *American Journal of Agriculture Economics*, Vol.101, No.3.

Shi, X.et al, 2007: "Choices between different off-farm employment sub-categories: an empirical analysis for Jiangxi province, China", *China Economic Review*, Vol.18, No.4.

StataCorp, 2017: "Stata Extended Regression Models Reference Manual: Release 15". College Station, Texas, A Stata Press Publication.

Su, W.et al, 2018: "Off-farm employment, land renting and concentration of farmland in the process of urbanization: Chinese evidence", *China Agricultural Economic Review*, Vol.103.

Tan, S.et al, 2006: "Land fragmentation and its driving forces in China", *Land Use Policy*, Vol.23, No.3.

Tang, L.et al, 2019: "Social relations, public interventions and land rent deviation: evidence from Jiangsu province in China", *Land Use Policy*, Vol.86.

Tao, Y.et al, 1999: "Rural-urban disparity and sectoral labour allocation in China", *Journal of Development Studies*, Vol.35, No.3.

Turner, J.H, 1988: "A Theory of Social Interaction", Stanford, California, Stanford University Press.

Wang, H.et al, 2011: "To reallocate or not: reconsidering the dilemma in China's agricultural land tenure policy", *Land Use Policy*, Vol.28, No.4.

Wang, H.et al, 2015: "Land documents, tenure security and land rental development: panel evidence from China", *China Economic Review*, Vol.36.

Wang, X.et al, 2007: "Labor allocation in transition: evidence from Chinese rural households", *China Economic Review*, Vol.18, No.3.

Wang, Y.et al, 2018: "Land titling program and farmland rental market participation in China: evidence from pilot provinces", *Land Use Policy*, Vol.74.

Wong, J.et al, 2012: "China's food security and its global implications", *China An International Journal*, Vol.10, No.1.

Xiao, W.et al, 2018: "Agricultural land and rural-urban migration in China: a new pattern", *Land Use Policy*, Vol.74.

Xie, H.et al, 2017: "Impact of land fragmentation and non-agricultural labor supply on circulation of agricultural land management rights", *Land Use Policy*, Vol.68.

Xu, D. et al, 2017: "The impact of rural laborer migration and household structure on household land use arrangements in mountainous areas of Sichuan province, China", *Habitat International*, Vol.70.

Xu, D.et al, 2019: "Labor migration and farmland abandonment in rural China: empirical

results and policy implications", *Journal of Environment Management*, Vol.232.
Yan, X.et al, 2014: "Farm size, land reallocation, and labour migration in rural China", *Population, Space Place*, Vol.20.
Yang, J.et al, 2013: "The rapid rise of cross-regional agricultural mechanization services in China", *American Journal of Agricultural Economics*, Vol.95, No.5.
Yang, X.et al, 1993: "Specialization and Economic Organization: A New Classical Microeconomic Framework", Amsterdam, Netherlands, North Holland.
Yao, S.et al, 1998: "Determinants of grain production and technical efficiency in China", *Journal of Agricultural Economics*, Vol.49, No.2.
Yao, S.et al, 2001: "Spatial differences of grain production efficiency in China, 1987-1992", *Economics of Planning*, Vol.34.
Yao, Y, 2002: "Land tenure choice in Chinese villages: the rational versus the political model", *Land Economics*, Vol.80, No.4.
Yi, Q.et al, 2019: "Mechanization services, farm productivity and institutional innovation in China", *China Agricultural Economic Review*, Vol.11, No.1.
Yu, H.et al, 2003: "Use right security, land transfer and resource degradation", *Economic Research Journal*, Vol.9.
Zhang, L.et al, 2002: "Employment, emerging labor markets, and the role of education in rural China", *China Economic Review*, Vol.13, No.2-3.
Zhang, Q.F.et al, 2004: "Development of land rental markets in rural Zhejiang: growth of off-farm jobs and institution building", *The China Quarterly*, Vol.180.
Zhang, T, 2020: "The logic of grain planting: a framework of farmland property rights, resource allocation, and division of labor", *China Agricultural Economic Review*, Vol.12, No.1.
Zhang, X.et al, 2011: "China has reached the Lewis turning point", *China Economic Review*, Vol.22, No.4.
Zhang, X.et al, 2015: "Mechanization outsourcing clusters and division of labor in Chinese agriculture", IFPRI Discussion Paper, 01415.
Zhao, Y, 1999: "Leaving the countryside: rural-to-urban migration decisions in China", *American Economic Review*, Vol.89, No.1.

后　　记

　　本书所呈现的内容具有一定的偶然性。至少从我之前的研究来看，我当时并未意识到"中国农地流转市场转型逻辑"具有任何的实质性价值。本书开始于我对 2015CHFS 数据中农地流转原因指标的描述性分析，或许是出于职业的敏感性，也或许是与我以往的研究或阅读有关，抑或生活经历存在较大反差，使我对该描述结果产生了剧烈感应。我的导师罗必良教授在以往研究中，也时常将农地流转"差序格局"视为中国特殊的现象予以关注，并由此衍生出诸多理论。事实上，尽管中国农村的"差序格局"在社会秩序上发挥着重要作用，但是，市场化的冲击也在不断解构这一传统逻辑。毫无疑问，中国的农地流转正在发生着深刻的市场化转型，村庄的习俗、传统、文化也正在发生着一系列新的变化。正因为如此，我的导师鼓励我思考从农地流转的"差序格局"到农地流转的市场化的转换逻辑，并重视传统力量、市场力量与法制力量之间的关系。

　　回到现实，当看到熟人间农地流转伴随的动机有较大比例是营利时，我意识到我们的农村可能已经不是从前的农村了。回归到生活，在我生活了近 20 年的村庄，以前由于经济发展水平落后，加之整个社会经济还处于爬坡阶段，人们不是想着怎么把地种好，而是想着怎么寻找更好的非农就业工作。但近些年经济的快速发展，使得农产品价格快速上涨，尤其是交通设施的完善，使农产品运输更为便利，销售渠道也更多。此时，外出务工诱发的农地大量供给逐渐与市场需求匹配，从而诱发更多的专业大户或外来经济主体进行专业化农业生产。市场供需匹配一下子把封闭的流转市场打开了，人们发现，农地的交易价值原来可以这么高。但是问题在于，一旦这种市场思维或货币思维占据人们的大脑，再想回到以前的无偿流转就比较困难了。换言之，不但消费具有"棘轮效应"，而且人们对生产要素价值的判断也具有"棘轮效应"。

　　一旦上述判断具有自治性，我就开始打电话咨询我的父母以及其他与农村仍有紧密联系的熟人，想从他们身上找到更多的经验证据。一方面，在我原来居住的村庄中，外来户过来租地的农地租金达到了 600 元/(亩·a)。而令我欣喜的是，我们生产队的一户人家也以 400 元/(亩·a) 的租金租赁给邻居或亲友土地。当然，其中的价格差异是由土地质量和连片化所造成的。另一方面，在我爱人原来居住的村庄（位于河北省元氏县）中，发现那些以租地谋生的农户也在支付较高的租金。此外，在江西省也发现了类似的现象。当然，这些现象或事实本身并不难理解。当我们处于一个还要依靠互助、依靠村庄人情和资源配置来谋生的阶段中时，生产、生活资料的配置很可能要为未来做准备，以防止社会风险和自然风险。但当人们对土地的依赖性不断下降时，土地的价值可能就不足以让自己在面临风险时获得别人的帮助。而从土地所有者自身来说，通过外出务工，获得的更高经济收益，已经足以应对一般性风险。因此，无论是从土地的相对重要性角度，还是从土地所有者行为能力提升的角度，土地的人情转赠对未来可能遭受风险的对冲作用都在下降。

然而，就农地流转越发注重货币交易本身来说，这可能只是个无足轻重的话题。从宏观政策来说，在国家推动要素配置市场化的大格局下，农地流转的市场化只是时间问题。从国家战略层面来说，虽然现阶段农地依然是一种非常重要的生产要素，但现代农业、都市农业、智慧农业的发展有可能克服土地禀赋的约束，开创新的农业发展模式。换言之，虽然18亿亩的耕地红线始终被视为生命线，但农业的现代化发展正在不断弱化土地的作用。显然，农地流转市场化只是本书分析的一个对象，而非核心要义。见微知著，当农村的要素配置不再以"差序格局"作为基本模式，是否就意味着乡村传统的秩序开始逐渐走向衰退？尽管当前的乡村振兴战略试图扭转这一局面，但不要忘了，传统、习俗、秩序是通过人来传承的。一旦人们已经接受了市场经济思维，法律就将取代传统乡村的自发秩序，乡俗民约也可能加速瓦解。中国传承了几千年的文明，绝大多数是通过乡村延续下来的，乡村也正是通过这种文明内含的规则进行着自我管理、自我约束和自我发展。但是，960万 km^2 的国土面积上推动法律实施的成本无疑是巨大的。由此造成的后果是，很多偏远地区的村庄既缺乏法律规制，又面临乡村秩序崩坏，这将造成严重的社会危害。因此，村庄自治的关键不是如何引入更多的法治元素，而是如何保护好乡村秩序，有序引导好的规则健康发展。从经济学的角度来说，这是一个成本收益的权衡问题。

可以发现，本书是从一个特殊的问题或现象展开的，但关于该问题的分析首先是从宏观层面进行的推演。我想，这种问题分析方式本身也是一种传承，就好比乡村秩序必须通过一代代的人传承下去。从我读博士开始，我的导师罗必良教授就反复强调，对于一个学生或一个研究者来说，分析问题的起点应该着眼于特殊的现象、特殊的问题和特殊的故事。问题不求大，只求能够见微知著，通过挖掘特殊现象背后的规律，寻求对理论的边际贡献。时至今日，我所做的和正在做的选题（包括"种粮的逻辑"、"中国农地流转市场转型"和"中国农机服务市场转型"）也都是基于这样一种思路展开的。当然，从生存需要和易发表的角度来说，探讨政策热点和国际学术热点显然是更好的选择。但到底是着眼于转型趋势和特殊现象背后的规律，还是追求更新更时髦的东西，则取决于研究者的偏好，无所谓好坏。而在对特殊现象的分析之后，我的导师罗必良教授就又提出要从宏观层面去思考。实际上，着眼于小问题是便于处理和提高专注力的途径。但如果只着眼于自己看到的那点东西，往往可能失之偏颇。农业的发展或者其他事件的演变只是经济社会的一部分，只有站在更加宏大的格局上，才可能真正看清楚事件背后蕴含的规律。我想这无疑是合理的，特殊事件蕴含的规律本身可以通过撰文的形式呈现出来，但能否从特殊事件看到更宏大的叙事则需要读者自己感受。中国古代的庭院都是通过小景致来映射大格局的，方寸之间见天地。而农村的变化实际上就是整个社会经济变迁的缩影，每一项转型都可能是社会深层变革的呈现。作为社会科学领域的从业人员，我们所能做的可能就是将特殊的现象和特殊的规律呈现出来，探究其内在运行逻辑，以启迪他人；切忌站在道德的制高点去评判他人，并以卫道士的姿态去代表某些弱势群体。客观，是一个研究人员的基本素养。

关于"中国农地流转市场转型"选题，除了本书所呈现的内容，笔者还分析了农地流转市场转型对农地细碎化的影响，以及私有地权对农地流转市场化转型的影响。可以看到，这一主题是具有延伸性和可拓展性的，甚至对于农业农村部新近印发的《关于统筹利用撂荒地 促进农业生产发展的指导意见》，农地流转市场转型也具有重要参考价值。从逻辑上来说，随着农地流转的市场化，撂荒应该因农地交易价值的提升而得到缓解。但从撂荒地的特征来看，其往往处于偏远地区或过于零碎，使得经营成本过高。随着农地流转的市场化程度提高，转入主体将更多地要求连片转入、高质量转入等，这会造成更多低质量、地形复杂的地块被市场抛弃，从而诱发更大范围的撂荒现象。这里想表达的是，任何特殊的发展趋势都不仅仅局限于该现象本身，还可以通过交易的形式影响其他经济活动。

本书由国家社科基金后期资助重点项目"中国农地流转市场转型研究"（20FGLA004）资助出版。感谢合作者华南农业大学罗必良教授和何勤英教授，以及悉尼大学 S. T. Boris Choy 教授在相关论文写作中提出的宝贵建议。没有他们的帮助，本书是难以完成的。感谢南京农业大学马贤磊教授和冯淑怡教授对书稿内容撰写和修订提出的宝贵意见。感谢浙江大学史新杰研究员、贵州大学朱满德教授、华南农业大学李尚蒲副教授对本书研究的数据支持。还要感谢科学出版社杨婵娟编辑对本书立项申报与出版提供的无私帮助。

  本书即将付梓之际，我要向我的父母和妻子报以最衷心的感谢，没有他们的默默支持，我的工作怕是难以开展的。同时要感谢我的博士生导师罗必良教授，他的言传身教是我开展本书研究的重要基础。作为一种传承，我会继续秉承老师的教诲，做一点有意义和有文化的研究，并将该理念进一步传达给我的学生。

仇童伟

2021 年 10 月